国家社会科学基金项目资助（批准号 11BXW035）

宁波大学现代传播研究院著作出版资金资助（2019 年度）

新闻图像
在现代传播中的作用研究（第二版）

The Role of News Images
in Modern Communication

宁海林 著

人民出版社

目 录

序

　　宁海林博士在其书稿付梓之际邀我写序，我非常高兴，欣然同意。

　　宁海林博士毕业于中国人民大学美学专业，论文做的是世界著名艺术心理学家阿恩海姆的视觉艺术理论。他把这一领域研究推向了一个新的高度，也为其日后从事视觉传播研究奠定了扎实基础。2009年夏，他进入浙江大学博士后流动站开始进行传播学研究。随着研读的不断深入，他的研究兴趣和研究方向开始发生转变，即从艺术视知觉研究开始转向把艺术视知觉理论与传播学理论相结合的跨学科研究，后来逐步又把研究方向凝练到视觉传播原理与应用上。《新闻图像在现代传播中的作用研究》一书正是他在这方面研究成果的集中体现。

　　我们的社会已然进入了图像时代。媒介传播的重心正由语言、文字传播转向画面、影像传播，由印刷媒介转向影像媒介，由时间模式转向空间模式，由理性文化转向快感文化，由线性文化转向块状文化，由叙事文化转向景观文化，由社会活动中心转向媒介图像中心。我们正处于一个被影像包围的景观社会，而这种景观社会的形成与媒介尤其是大众传播媒介的作用密不可分。正是大众传播媒介持续不断生产、展示与传播，创造着丰富多彩的媒介景观和图像时代，并在此基础上建构起一个"想象的世界"，影响着我们对世界的认知与判断。海德格尔的"世界图像"、德波的"景观社会"、杰姆逊的"仿像社会"、米歇尔的"图像转向"等为我们用宏大手笔深刻地描绘了现代社会种种"影像景观"。然而喧嚣之后，我们更需要一种对景观社会建构的扎实思考与论证、一种接地气的研究。

宁海林所著的《新闻图像在现代传播中的作用研究》恰恰致力于这方面的工作，是在图像时代来临的大背景下，关于景观社会建构研究的一部适时之作。这部著作以新闻图像为着眼点，以视觉说服为切入点，具体而细微地阐明了新闻图像传播是如何对公众产生影响，以及社会舆论的建构机理，把握住了传播学研究前沿，无论在理论研究还是实践应用方面都具有重要价值。这部著作的特色主要体现在以下四个方面：

一、新闻图像的细读深描。当代新闻图像对我们社会生活有着十分重要的影响，需要对其进行全面深入研究，但这方面的大部头著作鲜有发现。这部著作全面系统地、深入细致地分析、探讨了新闻图像本身的特点、认知作用及其社会作用，建构了新闻图像作用量表，并通过新闻报道个案具体考察了新闻图像作用机制。既有形而上，也有形而下；既有系统的学理梳理，也有理论的创新，又有细致的个案"深描"；具有新闻图像作用研究的里程碑意义，必将成为新闻图像传播、甚至视觉文化传播研究的重要学术资源。

二、跨学科的研究视野。该书通过对新闻图像对景观社会的建构作用进行深入、具体的探讨，从而呈现出一种"媒介地理"景观构建说，可以说从新闻图像传播视角对媒介地理学进行的一种新的解读。同时，它也体现了媒介生态学思想。它以新闻图像为研究核心，具体围绕传播者、图像文本、媒介以及接受者之间的生态关系进行论述。因此，这部著作在着眼于深入、细致地分析新闻图像作用的同时，也深刻地呈现了媒介地理学、媒介生态学和新闻传播学的跨学科视野，从而作为一项交叉性的跨学科的研究成果，也必将对其他一些学科的研究产生辐射性的影响。

三、独特新颖的研究角度。新闻图像在现代传播中的作用研究是个宏大命题，并不容易把握。作者没有泛泛地阐述新闻图像的作用，而是敏锐地感觉到新闻图像在当代社会中的说服、建构作用，把视觉说服作为新闻图像在现代传播的根本作用，可谓抓住了图像时代的新闻图像作用实质。全书以此为核心进行布局谋篇，整体论述逻辑严谨、干净利落，深刻地揭示了新闻图像在现代传播中的作用。从研究角度来看，可谓独特新颖，颇有四两拨千斤之妙。

四、话语分析的成功尝试。新闻传播研究需要运用西方先进的传播理论和方法，但必须同具体的中国国情和实际相结合，密切关注中国社会、政治、文化等问题，这样才有自己深厚的文化土壤和历史根基。目前，诸多学科关于新闻话语研究很多，但关于非语言的新闻话语分析则较少，像这部著作主要以新闻图像说服性为核心进行系统、深入的话语分析，并取得成功，在国内外都是凤毛麟角。

唐代大诗人白居易在《读张籍古乐府》诗中写道："言者志之苗，行者文之根，所以读君诗，亦如君为人。"诗如其人，文如其人。经过多年对宁海林博士的了解，他作文与做人均朴实、沉稳、严谨、低调。现在，他如期完成了这样一部有分量的著作，我作为他的博士后导师感到十分欣慰。预祝海林在今后的学术研究中取得更大的成就！

是为序。

邵培仁

2014 年 3 月 12 日

Preface

Dr. HailinNing's *The Role of News Image in Modern Communication* belongs to the special intellectual category of important contributions to visual studies. This book has far reaching consequences: it transcends the more immediate object of visual studies, namely the understanding of specific images, the analytic and methodological discussion about visual interpretation, or even the intention of strictly thinking about the mechanisms of photojournalism.

The Role of News Image in Modern Communication is more than this. It presents a forceful and exemplary discussion on the universal centrality of visual images in news and, by extension, in daily life.

However crucial the concepts of Habermas may have been for the recognition of *the public sphere*, visual images are oddly absent in his classical work, Structural Transformations of the Public Sphere. The same gap, the same extreme emphasis on the argumentative, the logical, the purely verbal and the persuasive nature of media messages can be seen in other contemporary authors. This is the case with Adorno and Horkheimer's political critique of Culture Industry. Furthermore, the problem can also be recognized in Althusser's definition of ideological constructs as means of addressing, shaping and alienating the consciousness of social actors.

The hiatus just pointed out has its causes: Habermas, Adorno, Horkheimernd Althusser are part of the rhetorical tradition that goes way back to the Greek world. Without mentioning the Greek philosopher, these three modern thinkers carry an enormous intellectual debt to Aristotle's quasi-logical, non-visual assessment of the nature of persuasion in civic discourse. We must forgive the great Greek philosopher, since, as a result of restricted technological resources, Aristotle could never fathom the centrality of images in political and all other forms of visual configurations that would be the case in Modern Communication.

One of the many outstanding features of Dr. Ning's *The Role of Images in Modern Communication* is the relentless courage to contribute to the great traditional thinkers on Mass Media, but from a different perspective, attempting at transforming the persistent silence, however occasionally broken, on the centrality of visual images in the contemporary world.

Anyone in this linked and globalized universe knows that countless numbers of photographs circulate in the Internet, creating an unprecedented web of visual clues. Communication Studies has to face the challenge of bold theorizing on images.

Because of all this, because of its subtle interest in the dynamics of visual forms, I salute with great enthusiasm Dr. Hailin Ning's *The Role of Images in Modern Communication*.

Eduardo Neiva, Ph.D.

Professor of Communication Studies

Department of Communication Studies

The University of Alabama at Birmingham

导　论

第一节　研究背景

早在 20 世纪 30 年代，德国哲学家海德格尔就预言了"世界图像时代"的到来，"世界图像并非意指一幅关于世界的图像，而是指世界被把握为图像了。……世界图像并非从一个以前的中世纪的世界图像演变为一个现代的世界图像。不如说，根本上世界变为图像，这样一回事情标志着现代之本质。"① 海德格尔这里所说的"世界图像"并不是指"世界以图像的方式"呈现出来，而是说人们"以图像的方式把握世界"，进而"世界变为图像"。他深刻指出了人们认识世界的主导方式发生了转变以及现代文化的视觉转向问题。尽管"世界变为图像"有点危言耸听，但正如我们今天所见到的这样，图像化已成为当代文化发展的主要趋势，各种图像正在时时刻刻地建构着"社会实在"，人们对其进行消费的同时，也在建构着关于世界的图像。人们对世界的判断也越来越依据图像而不再是客观世界，就如郑人买履故事讲的一样。

新闻图像传播是指以图像为载体对新闻事实进行的视觉报道活动。与视觉文化转向的大背景相一致，新闻传播从过去以文字为主的平面媒体时

---

① 　孙兴周：《海德格尔选集》（下卷），上海三联出版社 1996 年版，第 899 页。

代发展到今天图文并重的多媒体时代，图像传播逐渐成为新闻传播活动的一种重要形式。尤其在传统新闻媒体数字化转型以及以互联网和手机为代表的新媒体融人际传播和大众传播为一体的现代传播语境下，新闻图像在社会生活中发挥着越来越重要的作用，改变了人们的阅读习惯，影响了人们的生活方式，而且动辄引发全社会的关注，迅速产生轰动性效应，在短时间内形成声势浩大的公共舆论，并以排山倒海之势对政治、经济、文化等方面产生重大影响。如美国士兵在伊拉克的虐俘照片的公布，使美国政府颜面扫地，加快了美国从伊拉克全面撤军步伐；出现在纽约《时代周刊》封面的割鼻女艾莎，对阿富汗塔利班来说比一枚重磅炸弹还具有杀伤力；"9·11"事件中的飞机撞入世贸大楼的电视画面，改变了世界人民对恐怖主义危险性以及对我们自己居住的世界安全性的认识。近年来，我国发生的一些公共事件，如"挟尸要价事件""浙江钱文会事件""郭美美事件""老外性侵中国女子事件""温州幼儿教师虐童事件"，等等，均在全国引起了轩然大波。中共十八大后的一段时间，以雷政富为代表的一些贪污腐败官员相继被微博"秒杀"，更是引起了全社会的热议。不难发现，在这些事件的背后，新闻图像无疑起了重要作用。有些社会重大事件最初虽然不是由图像所引起，但在事发后马上有相关图像在网上流传，对社会舆论也起到了推波助澜的作用，如"广东乌坎事件"和"王立军私入美领馆事件"等。在这个人人都有照（摄）相机（或智能手机）、人人都是大众传播者、人人都是大众传播接受者的现代传播语境下，新闻图像对社会的影响作用越来越大。随之一个问题自然浮现出来，那就是新闻图像为什么在现代传播中具有这么大的威力？进一步说，对受传者来说，新闻图像是怎样影响其态度、行为的？对新闻传播者来说，成功的图像传播是怎样实现的以及可以怎样实现？

新闻图像凭借其直观、鲜明、生动等特点，更容易被受众所认知与把握；同时，新闻图像也具有强烈的形象性和纪实性，使受众"眼见为实"，往往产生"一图胜千言"的效果。而且，新闻图像作为言语的载体，在其生产、消费过程中，无论是摄影（像）师还是观者，总是有意无意地将自己的观念、情感、经验融入其中，建构成一种话语，从而使其体现权力意志和意识形态等社会政治、思想内涵，即在形象性、纪实性、真实性的背后，新闻图像隐含着视觉符号语言逻辑和文化意义，潜移默化地影响着人们的思想和行为。因此，新闻图像传播是一种文化表征的建构，是一种社会意义的生产。这是本研究的立论之本。同时，这也决定本研究的核心议题就是力图系统地揭示新闻图像在现代传播中的认知作用以及对社会实在的建构作用。

第二节　研究现状

一、国内研究现状

1990 年 8 月在银川召开的首届"全国报纸总编辑新闻摄影研讨会"达成"图文并重、两翼齐飞"的共识后，新闻图像的作用被越来越多的报界人士所认可。在我国新闻传播中的地位明显提高，已有一大批大部头著作问世，如《现代新闻摄影：博弈图像时代》①《近现代新闻图像研究——对中国现代化与新闻互动关系一个侧面的审视》②《中国新闻摄影史》③《视觉传播概论》④《中国近代图像新闻史：1840—1919》⑤，等等。其中，我国关于新闻图像作用的研究成果也逐年呈现上升趋势。这些研究可以归纳为以下三个方面。第一，新闻图像具体作用研究。《图片在新闻信息传播中的独特功能》⑥一文中较为系统地分析了新闻图片是对视觉的延伸、能够唤起读者的情感力量、吸引读者注意以及在跨文化传播中易于理解等作用。《新传播时代的图片应用与编辑理念》⑦一文中指出与文字传播相比，新闻图片在传播中有五大独特功能，即高效传播、加快阅读节奏、印证事

---

① 李培林：《现代新闻摄影：博弈图像时代》，南京师范大学出版社 2006 年版。
② 王利文：《近现代新闻图像研究——对中国现代化与新闻互动关系一个侧面的审视》，湖南教育出版社 2007 年版。
③ 甘险峰：《中国新闻摄影史》，中国摄影出版社 2008 年版。
④ 任悦：《视觉传播概论》，中国人民大学出版社 2008 年版。
⑤ 韩耀丛：《中国近代图像新闻史：1840—1919》，南京大学出版社 2012 年版。
⑥ 李培林：《图片在新闻信息传播中的独特功能》，《传媒观察》2004 年第 10 期。
⑦ 何龙盛：《新传播时代的图片应用与编辑理念》，《中国记者》2007 年第 7 期。

实、制造卖点、提高报刊品质的功能。第二，关于新闻图像传播功能的演进史研究，《新闻图片传播功能的演进》① 一文在梳理中西方新闻传播史基础上指出新闻图片的传播功能经历了美化版面、图文并茂、图文并重这三个阶段。第三，新闻图片选用、处理与说服作用研究。这方面有两篇文章比较有代表性：《视觉说服与读者定位——从欧美报纸版面的图片选用说开去》② 一文论述了报纸版面的图片选用与视觉说服之间的关系；《突发性灾难摄影报道的议程设置——德国〈每日镜报〉海啸图片报道分析》③ 一文对《镜报》海啸灾难图片的主题选择、版面位置、图幅大小等方面所起的说服作用进行了分析。综上所述，目前我国对新闻图像的研究已经取得了不少有较高价值的研究成果，但还存在一些问题，主要表现在以下三个方面：第一，从研究内容来看，新闻图像的文本认知作用研究较多，社会作用研究较少；第二，从图像研究形态来看，静态的新闻图片研究较多，而动态新闻图像研究较少；第三，从研究方法上来看，定性研究较多，定量研究较少。总体来说，国内关于新闻图像作用的研究还处于起步阶段，无论从广度还是深度来说，对新闻图像作用进行的研究与其重要性都很不成比例。

二、国外研究现状

西方传播学者也在过去几十年大众传播作用的研究中进行了大量调查和实验，提出了许多解释模式和假说，但这些研究主要侧重语言文字方面。图像作用的深入研究始于第二次世界大战时期美国著名心理学家卡尔·霍夫兰（Carl Hovland），他在 1942—1945 年期间应美国陆军部聘请，在美军中从事军事教育宣传片对新兵的影响研究。他将说服理论以及实验方法引入传播学，他和他的团队对说服研究作出了重要贡献。1968年，马克斯韦尔·麦库姆斯（Maxwell McCombs）和唐纳德·肖（Donald

---

① 李国英：《新闻图片传播功能的演进》，《新闻前哨》2007 年第 4 期。
② 杨晓白：《视觉说服与报纸读者定位——从欧美报纸版面的图片选用说开去》，《青年记者》2006 年第 1 期。
③ 郭建良：《突发性灾难摄影报道的议程设置——德国〈每日镜报〉海啸图片报道分析》，《中国记者》2006 年第 1 期。

Shaw）在议程设置理论研究中，考察了电视新闻的议程设置作用。值得指出的是，霍夫兰、麦克姆斯和肖在他们的研究中都运用了视觉材料，也都取得了视觉传播的相关研究成果，但他们的研究重心都没放在视觉传播上，他们关注的是整个传播对于态度、行为的影响上。随着视觉文化成为显学，图像在传播中的作用研究终于从幕后走到台前。20 世纪 80 年代出现了一些较为全面、系统的标志性研究成果，如为我国视觉传播学者所熟悉的保罗·梅萨里（Paul Messaris）所著的《视觉说服—形象在广告中的作用》[1] 和保罗·M. 莱斯特（Paul.M.Lester）所著的《视觉传播：形象载动信息》[2]。这两部著作影响都比较大。前者主要探讨了图像在广告传播中的作用，后者则广泛探讨了图像在广告、公共关系以及新闻传播等领域中的作用。

　　近年来国外关于新闻图像的作用研究突出体现在两个领域：视觉议程设置与视觉框架研究。视觉议程设置，简单地说，就是由于图像对受众起了说服作用，然后对其态度、行为产生了影响，即媒体的图像议程影响了受众的议程。这方面比较有代表性的研究主要有三篇文章：一篇是 *The Agenda-Setting Effects of Dominant Photographs* [3] 指出报纸新闻照片的图幅大小对受众的理解能够产生不同影响，大的新闻照片更易吸引读者阅读报道并认为其比较重要。另一篇是 *Visual agenda-setting after 9/11: Individuals' emotions, image recall, and concern with terrorism* [4] 通过调查美国"9·11"事件后新闻图像传播对观众情感以及对恐怖主义关注程度的影响，得出新闻图像通过对观众情感的影响而产生了对恐怖主义更加关注等显著视觉说服作用的结论。再一篇 *Visual agenda-setting & proximity after*

---

[1] ［美］保罗·梅萨里：《视觉说服：形象在广告中的作用》，王波译，新华出版社 2004 年版。

[2] ［美］保罗·莱斯特：《视觉传播：形象载动信息》，霍文利等译，中国传媒大学出版社 2003 年版。

[3] Wanta, Wayne. "The effects of dominant Photographs: An agenda-setting experiment." *Jouronalism & Mass Communication Quarterly* 65, no.1（1988），pp.107-111.

[4] Fahmy S, Cho S, Wanta W, et al, *Visual agenda-setting after 9/11: Individuals' emotions, image recall, and concern with terrorism,* Visual Communication Quarterly, 2006, 13, pp.4-15.

Hurricane Katrina: A study of those closest to the event[1] 通过对距卡特里娜飓风最近的人们记忆中的相关图像进行了调查，分析了能够产生显著视觉议程设置的三种新闻图像——惯用图像、危机图像以及激发兴趣的图像，并指出新闻图像的说服作用受个人经历、性格和社会背景等因素影响。

　　视觉框架，是指新闻视觉阐释的视角，帮助受众组织起新闻图像的方式，从而达到对受众进行说服、影响的目的。21 世纪初，美国学者卡纳曼（Kahneman）等人总结了灾难性事件新闻视觉传播的五种框架；近年来一些研究，如 *"Effects of Visual Framing on Emotional Responses and Evaluations of News Stories about the Gaza Conflict 2009"*[2]、*"Visually Framing the Invasion and Occupation of Iraq in TIME, Newsweek, and US News & World Report"*[3] 等则对具体事件的视觉框架进行了详细分析，并揭示了视觉框架的使用意义。总体来说，国外对新闻图像在现代传播中的说服作用研究也是一个较新的研究领域，从收集和整理的资料来看，国外对新闻图像作用的研究中，关于个案的实证研究较多，而缺乏系统、全面的研究，但该类研究已成为新闻传播学的研究热点，研究成果也逐年呈现出上升的趋势。

第三节　主要研究内容和思路

　　本书在行文过程中，不是平铺直叙新闻图像在现代传播中的各种作用，而是以新闻图像的说服性为切入点，紧紧围绕新闻图像的说服作用这条主线展开论述。新闻图像的说服作用是指新闻传播借助图像影响受众的思想、态度以及行为，实现传播者预期行为的作用。这里的说服不是指那

---

[1]　Miller A, Roberts S, *Visual agenda-setting & proximity after Hurricane Katrina: A study of those closest to the event, Visual Communication Quarterly*, 2010, 17, no.1 (2010), pp.31-46.

[2]　Brantner C, Lobinger K, Wetzstein I, *Effects of Visual Framing on Emotional Responses and Evaluations of News Stories about the Gaza Conflict 2009, Journalism & Mass Communication Quarterly*, 2011, 88 (31), pp.523-540.

[3]　Schwalbe C B, *Visually Framing the Invasion and Occupation of Iraq in TIME, Newsweek, and US News & World Report, International Journal of Communication*, 2013, 7, p.24.

种欺骗、诡辩性质的说服，而是指以理服人。《现代汉语词典》(2005 年版)的条目中"说服(shuō fú)"的含义是"用理由充分的话使对方心服"①。当然，对于图像来说，"以理服人"及"用理由充分的话使对方信服"则是指通过图像的自身展示使受众信服。通过较为系统、深入地剖析新闻图像在现代传播中的作用，揭示出纷繁复杂的新闻图像传播活动的内涵，形成一种动静结合的新闻话语研究。具体来说，主要侧重围绕新闻图像文本、生产者（传播者）和接受者（观者）三个大的方面来探讨新闻图像在现代传播中的作用，具体形成两个研究视角——文书研究视角和语境研究视角。文书研究视角是对新闻图像文本本身所具有的性质进行分析，侧重探讨新闻图像文本的认知作用，可谓一种静态研究；语境研究视角则是把新闻图像置于新闻传播活动大背景中考察其作用，侧重探讨新闻图像在现代传播活动语境中的社会建构作用，是一种动态研究。除导论外，本书主要包括以下九个部分。

第一章："现代新闻传播的图像化转向及影响"。随着传播技术和新媒体的快速发展和广泛应用以及受众逐渐形成的"扫视"阅读习惯，现代新闻传播出现了图像化转向。同时，新闻图像在现代传播中发挥越来越重要的作用，对社会产生日益重要的影响。

第二章："新闻图像的基本性质与作用"。新闻图像具有形象性、指示性和象征性三种基本性质，它们决定了新闻图像文本本身所具有的认知说服作用。

第三章："新闻图像的视觉修辞"。主要从符号学和格式塔心理学来阐释新闻图像为什么具有说服、教化作用，即新闻图像视觉说服的认知发生机制。在此基础上提出了视觉说服 ACTS 模式，即从吸引注意（Attention）、引向内容（Content）、理解主题（Theme）、积淀符号（Symbolic）四个方面揭示了视觉说服机制。

第四章："视觉说服机制"。阐释了新闻图像几种视觉修辞方法，从而进一步揭示了新闻图像文本所能够起到的认知说服作用。

---

① 中国社会科学院语言研究所词典编辑室：《现代汉语词典》(第 5 版)，商务印书馆 2008年版，第 4286 页。

　　第五章："新闻图像的议程设置作用"。围绕接受者（观者），结合图像文本和传播者来探讨新闻图像在现代传播中的作用，即主要论述新闻图像影响受众的情绪，影响对议题的关注，进而形成某种态度，产生了议程设置作用。具体探讨新闻图像对公共舆论的构建、新闻图像议程设置的影响因素、新闻图像议程设置作用机制等方面的问题。

　　第六章："新闻图像框架"。围绕生产者（传播者），结合新闻图像文本和接受者来探讨新闻图像的说服作用，即主要论述传播者运用框架方法建构新闻图像框架，影响观者对议题的理解，进而产生某种态度和看法，从而实现传播者的传播意图。具体探讨了新闻图像框架的作用、架构的常见方法以及新闻图像框架的建构机制等内容。

　　第七章："新闻图像作用量表编制与检验"。本章用调研数据具体考察了新闻图像是否具有作用、新闻图像各种作用的显著性以及新闻图像在现代传播中的作用是否越来越大、对现代社会的影响是否越来越显著等问题。编制了具有较高信度和效度的《新闻图像作用量表》和《新闻图像作用判定量表》。

　　第八章："系列新闻图片在互联网长篇报道中的作用考察——以'柠檬水起义'报道为例"。本章主要考察互联网长篇报道中的系列新闻照片是否对读者的情感、态度有显著影响。通过三个层次进行了考察，即在长篇网络报道中，有无图片对读者的情感和态度是否有影响；不同主题的系列图片是否对读者的情感和态度有影响；这些图片放置在报道中不同位置是否对读者的情感和态度有影响。

　　第九章："短视频新闻的传播机制及其社会影响"。本章主要考察了UGC短视频新闻对社会舆论产生影响的原因，基于SICAS模型揭示了短视频新闻传播机理，论述了短视频新闻对社会舆论的影响作用。

　　第十章："新闻图像的道德规范"。新闻图像本身所具有的结构不确定性以及人为等原因，都使新闻图像传播容易出现失范现象。随着新闻图像的广泛使用以及现代数字技术的发展，在新闻图像频频遭到误用、其真实性愈发遭到质疑的现代传播语境下，新闻图像的伦理道德问题也愈发明显，亟待规范，因此本书最后一部分将对新闻图像的道德规范进行探讨。具体探讨新闻图像道德失范表现、新闻图像传播的社会责任、新闻图像伦理道德规范途径等问题。

综上所述，全书第一次较为系统地勾勒出新闻图像在现代传播中的作用，是对新闻图像在现代传播中作用的一种解构；在解构的同时，新闻图像作用的实现方法也在解构中建构起来，因此本书是一把"双刃剑"。一方面，它向受传者揭示，新闻图像是怎样影响人的态度、行为的；另一方面，它也向传播者揭示成功的图像传播作用是怎样实现的、可以怎样实现。因此，本书有助于实现新闻传播两大根本目的——理解与信服。在具体论述过程中，本书始于"现代新闻传播的图像转向及影响"，这一部分主要论述在现代传播语境下，新闻传播出现了图像转向，新闻图像已不再是简单地再现意义和构图上美化版面、吸引注意等作用，而是成为媒体表达其意识形态意义、对受众进行说服、教化的一种利器。第二章至第四章是基于新闻图像本身具有的认知说服作用所进行的探讨。第五章和第六章是侧重将新闻图像置于传播活动中，对其所发挥的社会作用进行的考察。第七章是对新闻图像作用进行的量化研究，实际上是将新闻图像的认知作用和社会作用结合起来进行的一种量化考察，也就是以量表形式将新闻图像作用进行分解，以便更全面、细致地了解新闻图像的作用。第八章主要通过个案考察了互联网长篇报道中的系列新闻照片是否对读者的情感、态度有显著影响，依然是一种量化实验研究。第九章主要论述了新闻图像新的传播形态——短视频新闻的传播机制及其对社会舆论的影响，是阐释新的传播环境下新闻图像的社会作用。从整个研究来看，第七到第九章的内容也是对第五章"新闻图像的议程设置作用"和第六章"新闻图像的视觉框架"内容进行的实证研究。最后，第十章"新闻图像的道德规范"论述新闻视觉传播应遵循的社会伦理道德，是对研究主题的进一步深化。

第四节　研究方法

一、跨学科研究方法。本研究范畴涉及传播学、设计艺术学、社会学、政治学、心理学等领域，具体运用了议程设置理论和框架理论、符号学理论、话语批评理论、格式塔心理学理论等进行研究，在多重视角的融合中将新闻图像在现代传播中的作用阐释得更为系统、清晰。

二、系统分析法。在这个项目研究过程中，紧紧围绕新闻图像视觉说服为核心进行理论研究和实践调查，保证文本研究的逻辑性和科学性。

三、定性与定量相结合研究。采用定性分析方法中的文献资料法从新闻图像基本特性、新闻图像视觉议程设置、视觉框架等方面来揭示新闻视觉说服的作用及其实现方法。通过定量研究中的调查法、访谈法、实验法获得不同受众关于新闻图像视觉作用的第一手资料，并对这些数据进行分析，编制了《新闻图像作用量表》《新闻图像作用判定量表》以及考察了长篇网络报道中的系列新闻图像作用。

第五节　基本观点和创新之处

一、基本观点

1.新闻图像在现代传播中具有显著作用，有助于实现新闻传播的两大根本目的——理解与信服，并对政治、经济、文化等方面产生重要影响；

2.新闻图像在现代传播中主要起到认知作用和说服作用，认知作用是基础，而说服作用则是根本；

3.新闻图像的基本特性——形象性、指示性及象征性间接决定了新闻图像的认知作用和说服作用；

4.视觉议程设置和视觉框架理论的本质是关于新闻视觉说服作用与方法的研究，视觉议程设置主要是关于新闻图像能否产生说服作用以及产生什么样说服作用的研究；而视觉框架是关于新闻图像如何能够产生说服作用的研究。

二、创新之处

1.较为系统地剖析了新闻图像在现代传播中的作用，拓展了新闻传播理论；

2.从图像传播视角较为系统地进行了新闻话语分析，拓展了新闻话语批评理论；

3.提出新闻视觉传播 ACTS（注意、内容、主题、符号）说服模式；

4.编制了具有较高信度和效度的《新闻图像作用量表》和《新闻图像作用判定量表》；

5.通过个案具体考察了互联网长篇报道中系列新闻照片的作用，弥补了国内外在这方面研究的不足。

第六节　研究意义

图像已成为当下社会、学术关注和研究的热点。现在，从印刷出版物到电子媒体，从权威的媒体机构到普通百姓的手机微信，无不显示出图像的巨大作用。同时，图像已经渗透到政治、经济、教育、文化与日常生活的各个方面，"读图"已经成为人们感知事物、认识世界的一种主要方式，影响着社会生活的方方面面，扮演着越来越重要的角色。与文学、艺术等图像相比，新闻图像传播与国家利益以及人们生活更为息息相关，因此，新闻图像在现代传播中的作用研究具有更重要意义。

第一章
现代新闻传播的图像化转向及影响

依据受众的感知方式，学者一般将新闻分为听觉新闻和视觉新闻。顾名思义，听觉新闻主要是指以声音为传播媒介的新闻；视觉新闻是指用眼睛看得见的新闻，主要包括文字新闻、图片新闻和视频新闻[①]。其中，在视觉新闻中存在大量新闻图像。新闻图像是以图像符号形式构成的新闻元素，与新闻文字、声音报道同为新闻传播的一种形式。简而言之，新闻图像是以图像为载体对新闻事实进行的视觉报道形式。

在我国目前新闻学词典中还没有收录"新闻图像"这一词条。但至少在 1985 年我国学者就开始使用这一新闻概念："（维斯新闻社、合众独立电视新闻社）这两家电视新闻社向世界上许多国家提供电视新闻图像及文字，是国际电视新闻界实力较为雄厚的组织。"[②]1986 年，时任北京记协主席的林青先生在"发挥电视的新闻优势"一文中指出："新闻的图像是新闻事件的形象，从报道的意义上讲，电视新闻的形象画面，也应当是一种图像语言。"[③]全国哲学社会科学规划办公室在《国家社会科学基金项目 2003 年课题指南》《国家社会科学基金项目 2004 年课题指南》中，分别将"新闻图像的传播与物质文明、政治文明和精神文明建设""新闻图像的传播研究"列入其中。现在这一词条不仅被学者普遍使用，而且也被普

---

① 刘源：《图片报道》，浙江大学出版社 2009 年版，第 7 页。

② 王英：《中央电视台"国际新闻"节目的来源及选择编播过程》，《新闻与写作》1985 年第 9 期。

③ 林青：《发挥电视新闻的优势》，《新闻战线》1986 年第 3 期。

通百姓广泛接受。

学界一般按照新闻图像表现形态将其分为静态新闻图像和动态新闻图像两大类。"静态新闻图像主要包括新闻图画、新闻漫画、新闻图示、新闻照片，动态新闻图像主要包括新闻记录电影、电视新闻、网络视频新闻、新闻 FLASH 等。静态的新闻图像是以新闻事件发展流程中的某一个或几个瞬间形象来传达新闻信息，而动态的新闻图像则是将一段活动的形象连接起来传达新闻信息。"[①] 静态的新闻图像常常被称为新闻图片，而动态的新闻图像则被称为新闻影像。新闻图像不同于图像新闻，新闻图像不关涉新闻图像的种类、多少、与文字相比的主次等问题，而图像新闻是以各种图像为主，而以文字、配声为辅的一种新闻播报方式。新闻图像显然包括图像新闻中运用的所有图像。当然，图像新闻也是新闻图像充分发挥作用的一种传播形式。这一切都使新闻传播业的发展出现了新的特征——图像转向。这是所说的"图像转向"不是说文字新闻报道不重要，只是说各种图像在现代新闻传播中扮演越来越重要的角色。

第一节 现代新闻传播的图像化转向

目前人们所知最早的新闻照片是关于 1842 年 5 月 5 日德国汉堡发生的一场连续燃烧四天的严重火灾，摄影师比欧乌和史特乐茨纳二人拍摄了一组记录大火燃烧后的废墟照片——《汉堡大火废墟》。这次拍摄活动被认为是世界上第一次新闻摄影活动。从此，新闻照片开始记录社会生活，承担起记录和反映社会现实的功能。1880 年 3 月 4 日，美国《每日图画》报成功地使用铜版照相印刷技术将一幅照片印刷在报纸上。从此，现代意义上的新闻图像传播拉开了序幕。但是，19 世纪末，由于当时摄影、印刷技术的限制，报纸上的新闻图片还非常少，仅仅作为版面的点缀，人们

---

① 王文利：《近现代新闻图像研究——对中国现代化与新闻互动关系一个侧面的审视》，湖南教育出版社 2007 年版，第 3—4 页。

对新闻图片的作用和地位的认识还不够，并没有给予充分的关注。①1906年10月17日，德国物理学教授阿瑟·柯恩利用电报机成功地将图片影像由慕尼黑传送至1800公里外的地方，这是现代传真技术的开端。1907年11月8日，法国的《画报》和英国的《明镜日报》就运用这种传真技术，将一张英国国王爱德华七世的照片（55cm×75cm）经海底电缆从巴黎传到伦敦，耗时12小时，诞生了世界上第一张传真照片，并将之在次日刊出。1925年，英国人发明了电视，但初期的电视新闻形象性很差，只是荧屏上有播新闻的头像而已。1935年1月1日早晨，美联社将一张从空中拍摄的坠毁在美国纽约州阿迪朗达克山中的飞机的照片，通过一条连接25个城市的47家报纸的电话线路成功地传送了出去，从而开启了新闻图像传播的新纪元。20世纪70年代，由于电视技术的发展，已经能够实现形象的连续性和事实同步的时效性，以及对于"阿波罗"号宇宙飞船登月等重大事件成功转播的声誉，电视新闻吸引了大量观众。

中国新闻图像的发展在19世纪末期的晚清进入一个较为繁荣的时期。这一时期不仅刊登新闻图像的画报种类繁多、图像数量多，而且报刊刊登新闻照片这一新的传播形式诞生了。20世纪二三十年代，随着现代照相制版技术的发展以及新闻照片直观、通俗易懂等原因，中国新闻摄影业得到快速发展。当时不少报纸以专栏的形式刊登照片，新闻照片的内容以及照片的编排手段也出现多样化发展，而且新闻照片逐渐摆脱了依附于文字报道的局面，较多地出现了"消息照片"，即一幅照片，附以标题和说明，就构成了一则独立的新闻信息。②抗日战争、解放战争提升了新闻摄影的地位，加快了新闻摄影业的发展。同时，新闻照片产生的社会影响也越来越大。但新闻图像在我国新闻传播中地位明显提高是在1990年8月召开的首届"全国报纸总编辑新闻摄影研讨会"达成"图文并重、两翼齐飞"的共识，从此以后，新闻摄影才真正在新闻事业中获得了独立的地位。而这一时期，电视已经在全国范围普及开来，电视新闻也已成为人们获取新闻信息的主要渠道。

---

① 刘源：《图片报道》，浙江大学出版社2009年版，第24页。

② 甘险峰：《中国新闻摄影史》，中国摄影出版社2008年版，第30页。

一、新闻图像传播的数字化时代到来

20 世纪末以来，随着现代传播技术的发展，互联网逐渐成为人们获取新闻信息的又一主要渠道。不仅如此，人们发现自己不再只是新闻传播的接受对象，而且可以成为传播者！互联网的交互性尤其为新闻图像提供了广阔的舞台。在现代报纸、杂志新闻报道中，新闻图像的使用情况，无论是图幅的数量和图幅面积都有大幅增加，图像的质量也有很大提高，印刷精美、清晰的彩色图片也越来越多。现在稍微有点名气的报纸、杂志都纷纷建立了网络版。由于网络版不再像纸质版那样受制于版面空间，而且新闻图像的排版、编辑也更加灵活，图像报道也更加迅捷，这一切使新闻传播如鱼得水，比如《中国青年报》《北京青年报》在报道 1998 年第 16 届世界杯足球赛时，就使用了法新社因特网上的体育新闻图片，使得报道更加方便快捷、内容更加丰富多彩。如今，新闻图像已经成为媒体机构和受众关注的焦点。新闻图像的运用情况及其视觉效果已经成为一份报纸销售量的重要影响因素。

在电视新闻中，新闻画面一直占据主导位置，近年来也出现了一个新的变化，那就是新闻报道中关于事发现场的图像越来越多，使观众能够第一时间亲眼看到现场情况。北京时间 2011 年 3 月 11 日 13 时 46 分，日本本州岛仙台港以东 130 公里处发生了里氏 9.0 级地震。在 14 点 46 分，中央电视台新闻频道（CCTV13）就播放了日本地震后的视频录像。目前大多数电视台也都建立了自己的网站，能够进行网络直播与重播，延伸了电视播放新闻图像的功能，并克服了电视画面稍纵即逝的弱点。

随着电脑、网络宽带逐渐普及，在网络浏览新闻已经成了很多人每天的必修课。一些门户网站，如搜狐、新浪、雅虎等还专门设置了新闻图片、视频专栏和图像专刊专辑。与传统传媒相比，互联网传播新闻图像更具有优势。首先，网络新闻可以同时展示多种新闻图像——照片、视频、漫画等，能够使受众更为全面、更有深度地了解新闻事件。而且多维度的图像报道，增加了新闻的真实性。其次，新闻图像的制作过程更为简洁。不仅新闻媒体制作者很容易能将摄影师或业余摄影爱好者拍摄的新闻图像传到其网络媒体上，而且普通百姓也能很容易地将图像传播到网络上。在实际新闻图像传播中，有很大一部分图像是制作者直接从相关报道中复制过来的。互联网无疑为这种复制提供了极大便利。最后，网络新闻图像为保存、查询提供了便利。网络新闻图像的存在时间也比较长，只要不被网站等删除，通过搜索引擎总会查得到，这无疑增加了新闻图像的暴露次数。目前新闻图片和视频已成为影响网站新闻点击率、阅读率的重要因素。

手机上网看新闻也早已是家常便饭，它比电脑看新闻更为便捷。手机的使用者可以随时随地阅读和观看网络新闻。尽管手机的屏幕大小有限，但是手指轻轻滑动，一般就可以使矢量图像收缩自如，满足观者阅读需要。智能手机本身又是摄像机，可以随时随地把图片、图像上传到互联网上。微信、QQ等软件更是使手机传播图像如虎添翼，如果图像再被名人微博或大的网站进行转载，短时间就可以迅速走红，影响极大。2005年7月7日伦敦地铁发生爆炸案，有人用手机拍摄了照片，几分钟后该照片就在互联网上广泛传播。手机真正成为一种廉价、便捷的传播新闻图像的交互式媒体。

二、以图像为主的新闻播报形式出现

现在不仅在新闻传播中使用了越来越多的图像，以图像为主的新闻播报形式也悄然出现。新闻图像不仅不再是新闻报道中的花絮，而且对于文字报道而言开始"喧宾夺主"了。在搜狐、新浪等各大门户网站，都有专门的视频新闻，主要是关于时事的新闻播报。而且一旦点开，会有大量的相关图像报道跟进，在"召唤"观众收看，使观众对某一问题能够有深入的了解。图片新闻也得到很大的发展。图片新闻是指以图片为主，附有简短说明的报道。比如搜狐网的"看图说话"栏目，就是用各种图表和解释复杂的财经问题，让人既容易理解，又免去了枯燥的文字报道，正如搜狐财经"看图说话"栏目说的那样："我们通过图表向您呈现复杂的财经信息，以我们独特的方式。给您一个理解财经事件新的视角。"另外，许多大网站，如网易、搜狐、新浪、凤凰等都设有"一周图片"栏目，对国内外大事等以图片形式进行展示。

三、新闻阅读习惯调查

对中国计量学院、浙江大学、南京大学、华东师范大学一共 271 名本科生和研究生进行了关于新闻阅读习惯的调查。其中男性 66 名（24.4%），女性 205 名（75.6%），读者的年龄范围是 19—31 岁，平均年龄是 21.23 岁。

（一）新闻阅读时间调查及数据统计

①您平均每天的上网（包括电脑、手机等）时间大约为（ ）小时。

表 1—1　统计结果

小时	人数	百分比
1 小时以下	10	3.7
1—3 小时	119	43.9
3—5 小时	97	35.8
5—7 小时	30	11.1
7—9 小时	11	4.1
10 小时以上	4	1.5
合计	271	100.0

②您平均每天通过电脑、手机等设备浏览网络新闻的时间大约为（ ）分钟。

表 1—2　统计结果

分钟	人数	百分比
10 分钟以下	35	12.9
10—20 分钟	75	27.7
20—30 分钟	90	33.2
30—40 分钟	29	10.7
40—50 分钟	21	7.7
50—120 分钟以上	14	5.2
120 分钟以上	7	2.6
合计	271	100.0

数据显示，有 79.7% 的人平均每天上网的时间是 1—5 个小时；60.9% 的人每天浏览网络新闻的时间为 10—30 分钟；而在 30 分钟以上的人占了 26.2%。说明大部分学生在他们有限的业余时间中阅读新闻的时间比

较长。

（二）新闻图像的阅读、观看调查及数据统计

①您感觉网络新闻中图像（包括图片和视频）：

表 1—3 统计结果

数量	人数	百分比
非常多	44	16.2
多	116	42.8
一般	85	31.4
不太多	26	9.6
很少	0	0
合计	271	100.0

感觉新闻图像"多"和"非常多"的人比例占了 59%，而认为"不太多"的人只占 10% 左右，说明新闻图像引起了大部分被试的关注。

②当您阅读一篇带有文字和相关图片的网络新闻报道，对于图片：

表 1—4 统计结果

态度	人数	百分比
基本都看	127	46.9
经常看	84	31.0
有时看	50	18.5
不怎么看	10	3.7
基本不看	0	0
合计	271	100.0

对于网络报道中的新闻图片，"基本都看"的人占了 46.9%；"经常看"的人占了 31%；而"不怎么看"只占了 3.7，"基本不看"的人没有。这说明，新闻图片是大学生很喜欢的新闻报道形式。

③当您阅读一篇带有文字和相关视频的网络新闻报道，对于视频：

表 1—5 统计结果

程度	人数	百分比
基本都看	66	24.44

程度	人数	百分比
经常看	55	20.37
有时看	108	40.00
不怎么看	35	12.96
基本不看	6	2.22
合计	270	100.0

尽管相对于新闻图片来说，被试观看新闻视频的比例有所降低，"基本都看"占24.44%；"经常看"占20.37%；"有时看"占了40%。看视频要比看图片费时间，因此读者一般更倾向于有选择地观看视频，只有自己比较喜欢的、感兴趣的新闻视频，才更能引起关注。

④阅读一篇带有文字、图片和视频的网络新闻报道，您的一般阅读顺序是：

表1—6　统计结果

顺序	人数	百分比
图片—视频—文字报道	57	21.0
图片—文字报道—视频	115	42.4
视频—图片—文字报道	38	14.0
视频—文字报道—图片	9	3.3
文字报道—图片—视频	50	18.5
文字报道—视频—图片	2	0.7
合计	271	100.0

对于网络新闻来讲，读者一般主要是由于标题的吸引而进行点击链接打开新闻网页的。在具体阅读新闻内容时，首先"42.4%"的人选择"图片—文字报道—视频"这种阅读顺序；其次是"图片—视频—文字报道"，占了21%；再次是"文字报道—图片—视频"，占了18.5%。这说明了被试对新闻图像比较偏爱。

综上所述，我们可以进行一下简要的概括：71.6%的人每天浏览网络新闻的时间为10—30分钟；而在30分钟以上的人占了26.2%。说明大部分学生在他们有限的业余时间中阅读新闻的时间比较长。一半以上的人认为网络新闻中图像较多，77.9%的人在阅读带图的网络报道时会经常看文中的图片，有 44.81%的人会经常看报道中的视频。42.4%的人阅读顺序是"图片—文字报道—视频"。总体来看，大学生对新闻图像比较偏爱。

四、新闻图像市场化

当代新闻图像的生产方式与以前的图像生产方式有明显的区别，目前新闻图像生产更多的是一种商业化运作。以前的新闻图像主要是由报社、杂志社等单位自己的摄影师拍摄而成。20 世纪 90 年代以来，国外一些著名的媒体机构，如美联社、路透社、法新社等都专门建立了自己的图像库、图片网做起了生意。它们把自己的摄影师或其他众多的摄影者拍摄的照片储存起来，进行销售，或购买一些有版权的照片进行出售。我国新闻图片网站的建设和图片营销晚于国外。目前著名的图片网站主要有美联社图片网（www.apimages.com）、路透社图片网（http://pictures.reuters.com）、法新社图片网（www.afp.com）等，它们都拥有几百万张新闻图片。我国主要有中国新闻图片网（www.cnsphoto.com）、中国日报新闻图片网（www.asianewsphoto.com）等都储存几十万张以上的新闻图片。值得一提的是，现在图片还可以按照"图片找图片"的方式进行搜索。既可以搜索某个图片的出处和被使用情况，也可以搜索类似、相关的图片。如 tineye.com 搜索引擎能够实现以下这些功能：发现图片的来源与相关信息；研究追踪图片信息在互联网的传播；找到高分辨率版本的图片；找到有你照片的网页；看看这张图片有哪些不同版本。① 另外 google.com、shitu.baidu.com、picitup.com 等图片搜索功能都比较强大；GazoPa.com 搜索引擎还能仅凭一张视频缩略图就找到相关视频。总之，这些图片库和图像搜索引擎不仅丰富了新闻报道，也为其他媒体及用户检索和购买新闻图片提供了方便。

近年来，一些视频网站迅速发展起来，美国的 Netflix、YouTube、Hulu，中国百度、腾讯、搜狐、优酷、PPTV 等视频网站为人们所广泛

---

① http://www.u148.net/article/33760.html.

熟知。对于新闻图像来说，目前视频网站的营销模式主要采取"免费＋广告"的赢利模式，网民在观看新闻视频前要暴露在一则或几则广告下，这种模式以广告收入为主；另外一些媒体机构也采取版权分销模式来获得利润。这些网站本着"让每个人都成为生活的导演"的营销理念，充分利用互联网的互动功能，把受众从被动的信息接受者变成信息主动寻找者、信息发布者，极大地推动了网络视频业的发展。如腾讯视频推出了"拍客频道"，采取付费方式向广大网友征集"有新闻价值、精彩瞬间、奇闻异事等内容"的视频，从而为新闻图像的群众路线营销提供了有效通道。

五、新闻图像业迅猛发展的原因

现当代传播技术的发展、受众阅读习惯的图像化转变以及由此带来的图像消费市场的大量需求，迫使媒体机构、编辑和摄影记者在引进成像、传播高新技术、掌握数字技术、提高图像制作和传播速度等方面都有很大进展。同时，也使新闻图像业有了长足的发展。

（一）传播技术的发展为新闻图像业的发展提供了有力的技术支持

20世纪中晚期，随着传播技术的发展，信息的传播方式发生了质的变化。就大众传播而言，信息的传播经历了以印刷媒体为主向以电子媒体为主的转变过程。以前的一些主要纸质媒体，如报纸、杂志等也基本都有了电子版。电子版的报纸、杂志以及电视、网络、手机成为新闻信息传播的主要方式。一系列诸如电缆、网络等数字电子传输技术的出现使得新闻图像的传播更快更方便。照相机、摄影机、电脑、手机的接踵而至令新闻图像的传播异彩纷呈。尤其是物美价廉的智能手机的广泛应用，使新闻图像的传输和接收变得非常便捷。这种手机具有拍照、上网功能，随时可以把某些事件拍摄下来传输到网上共享。同时手机也可以随时接收来自网络的图像，食指和拇指的轻轻滑动就可以将新闻图像扩大以便观看得更为清晰。

（二）大众文化消费方式的改变为新闻图像提供了市场

如果说传播技术的发展为新闻图像的大量生产、传播提供了保证，那么大众文化的狂欢性消费则为新闻图像提供了巨大市场。大众文化的通俗性、消费性、娱乐性、商业性、产业性等种种特征极大地促进了大众对新闻图像的消费。从生产视角来看，新闻、新闻图像已不再是阳春白雪，不再是国家、传媒机构的专有物，而是变成了人人都可以生产、发布的廉价品。从接受视角来看，新闻图像正以图解的方式冲击着文字报道，而且新闻图像在一定程度上具有娱乐性质，使人们更乐于接受。因此，处于这样的大众文化中的新闻图像呈现出的娱乐性与通俗性迎合着大众的口味。如今农村老太拿着苹果手机（或高仿）看新闻图像报道已不再是什么新鲜事了。

（三）广告和新闻图像的合谋

尽管人人都是新闻图像的生产者，但毕竟传播机构拥有更为强大的传播能量。如许多网站都打起了新闻图像的主意。它们免费提供新闻视频，当然天下没有免费的午餐，人们在打开新闻视频链接观看之前，常会发现应该出现新闻图像的地方有广告停留几秒钟的时间，或在播放新闻视频的网页中不断跳出各种形式的广告。网站就是利用人们想看新闻的心理推销它们的广告。观众在看新闻图像的同时，也不知不觉被网站卖给了广告主。新闻传播机构心甘情愿与广告代理商或广告主合谋，最根本的原因则在于经济收入。媒体机构有意无意地在重大新闻图像传播活动中植入广告也不是什么稀奇的事情，笔者非常清晰地记得在电视直播中看到邓小平同志的灵车是一辆丰田车。无独有偶，网络报道金正日灵车用的是厦门金龙中巴车。灵车的后窗上明显印着"厦门金龙"字样。[1] 对于这两件事情，我们无法得知它们是否与广告有直接的关系，但是可以肯定的是，重大事件新闻播报中的植入广告能够取得巨大的广告效应和政治、经济效益。总之，现当代传播技术的发展、受众阅读习惯的图像化转变以及由此带来的图像消费市场的大量需求，促使媒体机构、编辑和摄影记者越发重视引进成像、传播高新技术、掌握数字技术、提高图像制作和传播速度等方面。同时，也使新闻图像业有了长足的发展。

---

[1] http://bbs.tiexue.net/post_5654307_1.html/2012/2/12.

第二节　新闻图像对社会实在的建构

新闻传播的图像化发展使得新闻信息的传播方式、话语建构方式以及传播的观念、形态都悄然发生了变化。从印刷出版物到电子媒体，从权威的媒体机构到普通百姓的手机微博、微信，无不显示出新闻图像的巨大作用。它已不再是简单地再现意义和实现构图上美化版面、吸引注意等作用，而是一种文化表征的建构，是一种社会意义的生产。它的影响已经渗透到政治、经济、教育、文化与日常生活的各个方面，在人类社会生活中扮演着越来越重要的角色。美国著名文学家、艺术评论家、被誉为"美国公众的良心"的苏珊·桑塔格（Susan Sontag）曾指出："照相机以两种方式阐释现实，这两种方式对发达工业社会的运转是非常必要的：一种方式将社会定义为展示（给社会大众的）景象，而另一种方式将社会定义为（统治者）监视的客体。图像的产生还提供了一种统治性的意识形态。社会变化被图像中的变化所取代。"[1] 美国学者基库·阿达托在《构造完美：大众图像制作的艺术与技巧》中更为明确地指出："而在我们的图像——意识文化中，我们已经将这些内容颠倒了。我们寻求的是'拍摄得完美'的时刻与事件，然后依据客观世界同图像的一致性来判断这个世界。"[2] 这些学者都直接或间接地说明了图像对社会实在的建构性——大众传媒建构起一个关于世界的图像，真实的客观世界被图像世界所取代。

一、社会实在的媒体建构

在近现代西方政治学界中，首先认识到公众传播对社会的巨大影响作用并进行系统分析的学者恐怕要首推美国新闻评论家和政治专栏作家沃尔特·李普曼（Walter Lippmann，1889—1974）。1917 年他任美国陆军部长

---

[1]　转引自［美］阿瑟·阿萨·伯杰：《眼见为实——视觉传播导论》（第三版），张蕊等译，凤凰出版传媒集团 2008 年版，第 176 页。

[2]　同上书，第 180 页。

助理。1918 年出席巴黎和会，任驻巴黎的陆军情报处上尉。他在 1922 年完成了《公众舆论》一书。他在这部著作中，针对大众传播可能会"歪曲环境"的负功能提出了著名的"两个环境"理论。他认为我们人类生活在两个环境里：一个是现实环境，另一个是拟态环境——"假环境"。前者，是独立于人的意志，体验之外的客观世界；而后者，是被人意识或体验的主观世界。现代公众不可能直接地去认识每一件发生的事情，加上检查制度的存在以及官方设置的保密制度等，人们对纷繁的世界事务的认知主要来自大众传媒。大众传播是"社会现实"的主要营造者，普通人作为"局外人"实际生活在"假环境"中。李普曼的"两个环境理论"深刻阐释了大众传播对社会实在建构的作用。

后来李普曼的"两个环境"理论被学者从大众传播进一步细化到图像传播上。美国传播艺术教授阿瑟·阿萨·伯杰（Arthur Asa Berge）指出了图像对社会的塑造作用，"照片是一种十分难以理解且极其复杂的东西。它有着巨大的力量，这意味着我们必须时刻将拍摄和使用照片的道德准则铭记于心。我们经常以许多不同的方式来使用照片，这使得照片图像充斥于我们的现代社会——于是照片将社会变成了今天的这个样子，或者可以说，这些照片给予了我们关于我们自己的图像，然后进而促进了我们身份感的确立以及社会政治秩序的构成。"[1] 美国学者玛利塔·斯特肯（Marita Sturken）和莉莎·卡特赖特（Lisa Cartwright）在其《看的实践：视觉文化概论》一书前言中也指出："我们居住的世界充满了视觉图像。它们对我们周围的世界进行再现、赋予意义以及传播。在许多方面，我们的文化正变为视觉文化。自上两个世纪以来，西方已经被视觉媒体统治而不再是口语或文字媒体。……图像不再只是插图，它们承载更重要的内容。……尽管听和触摸是经验和交流的重要方式，但是我们的价值观、舆论以及信仰都是由我们每天接触到的各种各样的视觉文化形式日益以强有力的形式塑造着。"[2]

---

① ［美］阿瑟·阿萨·伯杰：《眼见为实——视觉传播导论》（第三版），张蕊等译，凤凰出版传媒集团 2008 年版，第 181 页。

② Marita Sturken & Lisa Cartwright, Practices of Looking: *An introduction to Visual Culture*, London:Oxford University Press, 2009, p.3.

新闻传播确实每天都在建构"社会实在"——"媒介的真实"。媒介建立起来的"真实"对人们有重要的影响，往往比客观社会事实本身还要重要得多。因为媒介的重要性不仅体现在是否接近现实这个层面上，更在于它所构建起来的现实具有超现实性。大众传媒可以使某一问题或某一类问题彰显，并引发受众的想象，从而造成偏离客观现实的媒介现实，有可能形成与客观事实不符的社会舆论，进而形成某种社会情绪，产生显著社会影响。

二、网络狂欢语境下的新闻图像

网络的普及与便捷，为人们的诉求表达提供了极大的便利。网络狂欢下的新闻图像，是指普通网民利用网络传播的图像，是对传统新闻图像由政府或新闻媒体发布权的颠覆。"表哥事件"是网络狂欢语境下的一个代表性作品，其中新闻图像不仅是始作俑者，而且也是图像使这个事件愈演愈烈。2012年8月26日凌晨3时许，陕西延安，一辆卧铺客车在与一辆运送甲醇的大货车追尾碰撞后起火，造成36人罹难、仅3人逃生。陕西省安监局长杨达才带着相关人员连夜赶到现场，他也算是尽到了本职工作。但是，他"笑场"了——他的一张背着手、体态臃肿、腆着大肚子在现场悠然自在微笑的照片被传到了网上，尽管照片有些模糊，但其笑容却清晰可辨(如图1—1)①。很快杨达才的简历以及出现在一些网站上的图片被一一翻出来。愤怒而好奇的网友陆续发现"微笑局长"在不同场合戴有多块不同的名表，因此送其一个外号——"表哥"。在"表哥"走红网络后，"表哥"的"事迹"也惊动了陕西省纪委和中央电视台。纪委宣布展开调查，而中央电视台的《新闻1+1》中，对此事进行了深度解读。另外，网友的进一步搜索也在如火如荼地进行着。人们发现，杨达才不仅爱换着戴各种名表，还爱戴各种"眼镜""腰带"，据网友估计，均价值不菲，可谓"浑身是宝"。这些发现正式将一次意外的"舞台事故"推向了严肃的"贪腐调查"。让"表哥"感到冤枉的是，自己本来就长着一副"看起来像在微笑"的表情，在看守所里，仍是这副"看起来像在微笑"的表情。看来网友开

---

① http://finance.sina.com.cn/roll/20120920/172013194625.shtml.

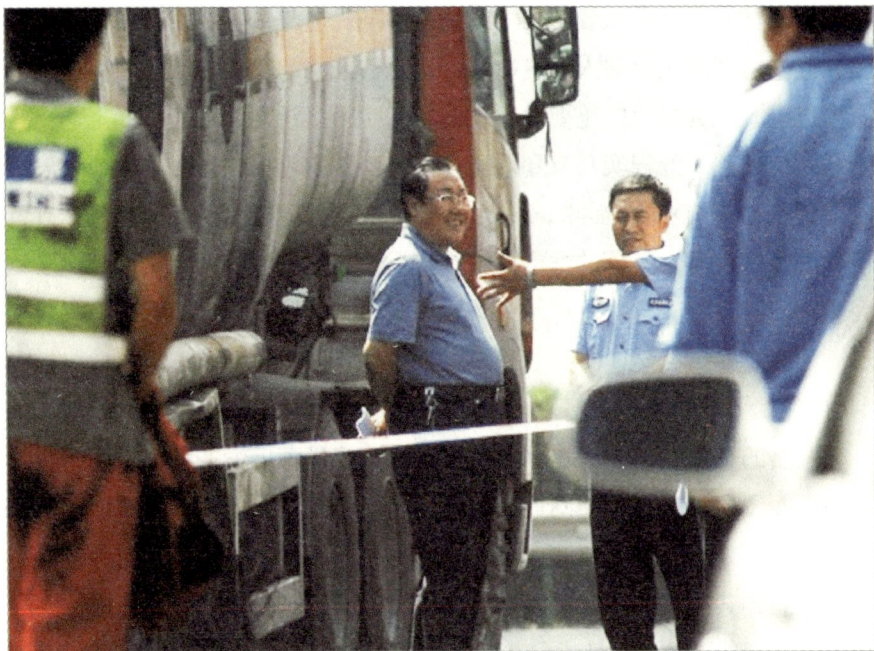

图 1—1　杨达才在"8·26"特别重大道路交通事故现场

始时误读了他的表情。① 这一事件的发生、发展以及网友对其表情的"误读"都充分体现了当代网络狂欢的传播语境。

　　从南京市江宁区房产局局长周久耕的"天价烟"到陕西省安监局局长杨达才的"微笑",新闻图像似乎在不经意间就使一件平常小事迅速发展成为一件令民众家喻户晓的大事,短时间形成波澜壮阔的社会舆论,自然也会引起政府的高度重视。尤其在中共"十八大"后,随着中央和地方对反腐败工作的高度重视,一些被微博揭露的贪腐高官被迅速查处,人们惊呼他们被微博所"秒杀"。实际上,还不如说是被新闻图像所"秒杀",正是"有图有真相"发挥了根本作用。在现代传播中,新闻图像传播已成为舆论监督的重要方式,在某种程度上也推进了民主进程。如果说周久耕、杨达才是"躺着也中枪"的话,那么利用新闻图像做文章则具有了积极主动性。"民工工资讨薪新闻发布会"视频是一个很好的例子。据称:"我和

①　http://news.xinhuanet.com/yuqing/2013-06/19/c_124879016.htm.

26

图1—2　女民工模仿外交部新闻发言人讨工资

农民工兄弟为天津汉沽殡葬管理所干了一个工程，应支付我们各项工程款1400多万元。我们多次催要，而汉沽殡葬管理所于我们友好合作关系不顾，多次声称不支付款项。我们百姓与民政部门一直是鱼水情深，公仆与主人翁的亲密关系。然而殡葬管理所却于事实不顾，于当前维稳大局不顾，作出有伤我方合法权益与自身形象的事情来……"（如图1—2）①。这个视频的最大特点在于发言人模仿了外交部发言人辞令，带着几分对外交部的调侃，成为人们对这次欠薪一事关注的噱头。

第三节　说服：新闻图像在现代传播中的根本作用

新闻图像的广泛应用，也引起许多学者对其作用进行探讨。归纳起来，学者一般是将新闻图像的具体作用分为以下五个方面：

第一，纪实性作用：新闻照片能够以文字报道所没有的非语言符号，

---

① http://news.qq.com/a/20121009/000977.htm.

形象地再现新闻发生现场的每一处细节，使读者得以最直观、最全面、最真实地看到事物的全貌。

第二，证实性作用：非独立使用的新闻照片具有证实文字报道的作用。

第三，解说性作用：图表、示意图、新闻地图等能够以形象性的符号统计和描绘新闻报道中的某些内容，从而对相对比较枯燥的文字表述进行生动易懂的解释。

第四，装饰性作用：作为文字稿件的美化装饰手段。

第五，视觉冲击作用：图片的形象性和直观性能够产生强烈的视觉冲击效果，产生巨大的吸引力与震撼力。[①]

仅从新闻图像本身来看，新闻图像确实具有上述作用。但在现代传播语境中，仅从图像本身来看新闻图像的作用显然是不够的，应该将其放在更大的视阈，即从社会、政治、文化等视角来审视，我们发现新闻图像又远不止上述这些作用。而且在上述这些作用的背后更深层次的作用是对受众的说服作用。正是其说服作用在改变人们的思维方式，对社会产生着重要的影响，这也是新闻图像在现代传播中的根本作用所在。

一、说服：一种老而弥新的修辞术

我国古代有许许多多劝谏的名篇、话语，在《战国策》《史记》《吕氏春秋》《资治通鉴》《说苑·正谏》等古籍中我们可以找到大量的记载，其中蕴含丰富的哲理和说服技巧，如《优孟谏楚庄王葬马》《邹忌讽齐王纳谏》《触詟说赵太后》等名篇举不胜举。在西方，公元前4世纪亚里士多德就专门论述了说服传播艺术——修辞术。他把修辞术定义为"在每一事例上发现可行的说服方式的能力"，强调修辞术的功能不在于说服，而在于发现存在于每一事例中的说服方式[②]。他的修辞术主要研究内容是修辞演

[①] 韦娜、张琨：《对图片的理解和运用研究——以〈华西都市报〉为例》，《新闻知识》2010年第1期。

[②] [古希腊]亚里士多德：《修辞术·亚历山大修辞学·论诗》，颜一、崔延强译，中国人民大学出版社2003年版，第7—8页。

说，他把修辞演说分为三种：议事演说、法庭演说和展示性演说，并认为演说由三种成分构成：演说者、演说的题目和演说针对的对象①。总体来说，他认为修辞演讲就是对受众的一种说服，即说服就是通过修辞演讲，使听众形成某种判断，认同、赞成并采纳演说者的观点或采取某种行动的传播活动。而其《修辞术》的根本目的则是探讨如何实现说服效果最大化的方法，"技术的方法同说服论证相关联，说服论证是一种证明，因为我们认定事物得到了证明之时就是我们达到最大限度的信服之时。修辞的证明就是推理论证，它在单纯的意义上可以说是最有效力的说服论证。"② 他认为演说取得成功有两种手段，一类是不属于技术范畴的或"非人工的手段"（inartificial proofs）；另一类是属于技术范畴或"人工的手段"（artificial proofs）。"非人工的手段"是指无须演说者提供、只需演说者恰当加以利用即可的见证、拷问、契约以及法律条文等已经存在的条件；"人工的手段"，即演说者实现劝说目的所凭借的修辞方法以及人们努力可以达成的说服论证。后者是亚氏关注的重心。他认为具有说服力量的论证包含三种主要形式："第一种在于演说者的品格，第二种在于使听者处于某种心境，第三种在于借助证明或表面证明的论证本身。"③ 实际上，亚里士多德从演说者的品德塑造、对听众的情感影响以及演说的本身逻辑证明三个方面展开他的修辞术论说。他的修辞术局限于修辞学和演讲学的范畴。在亚里士多德看来，修辞术属于政治学范畴，因为说服论证必然要进行逻辑推理并要研究人的品格、德行以及情感，"于是修辞术就像是辩证法和伦理学的分支，后者可以被恰如其分地称作政治学。所以，修辞术也可以纳入政治学的框架。"④ 可见，亚里士多德已经认识到修辞术说服对于社会的重要性。

在传播学成为一个独立学科之前的近现代西方社会，对公众进行说服传播的诸多研究依然体现在政治学范畴内，并与军事活动密切相关。因为

---

① ［古希腊］亚里士多德：《修辞术·亚历山大修辞学·论诗》，颜一、崔延强译，中国人民大学出版社 2003 年版，第 16 页。
② 同上书，第 6 页。
③ 同上书，第 8 页。
④ 同上书，第 9 页。

从 20 世纪初一直到 40 年代，世界发生了两次世界大战，美国及其他一些西方国家对通过说服传播来改变公众的认识、态度和行为的社会研究给予了前所未有的支持。在这种时代大背景下，一些著名的学者在说服研究领域取得了显著的研究成果，如前面提到的沃尔特·李普曼、多温·卡特赖特（D.Cartwright）、卡尔·霍夫兰（Carl Hovland）等人。其中，霍夫兰在视觉传播方面取得了许多翔实的实证研究成果。

在亚里士多德所处"演讲靠吼"的年代，传播环境还是比较简单的，主要是人们面对面的信息交流和情感沟通的人际传播。然而在人类历史进入"媒介即传播"的现代社会后，媒体作为大众传播的主要元素登上了历史舞台，各种大众媒体——电视、报纸、杂志、互联网等在社会生活中发挥着越来越重要的说服、教化作用。与亚氏时代的说服方式相比，现代大众传播时代的说服方式更具有隐蔽性。新闻图像更是被认为真实、客观地再现了新闻事件。在本书作者的一项关于新闻图像作用的调查中，许多被试并不认同"新闻图像隐藏了传播者的传播意图"，这正说明新闻图像说服方式的隐蔽性。美国在两次伊拉克战争及"9·11"事件等重大事件的报道中，成功地运用了新闻图像传播策略这一现代修辞术，取得了显著的说服效果。西方社会对视觉议程设置、视觉框架问题也有了比较深入的研究，这将在后面详细论述。可见，现代新闻传播的说服性与亚氏说服理论在本质上是一致的，所不同的只是现代新闻传播的说服性是潜移默化进行的、产生的影响更为显著罢了。

一些著名专家、学者也高度评价了新闻传播的说服作用。如邵培仁先生曾指出舆论传播说服性的重要地位："说服他人是舆论传播者的首位目标，也是舆论传播的基本归宿。"[①] 刘建明教授明确指出了说服是新闻传播的根本作用，"新闻传播效果从根本上说，表现为对接受者思想的引导，改变接受者对某类事物的看法，或强化原来的观点，这是新闻的最终效果。"[②] 西方一些学者认为只有具有意向性的行为才是传播。如英国学者杰拉德·米勒和马克·斯坦伯格认为传播就是具有意向性的符号交换活动，

---

① 邵培仁：《媒介舆论学——通向和谐社会的舆论传播研究》，中国传媒大学出版社 2009 年版，第 5 页。

② 刘建明：《当代新闻学原理》，清华大学出版社 2003 年版，第 240 页。

"我们将对传播的讨论限于具有意向性的符号交换活动：在这一过程中，至少有一方向另一方传递讯息，目的在于改变对方的行为。……在我们的定义中，传播的意向（意图）和影响他人的意向（意图）是一回事。如果没有意向，就没有讯息。"① 美国传播学者托伊恩·A.梵迪克进一步指出："对新闻话语而言，劝服有着很具体的目的和功能。……从经济角度看，新闻也是一种需要推广和销售的商品。从意识形态来说，新闻含蓄地推销着社会精英阶层占主导地位的信念和观点"②。前美国新闻与大众传播教育协会、美国新闻记者协会主席詹姆斯·凯瑞更为直接："从根本和实质上讲，所谓传播就是通过信息传递达到说服、改变态度、规范行为和实现社会化的目的。"③ 由此可见，一切传播活动最终都要落实在说服作用上——对受众思想、行为产生影响，其他的作用，诸如纪实作用、证实作用、解说作用等都是建立在其上的。

二、新闻传播说服与宣传的区别

一提起说服，人们很容易想起"宣传"这个词来。这两个词的含义确实非常相近，但它们还是有本质的区别。《现代汉语词典》的条目中"说服"的汉语拼音注音是"shuō fú"而不是"shuì fú"。"说服"（shuō fú），即用理由充分的话使对方心服。而在这部词典中，"说"的另一读音为"shuì"，意思是"用话劝说使人听从自己的意见：游说。"并没有"说服"这一词条④。本书使用的"说服"（shuō fú）就是在"用理由充分的话使对方心服"这个意义上使用的，是中性词。保罗·莱斯特对"说服"和"宣传"这两个词做了区分："说服是指借助真实信息和情感吸引力改变一个人思想，促成其实施说服者预期的某种行为。宣传则是指借助看似真实，实则非真

---

① Miller, J.,& Steinberg, *M.Between People:A new analysis of interpersonal communication*, Chicago: Science Research Associates, 1975, p.15.

② ［美］托伊恩·A.梵迪克：《作为话语的新闻》，曾庆香译，华夏出版社 2003 年版，第85—86 页。

③ 转引自［美］保罗·莱斯特：《视觉传播：形象载动意义》，霍文利等译，中国传媒大学出版社 2003 年版，第 82 页。

④ 中国社会科学院语言研究所词典编辑室编：《现代汉语词典》（第 5 版），商务印书馆2005 年版，第 1286、1283 页。

实或片面的信息或意见，加以情感吸引力，改变一个人的思想，促成实施说服者预期的某种行为。……如果说服这种微妙的艺术，是借助事实性信息，使人们确信自己的立场是正确的，那么宣传在人们心目中，则是通过误导或传播无中生有的信息，愚弄毫无疑心的公众。"① 可见，两者的目的是一致的，都是想实施说服者的预期行为，但两者的实施手段不同，根本区别在于传播的信息是否真实与全面。尽管在现实新闻传播中，许多新闻报道带有明显的倾向性，但毕竟是建立在或应该建立在事实基础上的。因此，新闻传播的说服与广告、公共关系的宣传在本质上是不同的。可见，"说服"是新闻传播者的正当权利，而"宣传"则是与新闻精神背道而驰的。另一方面，不偏不倚的新闻也是不存在的，由于传播者和接受者在阶级利益、政治观点、经济利益，价值观念、文化素养、学术观点、兴趣爱好等方面存在不同，无论传播者还是接受者都会自然而然地产生某种倾向性，也就会在某种程度上产生说服作用。

三、新闻图像生产的主观倾向性

新闻图像集新闻性、思想性、真实性、时效性和形象性于一身，能将新闻主体的情感浓缩在画面之中，给人以简洁、震撼的效果，有"一图胜千言"的作用。与文字新闻相比，新闻图像更为真实、可信，因为人们更相信"眼见为实"。但是，尽管与语言文字报道生产方式有所不同，新闻图像也是被生产出来的。美国学者阿瑟·阿萨·伯杰指出："因为摄影中存在如此多的变量——在照相机角度、灯光的使用、构图结构以及对焦等方面——我们必须认识到，一张照片通常是对现实的艺术诠释，而非现实本身。若干摄影师为同一场景拍摄的照片最终会出现若干种结果。主题事物是相同的，但实际照片却会是不同的。摄影术，尽管是一个机械的处理过程，它并不会机械地复制现实。"② 他还引用了基库·阿达托在《完美图片：大众影像制作的艺术与技巧》一书中关于摄像机和灯光在电视听证会

---

① ［美］保罗·莱斯特：《视觉传播：形象载动意义》，霍文利等译，中国传媒大学出版社2003年版，第83页。

② ［美］阿瑟·阿萨·伯杰：《眼见为实——视觉传播导论》（第三版），张蕊等译，凤凰出版传媒集团2008年版，第164页。

上的说服作用的相关论述："当他和一些民主党的国会议员在一起观看这场听证会时，他给这些人上了一堂关于摄像机角度的课。'看这个'，斯皮尔伯格说，他调低了声音，然后将这些国会议员的注意力引向了（陆军上校奥利弗）诺思在屏幕上的图像。'对着诺思的摄像机镜头正从他眼睛下方的四英寸处迅速放大。这正是他们在西部片《正午》中拍摄加里·库珀的方式，这样可以使他看起来像个英雄一样。'斯皮尔伯格还指出，当摄像机被摇向询问诺思的委员会成员时，灯光变得十分昏暗。从远处看来，他们显得非常邪恶。斯皮尔伯格告诉这些坐在一起的民主党人：'奥利弗·诺思说的是什么已经不重要了。他已经赢得了这场战役，因为他看起来就像个英雄而其他每个人看起来都像恶棍一样'。"[1] 韩丛耀先生也指出："新闻图片是视觉消费社会的重要表征形态，它不是新闻事实，也不是物像真实，它是一种转型，转型才使得新闻图片得以独立存在。在新闻图片转型的过程中，新闻图片的作者总是有意或无意地对它进行目的性操控，以满足视觉消费受众的需求。"[2]

　　新闻图像不仅有满足受众视觉消费需求的一面，也有唤起、引领受众需求的一面。摄影（像）师在观察、选取拍摄的内容、视角以及编辑最终让哪张（些）图像暴露，都会体现生产者的主观意图，这就是新闻摄影师通常所说的"选镜头"。一位新闻摄影工作者曾讲述了一次摄影经历。他在医院里碰见了一位因神志不清而在其父母的许可下，被巫婆指使人打得遍体鳞伤、奄奄一息的农妇。摄影师对农妇的同情、对巫婆的憎恨以及对农妇父母哀其不幸、恨其无知等情感一齐涌上心头。正如他所说，如果只拍摄气息奄奄的农妇，只能告诉读者曾经发生这样的一个悲剧，这是不够的。摄影师把镜头对准了农妇的父母，采取近距离逼视手法，摄下了其母亲"女儿啊，我把你害苦啦"的悲痛欲绝、后悔莫及的镜头，也摄下了其父亲"自己的亲生女儿打成这个样子哪有不心疼的，我们也是为她好啊"的执迷不悟、强词夺理的生动表情，并配以《迷信啊！何时才能告别》的

---

① ［美］阿瑟·阿萨·伯杰：《眼见为实——视觉传播导论》（第三版），张蕊等译，凤凰出版传媒集团 2008 年版，第 234 页。

② 韩丛耀：《论新闻图片的修辞》，《新闻记者》2003 年第 3 期，第 94 页。

标题刊登在《人民日报》上①。尤其是这位农妇的父亲的照片，一手拿着烟，歪头质问的形象跃然纸上，使人们深信迷信的影响根深蒂固。因此，"无论一个形象起什么社会作用，通过选景、取景都会带有（摄影师）个人特点，因此由照相机镜头创造的形象，都是某种程度的主观选择。"②这种主观的选择，必然带着某种倾向性。当然，新闻的倾向性必须建立在事实的基础上，不能凭空、随心所欲地强加给新闻事实以倾向性。但无论怎样，新闻生产都具有一定的主观倾向性，在这种倾向性的背后则是潜在的说服性。

四、说服：新闻图像的根本作用

在新闻图像的生产、传播过程中，无论是摄影（像）师、图像编辑还是观者，总是有意或无意地将自己的观念、情感、经验融入到图像的生产中去，从而使图像体现了社会权力和意志。玛利塔·斯特肯和莉莎·卡特赖特指出"探索图像的意义在于要认识到它们是在动态的社会权力和意识形态内被生产出来的。"③在新闻图像真实性的背后，隐藏的是视觉符号语言逻辑和文化意义，新闻图像不仅隐藏了传播者的说服意图，也通常隐藏它潜移默化的说服作用。总之，新闻图像时时刻刻在塑造着社会实在。在这种社会实在塑造的背后，是其说服机制在起作用。也就是说，在传播者和接受者之间意义的达成是视觉说服机制在知觉层面和社会文化层面在起作用。在新闻摄影者选镜头之时，也就是新闻图像有目的说服作用建构的开始。而观者在对新闻图像的内容进行理解的同时，新闻图像就已经在起说服作用了。

蒋介石深谙照片的说服之道。据台湾《联合报》报道，台湾相关部门获得一张来自香港的珍贵老照片（如图1—3）④，为当年"行宪"后第一任

---

① 白炜明：《真实、生动、准确——新闻照片的要素》，《新闻采编》1994年第6期，第3页。

② Stukn, Marita, Lisa Cartwright, and Marta Stuleen, *Practices of Looking: An introduction to Visual Culture*, London:Oxford University Press, 2009, p.4.

③ Sturken, Marita, Lisa Cartwright, and Marta Stuleen, Practices of Looking: *An introduction to Visual Culture*, London:Oxford University Press, 2009, p.2.

④ http://www.chinanews.com/tw/2013/06-12/4920295.shtml.

图1—3　1948年5月20日，正副总统就职典礼，李宗仁（右三）着军服出席

总统副总统就职典礼合影照。总统蒋中正和副总统李宗仁并坐，李宗仁是一群位高权重的人中唯一穿军装者。这张照片拍摄于1948年5月20日，李宗仁在回忆录中曾详述这段"被骗"的过程。李宗仁说，他一开始向蒋中正请示关于就职典礼的服装问题，蒋说应穿西装大礼服。"我一开始颇怀疑，因为西式大礼服在国民政府庆典中并不常用，不过他既已决定，我只有照办。"李宗仁于是连夜找上海有名的西服店，赶制一套高冠硬领的燕尾服。就职典礼前夕，总统侍卫室又传出蒋介石手谕，"用军常服"。虽然李宗仁觉得，军服与当天气氛环境"有欠调和"，但既然蒋已有指示，"我当然只有遵照"。典礼当天，赞礼官恭请正副总统就位时，李宗仁发现蒋介石未穿军服，而是"长袍马褂，旁若无人地站在台上"。自己则是一身军服伫立其后，看起来像蒋的副官。

五、视觉说服与图像说服

这里还需要简要辨析一下"视觉说服"与"图像说服"两个概念。我国视觉传播学者任悦将视觉信息分为三类："第一类是直接的，是眼睛从现实世界和现实场景中直接获取的；第二类是间接的，是通过媒介间接转述的图像化的视觉信息；第三类则是在大脑里存在的虚构的视觉信息。"① 可见，"视觉信息"概念范畴大于"图像信息"的概念范畴，"图像信息"是通过媒介间接转述的图像化的视觉信息及其在大脑中的储存。但是在传播学视阈下，对于受众来说，信息无不是通过媒介间接转述的图像化的视觉信息，因此，如果我们不是非常苛求，可以说"视觉信息"等同于"图像信息""视觉传播"等同于"图像传播""视觉说服"等同于"图像说服"。

---

① 任悦：《视觉传播概论》，中国人民大学出版社 2008 年版，第 9 页。

第二章
新闻图像的基本性质与作用

新闻图像在现代传播中能够得到空前发展，除了现代传播技术的迅猛发展和受众阅读习惯的改变外，也是和新闻图像本身的特性分不开的。为了系统剖析新闻图像在现代传播中的说服作用，故将其放在传播活动中去探讨，即从新闻图像文本、接受者（观者）和生产者（传播者）三个方面进行论述。上一章主要论述了现代新闻传播的图像化转向及其影响，本章将从新闻图像文本本身的性质来考察新闻图像哪些性质使其能够发挥"一图胜千言"的作用。笔者认为，新闻图像具有形象性、指示性和象征性三种基本性质，它们决定了新闻图像本身所具有的认知作用。新闻图像的认知作用是指凭借图像本身对新闻事实形成概念、理解、判断的作用。正是新闻图像这三种基本性质使其在展示新闻的真实性、准确性、指示性等方面发挥着重要作用。

第一节　新闻图像的基本性质

对于图像的基本性质进行分析，符号学是一个有效工具。在符号学视域下，新闻图像是视觉符号的组合。美国哲学家、逻辑学家、科学家查尔斯·桑德尔·皮尔斯（Charles Sanders Peirce）对符号进行了细致而复杂的分类，产生了具有繁殖力的影响。皮尔斯的符号学主要用于探讨语言学范畴的逻辑问题，但近年来被一些中外视觉文化学者应用于图像的研究中。不过学者们对它的理解不尽相同，正如莱斯特先生所指出的那样："皮尔斯对符号学的贡献是确立了符号的三种类型：图标型、索引型、象征型。尽管人们在学习中对这三种类型都会涉及，但是对它们的理解却是因人而异。"[①] 美国视觉传播学者保罗·梅萨里就在其所著的《视觉说服——形象在广告中的作用》一书中基于皮尔斯的符号学将广告图像的基本性质划分为形象性、标记性以及结构的不确定性，并把它们作为广告图像具有说服性的基本性质。皮尔斯等人的符号学理论为我们用符号学解读图像承载信息提供了理论借鉴。这里我们借鉴皮尔斯的符号基本分类精神，结合新闻图像本身的特点，把新闻图像符号的基本属性归纳为形象性（iconic）、指示性（indexical）和象征性（symbolic），可以在一定程度上揭示其从视觉认知层面上升到意识形态层面的"迷思"。

一、新闻图像的形象性

形象性是新闻图像的基本特性之一。尽管一幅新闻图像不一定完全展示新闻报道的五个基本要素，即时间、地点、人物、事件以及原因，但它所展示的内容却往往具有强烈的视觉冲击力和感染力。"照片和文字稿一样，都是新闻报道的重要组成部分。实际上，由于形象对于情感反应的作用，新闻照片的冲击力往往比文字稿更有力，它们所产生的强烈公共反响早已众所周知。"[②]

从心理学角度来看，形象就是人们通过视觉、听觉、触觉、味觉等各种感觉器官在大脑中形成的关于某种事物的整体印象。形象不是事物本身，而是人们对事物的感知。从符号学角度来看，形象与指称的对象具有共同的性质，其能指与所指之间是一种自然的关系，因此新闻图像能够使观者置身于新闻环境中，产生身临其境的感觉。新闻图像的形象性是通过

---

① ［美］保罗·莱斯特：《视觉传播：形象载动意义》，霍文利等译，中国传媒大学出版社
　　2003 年版，第 66 页。

② King, C. & Lester, "P. M. Photographic coverage during the Persian Gulf and Iraqi wars in
　　three U.S. Newspapers", *New York: Journalism & Mass Communication Quarterly,* 2005, 82
　　(3), pp.623-637.

意象加工而发挥说服作用。根据皮尔斯的符号三元三角关系理论可知，符形与符号对象之间为表征关系。在新闻图像中，具体表"象"的是图像中的人物、场景等，它们应被理解为符形（representamen），而与之对应的真实世界中的人物、场景等，它们应被理解为符号对象（object），所传达的基本信息虽以符形（视觉符号）为媒介，但却具有相对的真实性和稳定性，因而是观者理解新闻事件的前提。符形是意象的基础，通过生动的可视、可听、可感的符形，就能使符号对象具有"在场性"，使观众产生了意象，并激发观者的联想和想象，由"象"到情，从而对观者的思想和行为产生影响。具体来说，新闻图像的形象性通过以下几个方面发挥作用。

二、形象的易读性

根据皮尔斯的符号学理论，从认知层次上说，肖似关系是最基本的符号关系，它是认知与客观外界建立联系的第一个环节，是符形与对象之间共有特征的外在表现。也就是说，形象性符号的主要特征在于符号与它的对象之间相似或类比。它们最接近于所代表的事物，因此很容易被解读。1944 年 7 月，被晋察冀边区军民救护的白格里欧中尉在参观了晋察冀画报社，浏览了已出版的《晋察冀画报》及原版照片的放大照后，高兴地说："这些照片仿佛自己会说话似的，我一看就能明白。"①

在皮尔斯的符号学体系中，形象符号也不一定与其所代表的事物相类似或"复制"，而只是类比。比如在儿童画中有时人物的头、四肢、躯干用几何形体表现，人们也能辨别出是人的形象；地图中的一条线就可以代表一条河流或一条公路。尽管一条线或其他几何形体与其所代表的事物相去甚远，但由于它们具有类比性，所以人们依然能够认识出来。这在格式塔心理学看来，是由于它们之间的整体结构具有相似性。新闻图像中的漫画、示意图、图表等图像也这样，尽管它们不是对所代表的事物的"复制"，但由于它们与所代表的事物具有类比性或整体结构相似，因此也具有形象性，也能让观者有深刻的体验。人们毫不怀疑新闻图像与新闻事实

---

① 蒋齐生、舒中侨、顾棣：《中国摄影史 1937—1949》，中国摄影出版社 1998 年版，第 40 期。

的相似性，甚至一致性，就是因为接受了图像符号的内在逻辑。另外，新闻动态影像具有运动性和"声画对位"等特点，一般来说要比新闻图片更具有形象性，也更加易读。

三、形象的真实性

真实性是新闻的基本属性，它是新闻存在和发挥说服、教育作用的前提。中共中央宣传部原部长陆定一曾说："新闻工作搞来搞去，还是个真实性问题。新闻学千头万绪，根本还是这个问题。有了这一条，有信用，报纸就有人看了。"① 确实，报纸、电视新闻等比广告受欢迎，在很大程度上就是因为它的真实性。使人相信某事，莫过于亲眼所见。但亲眼目睹新闻所报道的事情的机会毕竟有限，况且有时也不愿意亲眼看到。比如大多数国人没有亲眼目睹、可能也不愿意亲眼目睹 2011 年 3 月 11 日日本东北大地震的场景，但人们却有一种好奇心——想看看这次地震究竟造成了怎样的灾难。在这一事件中诸多媒体都使用了各种图像，如照片、示意图、视频等各种视觉手段对日本这次地震和核电站泄漏进行了广泛报道，使人们对远在千里、万里之外的日本大地震有了直观了解，满足了人们的愿望。实际上，很多新闻报道都不是记者亲眼目睹的，要么是通过询问相关人员，要么是根据相关报道再加上自己的理解、分析加工而成的，人们对新闻也不是百分百地相信。而且，新闻本身真实只是一方面，另一方面要观者感受到真实才行。也就是说，新闻的真实性是属于受众，是受众的一种心理体验。那么新闻如何让受众感受到真实可信呢？新闻图像就是受众感知新闻真实性的一个有效途径。新闻图像的形象性集中地体现了真实性。新闻摄影、摄像是对"正在发生的事实"进行的实地、实况和实景形象的拍摄报道，几乎是对新闻事实形象的直接呈现，能够使受众产生身临其境的感觉。

相对于文字新闻是记者的"转述"而言，新闻图像的形象性为受众提供了"眼见为实"的在场性。新闻漫画一般不具有"在场性"，而且大多数不是对"正在发生的事实"进行的报道，而是对新近发生的新闻事件进

① 刘海贵、尹德刚：《新闻采访写新编》，复旦大学出版社 1997 年版，第 9 页。

行的艺术处理。新闻似乎与艺术格格不入，但新闻漫画通过形象的塑造，往往能够一针见血地揭露出事物的本质。新闻图示也不是对新闻事件的"复制"，但是通过示意图也能够建立起形象来，也具有一定的形象性，且有利于受众对新闻事实的理解。尽管对于一篇新闻报道的真实性，我们一般可以通过媒体环境进行判断，比如一些权威大报就比一些小报更令人们相信，但这远不如图像来得更为直接，因为人们更倾向于"眼见为实"。

四、形象的准确性

新闻图像的形象性不仅体现新闻真实性的一面，还进一步体现在准确性上。准确性是新闻的另一基本特性。新闻图像的准确性主要表现为新闻图像在细节的表现上，诸如时间、地点、人物、情节，甚至还包括原因和结果。

在细节的准确性方面，新闻图像有时具有文字所无法比拟的优越性。在对 2011 年 12 月 1 日发生在武汉雄楚大街建行网点爆炸案的侦破过程中，警方通过微博发布的视频监控起到了重要作用。12 月 4 日上午，湖北省武汉市公安局官方微博"平安武汉"发布视频监控犯罪嫌疑人的 3 张截图，呼吁提供破案线索，网友反响热烈。当天，12427 位网友建言献策。有网友反映截图照片不清晰，半小时后，"平安武汉"发布整段监控视频。有网友看了视频后立即向警方反映：认识犯罪嫌疑人开的摩托车。12 月 5 日"平安武汉"进一步发布更确切的信息，公布了犯罪嫌疑人正面清晰照、体态特征等。当日，转发、评论微博的网友多达 37394 人，创下武汉微博史上最火纪录①。尽管最后是广州军区武汉总医院眼科护士通过警方的协查通报认出了犯罪嫌疑人，但是这次案件成功破获的关键之处还是"平安武汉"通过微博发布了监控视频，有网友认出了犯罪嫌疑人的摩托车，从而使警方确定了犯罪嫌疑人，进而向社会公布犯罪嫌疑人的正面照，正是照片的准确性，使两位护士才比较容易地认出了他，最终将其绳之以法。顺便说一下，现在越来越多的案件通过监控视频的形象的准确性得以告破。形象的准确性还可以通过指示性显示出来，这一点将在下面"新闻图像的指示性"部分进一步论述。

①　http://hb.sina.com.cn/news/wh/2011-12-17/27461.html.

五、形象的感染力

新闻图像使新闻报道的内容更为丰富,更加具有感染力。尽管新闻图像是社会生活的真实展现,摄影者不能有任何干涉摄影对象的行为,不能摆拍,更不能欺骗。但摄影者也绝不可能像机器一样无情地记录。新闻录像一般会给主要人物出镜时间更长以及一些特写镜头。新闻图片尽管是一瞬间的产物,但摄影师往往会抓住最具有表现力的瞬间,使照片具有视觉冲击力、感染力和震撼力。新闻图像拉近了观者与新闻现场的距离,使观者能够产生强烈的现场感,仿佛置身其中。观者对新闻图像这种真实体验源自于图像的形象性。现场感给人一种身临其境的真实感、亲切感,以强烈的视觉效果,真实、准确地反映新闻事实的中心内容,揭示出新闻事实的内涵与新闻价值。尤其一些具有典型意义的瞬间新闻图像,随着时间的推移,将成为历史的永恒瞬间,成为人类历史发展的足迹和见证,史料价值大。

《燃烧弹下的越南儿童》(图2—1)[①]就是一幅视觉冲击力、感染力极强,具有典型意义的瞬间新闻图片。图片上奔跑的小女孩身上燃烧的衣

图2—1　燃烧弹下的越南儿童　[越南] 黄功吾　摄

[①]　http://www.zjhnyz.com/blog/Teacher/5/archives/2008/11765.html.

服，恐惧的面容，极具视觉震撼力，深深打动了人们。照片发表后，人们强烈地感受到了战争给越南人民带来的巨大灾害，激起了人们对战争的恐惧和憎恨，在当时直接引起了美国国内的反战浪潮，从而改变了越战的进程。

第二节　新闻图像的指示性

一、新闻图像指示性含义

新闻图像的指示性是指新闻图像所具有的叙事特性，是新闻图像能指和所指之间既有的存在性关系，即新闻图像能够告诉受众发生了的新闻事件。也有解释性关系，即新闻图像对新闻事件所起解释、说明作用的特性。不仅如此，受传者还可能通过图像洞察出新闻报道没有或不便用文字表达出的意义来。新闻图像的指示性主要体现在三个层面上：直接指示、间接指示以及外在意义指示。

新闻图像的直接指示性比较容易理解，就是新闻图像直接反映出来的信息，也就是新闻画面直接告诉观者的信息，或者说观者一下子就能在画面中读懂的信息，比如在图 2—1 "燃烧弹下的越南儿童"这幅图片中，一群军人驱赶几名奔走哭号的孩子。这是稍有点常识的人毫不费力都能在画面中读懂的信息。

尽管新闻图像追求直接展示，但摄影（像）师往往通过捕捉人物的瞬间动作、肢体语言，或者在拍摄过程中自然运用视觉修辞手段等，使新闻图像具有了间接指示性，从而使图像更具有新闻价值。新闻图像的间接指示是指新闻图像内部诸要素所间接反映出来的信息和意义，是其直接指示意义的进一步延伸。间接指示性具有隐蔽性。人们一般认为新闻文字报道具有一定的主观倾向性。实际上，新闻图像也一样具有主观倾向性。摄影（像）者通过拍摄角度、选景、构图、曝光等具体技巧以及对比、排比等修辞手法，并不只是为了吸引读者注意，或赏心悦目，而是为了将自己所预设的意义隐藏在图像中，使人们在不知不觉中形成某种观念。尽管有时

"拍者无心，看者有意"，但大多数时候观者对这种信息的感知并不是空穴来风，而是摄影（像）师有意而为之，是受传者和传播者心有灵犀的结果。比如在图2—2①这张照片中，显然摄影师通过拍摄角度让奥巴马看起来高大一些，从而让人们在视觉上觉得奥巴马更强势一些。关于新闻图像视觉修辞的间接指示性，将在第三章"新闻图像的视觉修辞"中专门阐释，这里就不展开论述了。新闻图像的间接指示是观者自己在图像中领会出来的意义，因此它的说服作用往往大于文字报道的直接陈述。

新闻图像也常常通过一些细节间接指示出更多信息。如2013年6月的G8峰会有一张照片，是峰会晚宴上奥巴马夫妇与英国首相布朗夫妇相互拥抱接吻行礼之后，站成一排让记者合影留念。这本应是一张很普通的合影，但在合影时，奥巴马的左手竟忘情地紧紧握住了布朗夫人萨拉的右手，显得十分亲密（如图2—3）。② 我们无从得知奥巴马究竟是"忘情"

图2—2 2009年，美国总统奥巴马（左）在莫斯科会见俄罗斯总理普京 新华社 图

---

① http://news.southcn.com/dishi/xdgxw/jiandian/content/2012-03/11/content_40138099.htm.

② http://news.163.com/09/0927/01/5K6BQCJI000120GR.html.

图 2—3　G8 峰会晚宴上奥巴马夫妇与英国首相布朗夫妇合影

还是有意而为之，不管怎样，这一细节表明奥巴马和布朗及其夫人萨拉的亲密关系。新闻视频也一样，在这次峰会上，普京与奥巴马会谈后举行了新闻发布会。在发布会全程双方几乎都没有看过对方，这一细节引起人们对"普奥会"会谈结果的猜测，"尽管双方多次重申在叙利亚等问题上是存在共识的，但是记者还是从细微的这些细节当中发现，两位领导人这番谈话可能并不顺利。"[①] 这就是新闻图像细节所间接指示出的意义。

　　新闻图像外在意义指示是指超越新闻图像本身的叙事所引申出来的信息、意义，是新闻图像的直接和间接指示进一步所反映出来的意识形态等意义。一般来说受传者，尤其是文化素养较高的受传者，会对传播者传播意图进行揣测，如揣测媒体刊载或播报这（些）幅图像的意图，或者引导自己关注某些问题，进而形成某种评价或形成某种观念。2013 年 5 月，

————————

① 　http://news.sohu.com/20130619/n379241467.shtml.

国家主席习近平乘坐专机对特立尼达和多巴哥进行国事访问，当飞机降落在西班牙港皮亚科国际机场时，天正下雨，习近平亲自撑伞与夫人彭丽媛走下飞机。这一图像之所以被众多媒体和广大网友热议，主要原因在于它外在意义指示，正如有的学者所指出的那样："向国际社会展示了中国领导人的'平民'形象""营造温馨的夫人外交氛围，传播中华美德"等（如图2—4）①。

图2—4 习近平夫妇乘专机抵达特多②

新闻图像一般都具有上述直接指示性、间接指示性以及外在意义指示

① http://news.163.com/13/0602/03/90B76UFE00014AED.html.

② http://www.nxtv.com.cn/article/blog/20130603308278.html.

性，只不过某一层面的指示性显著与否有所不同。比如一篇标题为"洞庭湖出现历史罕见低水位影响渔运"的网络新闻报道中有一幅照片（如图2—5）①，三个层面的指示性都比较显著。该照片中的各种船只、房屋以及大面积的泥塘，直接指示了洞庭湖低水位影响渔运的情况。同时，该图像中的"烂泥塘"（湖底）由于面积广大（占了画面三分之二）及其向下倾斜并有无限延展之势，间接指示了"洞庭湖干涸的面积将继续扩大"。另外，读者进而可能自然联想到洞庭湖水域的自然环境遭到破坏、洞庭湖应加强环境保护等，即图像的外在意义指示。

图2—5　昔日碧波荡漾的岳阳渔港码头如今成了"烂泥塘"

　　下面再举个例子说明这三种指示性综合体现情况。2009年9月，奥巴马偕夫人米歇尔参加在意大利举行的G20峰会。晚宴上，奥巴马夫妇以东道主身份负责迎宾，被意大利媒体称为"性上瘾"的总理贝卢斯科尼见到美国第一夫人米歇尔时显得十分高兴，伸出双臂示意互相拥抱。谁知米歇尔远远伸出一只手，示意握手打招呼，令场面显得很尴尬。更值得注

---

① http://news.anhuinews.com/system/2009/10/19/002358461.shtml.

图 2—6　贝卢斯科尼想拥抱米歇尔，后者只肯握手

意的是，站在一旁的奥巴马一脸冷漠，斜睨老贝，显得十分警惕（如图2—6）。在这幅图片中，通过老贝张开双臂作出准备拥抱米歇尔的姿势，而米歇尔只伸出一只手，直接指示米歇尔并没有回应老贝的拥抱举动。通过米歇尔并没有回应老贝的拥抱举动以及奥巴马的斜睨，间接指示奥巴马夫妇并不喜欢"性上瘾"的老贝。同时，摄影师通过采取拍摄角度方法，使奥巴马夫妇看起来显得更高大，间接指示了他们更具有主导性地位。而图像的外在指示意义则是美国和意大利的关系可能并不是很融洽等。

二、指示性与真实性

尽管有些图像不借助文字说明确实无法将事实描述清楚，但很多时候，甚至在人们无法对事实作出明确判断的时候，新闻图像往往能凭借其直接和间接指示性昭示出事情真相。下面将用新闻摄影作品《挟尸要价》（如图2—7）[①] 进行具体说明。这幅新闻照片以全票赢得了2010年度中国

————————

① 　http://www.kaixin001.com/repaste/14881289_2794226469.html.

新闻摄影最高荣誉"金镜头"最佳新闻照片奖。但长江大学党委宣传部部长李玉泉在颁奖前一天刊文，质疑《挟尸要价》照片的真实性，并建议组委会和评委会撤销该照片的获奖资格。在"挟尸要价"这个事件中，人们关于打捞者王守海的手势产生了重大分歧。当事人双方围绕老者(王守海)的手势展开激烈的争论。经"金镜头"调查组工作人员对当事人、现场目击证人及长江大学师生的走访调查，"现有三种解释：1.当事人王守海称：手势是向其身后同船的船工做出的，是指挥让船往前靠；2.被访校方师生称：听到王守海在打这个手势时说：往后，闪开！是让岸边的人退后，让船靠岸；3.现场游泳爱好者称，那个手势就是'钱没到位，尸体不能捞上来。'这个说法与张轶(摄影记者)的一致。"①

　　尽管我们可能永远不会知道这个手势的真相，但这件事未必就成了中国的"罗生门"。作为一名普通的读者，尽管我们无法确切辨别这个手势的具体含义，但依然从这幅照片中能读出一些东西来。我们且看老者王守海（前者）后面那个人（王文柱），只见他笔挺站着，手里拉着一根绳子（绳子的另一端系在英雄的手臂上），带着几分悠闲看着岸边，哪里有一点

图2—7　挟尸要价　张轶　摄

① http://news.xinhuanet.com/zgjx/2010-08/24/c_13458872.htm.

图 2—8　师生们将打捞上来的学生紧急送往医院　张轶　摄

图 2—9　岸上的陈波收到校方筹集的钱款　张轶　摄

着急救人的样子?!在搜狐网站随后刊登了"《挟尸要价》作者公布全套照片回应质疑（组图）"，网友回帖达三万五千多条。他们绝大多数对打捞队没有积极营救表达了愤怒。也许他们当中大部分人并不十分清楚自己的判断来自哪里，尽管我们无法从图中判断王守海的手势到底是什么意义，但我们从站在其后的王文柱的气定神闲中，完全能够看得出来他们在捞起人后没有积极施救。

　　这张照片的作者张轶随后公布的全套照片更加印证了上述判断。我们先看一下作者随后公布的一些照片和一些说明，"16：51：57 在师生们一再的求助抗议下，并声称一定给钱，王守海一行才将尸体交给岸上的师生们……16：52：46 早已在岸上等待的师生们立刻将打捞上来的遇难学生紧急运往医院……17：37，岸上的陈波拿到 3.6 万元。"① 如果仅凭文字叙述，我们也无法断定照片的作者说的是真是假，但我们来看看作者所公布的相关照片，一幅照片是同学们抬着救上来的同学奔向医院（如图 2—8)②，另一幅是一男子在一位女士面前数钱（如图 2—9)③，那一沓正数着的红色百元大钞格外显眼。这样两张照片的对比，已经很能说明问题了。

　　从图 2—9 中可以看出，一个男子（陈波）在数钱，加上人们的常识，基本能够猜到红衣女子（一位长江大学的老师）给了男子钱，男子在数钱。常识告诉我们，在人们忙于救人的时候，长江大学的老师能有空过来忙于交钱，一定是在打捞公司的强烈要求下而为之。因此人们更有理由相信《挟尸要价》的真实性。从图 2—8 中看出人们抬着救上来的同学跑着，人们能猜测是要送去进行抢救，同时也说明这位同学还是有可能被抢救过来的；人们跑的动作和图 2—7 中两个人气定神闲的表情形成了鲜明的对比，因此使读者们很气愤。这里再简单归纳一下这三幅新闻图像的指示性。图 2—7 的直接指示：王文柱眼睛茫然地看着岸边，一副气定神闲的样子；间接指示：他们捞起人后没有积极抢救。图 2—8 直接指示：人们抬着救上来的学生跑着去抢救，几个人都流露出关切的神态；间接指示：人可能还有救。图 2—9 直接指示：红衣老师付了钱，陈波在专注数钱；间接指示：打捞队不拿到钱不捞人。通过以上对三张照片指示性的分析，可以看出照片以"挟尸要价"为题已是客气的了，分明就是"见死不救"，是犯罪。王

---

① 　http://news.163.com/10/0821/03/6EJ335FE00014J34_2.html.

② 　http://news.163.com/10/0821/03/6EJ335FE00014J34_2.html.

③ 　http://news.163.com/10/0821/03/6EJ335FE00014J34_2.html.

守海不是挟尸要价的指使者，他似乎觉得有些冤枉，但正如骆永红（《京华时报》图片总监，"金镜头"奖评委之一）所说的那样："就算这个老人没有要价，他们在打捞上来以后等待老板的指令，这个事实已经说明了一点，他实际上就是在要价，关键在于事实呈现的是这么一个结果。可能对个体来说，挟尸要价中的老人是其中一个个体，一个部分，但这个捞尸队做的事情就是见钱给尸体。这个是无可更改的。"①

保罗·梅萨里在《视觉说服：形象在广告中的作用》中把视觉结构的不确定性作为广告图像的一个基本特征来论述。"视觉结构所缺少的，特别是将其与语言文字相比较，正是一套表示因果关系、相似关系以及除时空关系之外的其他任何关系的明确手段。判断结构的缺乏对以说服为目的而使用形象有重要的影响。"② 图像结构的确具有不确定性，即图像所表达信息的模糊性。但是图像未必像梅萨里所说的那样缺乏表示各种关系的特质，它常常具有明确的指示性。当然系列图像和视频影像更具有清晰的指示性。

第三节　新闻图像的象征性

皮尔斯所划分的第二类第三种符号，即象征性的符号，与它们所代表的事物之间没有相似性，也没有逻辑关系，常常是社会文化等外在元素所附加在事物之上的。象征性在皮尔斯符号学中主要指符号具有指称功能，通常可以代表对象，而且这种代表具有任意性，其典型例子就是语言，因为语言和其所代表的事物不必具有必然的联系。这里所说的新闻图像的象征性与皮尔斯的象征性有所不同。对于图像来说，象征就是借助具体符形来代表具体事物并表现出某种抽象的意义、思想和情感。在这个意义上说，所有的新闻图像，包括新闻照片、新闻影像、新闻漫画、新闻图表和

---

① http://news.sohu.com/20100821/n274363559.shtml.

② ［美］保罗·梅萨里：《视觉说服：形象在广告中的作用》，王波译，新华出版社 2004 年版，第 13 页。

地图等都是用具体的图像来代表具体事物并表达某种抽象的意义、思想和情感，因此它们都具有象征性。而且，新闻图像和其象征意义之间有内在的逻辑性，人们可以自然地对象征意义进行解码。

一、新闻图像——象征符号

新闻图像的具体叙事经过人们的阅读、远离人们的视线之后，图像作为该新闻事件的象征却保存了下来。它们也许保存在观者的脑海里、潜意识里，也许被观者所忘却，但是它们作为事件的象征却依然存在，即它们会积淀下来成为某个事件或某类事件的象征性符号，尤其是一些经典新闻图像。如上面说过的获奖的《挟尸要价》就已经成了金钱至上、社会冷漠的一个象征符号。而且时间愈久，图像的象征性愈强烈。因为在报道的最初，图像是和文字报道一起构成了新闻报道的整体，但随着时间的流逝，图像自己往往担负起了整个新闻事件的重任。

一些经典的新闻图像所具有的象征意义往往会深植到人们心中，时刻影响人们的思维和行为方式。正如莱斯特教授所说的那样："文字、数字、色彩、姿势、旗帜、服装、公司标识、音乐以及宗教形象都是象征性符号。因为这类符号通常深深植根于一定社会群体的文化背景，它们的意义已经被代代相传，所以相对于图标型（形象性）符号和索引型（指示性）符号而言，象征性符号更容易激起观者的情感反应。"[1] 象征性符号是人类所赋予的，是社会生活和文化的规定与积淀。新闻图像的象征性使图像从视觉形式上升到了文化、意识形态层面，往往通过视觉符号表现出一种深刻的社会文化意义。

二、象征性与指示性

新闻图像的象征性与其指示性既有区别，又有联系。区别：象征性所传达的意义已经成为某一事件或某类事件的符号，人们一看到这个（些）图像就会自然联想到某种社会意义；或者人们一谈及这件事情或这类事

---

[1]　［美］保罗·莱斯特：《视觉传播：形象载动意义》，霍文利等译，中国传媒大学出版社2003年版，第68页。

情，就会想到这个（些）图像。联系：象征性是外在意义指示高度浓缩成的代表符号。如上述"昔日碧波荡漾的岳阳渔港码头如今成了'烂泥塘'"那幅图片，其外在意义指示告诉人们，岳阳湖生态环境遭到了严重破坏；而如果这幅图像被广泛传播，则有可能成为岳阳湖生态环境遭到了严重破坏的象征符号。"挟尸要价"那几张图像，他们不仅指示了社会金钱至上、世态炎凉的社会弊病，同时也成了这种社会弊病的符号象征。"贝卢斯科尼想拥抱米歇尔，后者却只肯握手"那张照片，它的指示性非常明显——奥巴马夫妇都不喜欢贝卢斯科尼以及美意关系不是很融洽，它的指示性上升到了国家关系层面，同时它也成了老贝"性上瘾"的象征符号。当然，也不是所有新闻照片的象征意义都那么明显或具有深远意义。尽管这样，我们也不应轻视新闻图像象征性所具有的强大说服力量，因为一些新闻图像的象征意义往往能够与社会上的某种情绪相吻合，迅速引爆社会舆论。

三、新闻图像——符号的组合

在现实的新闻摄影（像）报道中，上述新闻图像的三种基本性质是共同起作用的，只不过不同图像的某一特性显著一些，而其他方面可能弱一些。上面之所以将之三分，完全是出于研究的需要。被称为"有史以来最著名的录像带事件"——罗德尼·金事件也如此（如图2—10）[①]。罗德尼·金（Rodney Glen King），非裔美国人，出生于加利福尼亚首府萨克拉门托。1991年3月3日，因超速被洛杉矶警方追逐，被截停后拒捕袭警，遭到警方用警棍暴力制服，1992年，法院判决逮捕罗德尼·金的四名白人警察无罪，从而引发了1992年洛杉矶暴动。

在这个案例中，业余摄影师好莱迪录制的录像记录，证明了罗德尼·金被警察痛打的经过，鲜明地体现了新闻图像的形象性和指示性的巨大作用，这个事件也成了美国种族歧视的象征，此后关于这个事件的漫画也便顺理成章地成为美国种族歧视的象征符号。

---

① http://commfaculty.fullerton.edu/lester/writings/conrad.html.

第四节　新闻漫画与新闻图示的作用

　　新闻漫画和新闻图示也是新闻视觉传播的常见形式。它们与新闻摄影、摄像一样具有形象性、指示性和象征性，但它们与新闻照片、摄像之间还有所不同，下面将集中对它们的基本性质与作用进行阐释。

One picture is worth zero.

图 2—10　罗德尼·金被警察击打示意图

一、新闻漫画的作用

新闻漫画是新闻报道常用形式的一种，尤其在欧美一些国家的社会政论方面更是常见。新闻漫画是以夸张、幽默或反讽的图像形式语言对新近发生事实的报道或评论。新闻漫画传播优势首先在于它的形象性。它不同于新闻消息、通讯、述评等运用平实简洁的线性文字将新闻事实叙述出来，而是对新近发生的事实进行深入思考，用艺术的表现手法创作漫画形象，从而达到更加诙谐、生动、意味深长的评论效果。与新闻摄影、摄像相比，新闻漫画运用简约的画笔来表现最深刻的思想，化复杂为简单，寓深刻于形象，简约而不简单，运用更多、更自由的表现手段，使形象的表达更具有视觉冲击力和说服力，表现出强大的艺术魅力和思想张力。

新闻漫画传播优势其次在于它的指示性。它的指示性表现有自己的独特优势。新闻摄影图片大都是对现实的直接描绘，越真实越好，而新闻漫画则常常作为一种修辞符号来报道或评议新闻信息，表达某种思想倾向。它能突破时空界限，形象地虚构出现实中不存在的形象和情节，同时又能形象地表达某种思想倾向，是一种形象化的评论。从这一角度而言，新闻漫画这种示意性的图像，以幽默夸张诙谐的表现手法，能表达抽象内涵的新闻事件，比摄影图片这种实指性的图像直白地表现新闻内容更能形象地反映某种倾向和表达某种态度，其形象性更强，也更有艺术感染力。[①] 新闻漫画常被用于对社会、政治行为进行评论。《南方周末》在标题为"墓地没有所有权令生者难安，专家呼吁应改变现状"报道中使用了下面这个漫画形象（图2—11）[②]，深刻地表达了人们对墓地之贵、所有权期限问题的强烈不满。

新闻漫画传播优势最后在于它的象征性。如果说新闻摄影、摄像是一种再现、一种复制，那么新闻漫画则是一种表现、一种创造。因此可以说新闻漫画的象征性可以具有绘画一样的深刻意义。美国著名社论画家比尔·莫尔丁（Bill Mauldin）在1936年美国总统肯尼迪遇刺身亡后，画了一张前总统林肯像的漫画（图2—12）[③]，表现了林肯对肯尼迪总统去世悲

---

① 常云：《新闻漫画的图像表达》，《新闻爱好者》2009年第8期。

② http://news.sohu.com/20110404/n280129995.shtml.

③ http://en.wikipedia.org/wiki/Bill_Mauldin.

痛欲绝。正如莱斯特教授所评价的那样："它描绘了林肯的塑像在悲痛中掩面。在这个时候，文字可能只会降低非常令人感动的视觉力量。"[①] 新闻漫画尽管是漫画家创作的，但依然具有真实性，表现的是艺术的真实，而且常常令人感觉比摄影、摄像作品更为真实。

图 2—11

图 2—12

二、新闻图表的作用

新闻图示是报纸等平面媒体常用的一种视觉新闻传播形式，是以示意图、图表为主要形式对新闻事实中比较抽象的数字、内容，或者难以用文字描述、难以用新闻照片表现的事物进行形象化展示的一种传播形式。新闻图示可以分为新闻统计图表、新闻示意图和新闻地图三类[②]。

（一）新闻统计图表

新闻统计图表是指将新闻所报道的统计数字以统计图的方式，来呈现某事物或某信息数据的发展趋势的图形，主要有曲线图、柱状图、饼状

① ［美］保罗·莱斯特：《视觉传播：形象载动意义》，霍文利等译，中国传媒大学出版社 2003 年版，第 82 页。

② 王泽远：《千言难尽，一图"了"之》，《新闻爱好者》2009 年第 8 期（上半月）。

图、点图、面积图等多种形式。与单纯的数据相比，统计图表的优势在于更加直观清晰，具有条理性。它一方面能够形象化地展示这些数据，另一方面也能有效地指出这些数据的发展趋势等，便于读者阅读和理解。

（二）新闻示意图

新闻示意图是对新闻中涉及的专业性较强，头绪较多、比较抽象复杂或不可重现的内容进行形象化的表现。它们能够有效地传达事物的主要信息、重要信息，过滤掉次要信息和冗余信息，将事件现场和过程简明扼要地勾勒出来。新闻示意图通常包括关系流程图和现场模拟图两大类[1]。新

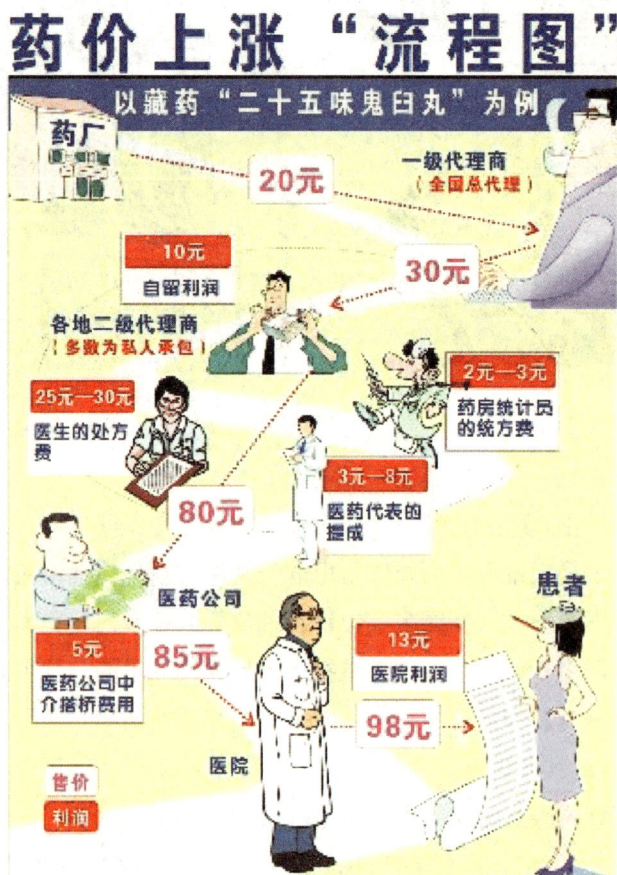

图2—13 药价上涨"流程图"

---

[1] 王泽远：《千言难尽，一图"了"之》，《新闻爱好者》2009年第8期（上半月）。

闻关系流程图主要用于介绍非常复杂，又有一定逻辑关系的新闻事实。通过给情节复杂的报道配上关系图，加上文字说明，能把复杂的情节简明扼要地阐述清楚。如这张"药价上涨'流程图'"（如图 2—13）[①] 就简明扼要地把药品加价各个环节表现出来，非常形象并且指示性清晰。

对车祸、绑架、恐怖袭击等新闻事件，由于记者不易、不能拍到第一现场，或者对案发现场进行演示，或者现场过于血腥不便于向观者展示等情况下，媒体通常采用现场模拟图。这样既可以让观者感受到形象性，又能对事件有较好的理解。尤其是简洁易懂的 3D 新闻现场模拟图，具有强烈的立体感，能够使观者形象、直观地感受和了解新闻事件。

（三）新闻地图

新闻地图是根据报道的需要，对照标准地图选择其中某一局部加以放大，并以更加简单的线条和符号制作出来的，主要用来表现新闻事件发生的地理方位及区域大小。[②] 比如一些报道中关于战争形势的地图，能够非常直观地告诉观者战争进展，甚至使观者推测战争未来发展趋势。

综上所述，新闻漫画由于近乎是艺术性的创造，形象性、指示性和象征性都比较强；而新闻图示的出发点就是指示性，形象性次之，象征性只是停留在用图像代表新闻事件上，因此这方面比较弱。

---

① http://www.315jiage.cn/html/c62/20425.htm.

② 王泽远：《千言难尽，一图"了"之》，《新闻爱好者》2009 年第 8 期（上半月）。

第三章
新闻图像的视觉修辞

　　真实是新闻的生命，尤其新闻图像被看作是新闻事件的再现，或者本身就被认为是新闻事件的直接呈现，似乎与修辞风马牛不相及，其实不然。在新闻文字报道中，比喻、对比、排比等修辞手法也经常使用，新闻图像也是这样。修辞并不必然妨害新闻的真实性，它可以增加新闻图像的吸引力、表现力和说服力，甚至还能更为深刻地展现新闻的真实性。前面论述了新闻图像具有主观倾向性，也论述了新闻图像的间接指示性，这里将对这两个方面进一步展开论述，同时也能够为它们提供支撑和补充。从本书的整体架构来看，这是从新闻图像的拍摄者（生产者）视角来考察新闻图像作用的预设方式和方法，即新闻图像的拍摄者（生产者）如何通过新闻图像的视觉修辞手段对接受者产生说服作用。

第一节　图像修辞

一、图像修辞的含义

　　视觉符号在我们的生活中所占的比例要远远大于语言文字，哪怕是语言文字工作者。因为我们生活在真实的物质世界里，每天要面对大量的实物，如家具、街道、楼房、车辆、人物，等等。实物也涉及视觉修辞，如被彩灯装点得五彩缤纷的街道、修剪得错落有致的草坪、一个造型精美的鼠标都具有视觉修辞性。可以宽泛地说，只要是有形的人工产品，甚至被物化了的自然之物都可以纳入视觉修辞范畴。不过这里主要探讨的是新闻图像的视觉修辞。

修辞学作为一门学科主要反映在语言上，但是近几十年来，西方学者开始把修辞研究的视角拓宽到图像和实物上来，并把它冠名为"视觉修辞"（visual rhetoric）。1964 年，罗兰·巴尔特（Roland Barthes，1915—1980）发表了著名的论文——《形象的修辞》，在分析广告图片的基础上开创了"视觉修辞"这样一个既新颖又传统的研究领域，并且"产生了一门交叉学科，图像修辞学或视觉修辞学。它主要以图像传播规律作为研究对象，探讨图像建构艺术，包括摄影、摄像艺术以及相关的图像处理艺术"。① 巴尔特认为图片一般具有三种信息，即语言学信息，非编码的肖像信息以及编码的肖像信息。其中，编码的肖像信息是内涵的信息，是象征的、文化的，具有非连续的编码特征，称为图像修辞学。简而言之，在巴尔特看来，图像修辞学即对图像进行编码的技巧和方法。我国有学者阐述得更为清晰："图像修辞是指运用一切可能的形式、方法、手段等，对各个图像元素进行组合、排列，形成具有一定意义的图像符号，来有效地传递信息 / 意义，期望取得最佳表达效果的一种有意而为之的劝服活动。"②

二、新闻图像的视觉修辞

罗兰·巴尔特与其弟子、传播学专家杰克斯·都兰德（Jacques Durand）在视觉修辞领域都作出了杰出贡献，不过他们的研究仅局限于广告。因为在广告中，图像是一种艺术的表现，制作者可以根据图像的使用意图较为随意地进行加工、构建，使图像的某些属性预置了广告信息的所指，因而这些所指就会得到明确传达，容易被受众所领会。新闻图像的真实性决定了它不能像广告图像那样随心所欲地运用视觉修辞手段。但是，新闻图像也绝不是不能采取一点拍摄技巧的，而且也不可能在对焦、构图时不采取一些技巧。这些技巧诸多摄影、摄像教材都有论述，如盛希贵先生著的《新闻摄影教程》、

---

① 汤劲：《论电视公益广告中的视觉修辞》，《中国广播电视学刊》2007 年第 8 期。
② 范文霈、周洁：《图像修辞略论》，《新闻界》2010 年第 5 期。

李培林先生著的《当代新闻摄影教程》等等。这里主要论述的是对表现新闻图像主题所运用的修辞手法，即使新闻图像能够更有效地传达所要传达的形象、意义和情感的方式和方法。因此，新闻图像的视觉修辞可以定义为：摄影（像）师为了有效传达新闻图像主题而采取的拍摄方式和方法。

第二节　新闻图像常见的修辞手法

在新闻媒体报道图像化这个大背景下，一些修辞手段越来越多地运用到新闻图像传播中，增强了新闻的吸引力、表现力和说服力。新闻图像修辞方法主要有：比喻、比拟、借代、夸张、对偶、排比、互文等。

一、比喻修辞手法

比喻是文学修辞中非常常见的修辞手法，即用某些有类似点的事物来比方想要说的某一事物，以便表达得更加生动鲜明[1]。分为明喻、隐喻(暗喻)、借喻三种手法。明喻是指运用"如"、"像"、"似"等比喻词明显地用另外的事物来比拟某事物，表示两者的相似关系。如"我此时的心情，正像这无水的枯井。"[2] 对于新闻图像来说，本体和喻体没有文学比喻修辞手法那样严格的相似性，图像比喻都是通过视觉元素获得图像之外的意义，受众仅通过视觉符号或在文字提示下领会其深刻含义。最明显的明喻就是新闻漫画了。新闻漫画通俗易懂，通常以针砭时弊、讽刺现实为主，主题鲜明、寓意深刻。

隐喻是指运用"是"、"成为"、"变成"等比喻词，把某事物比拟成和它有相似关系的另一事物。如"少年儿童是祖国的花朵。"[3] 新闻图像隐喻

---

① 中国社会科学院语言研究所词典编辑室编：《现代汉语词典》（第 5 版），商务印书馆 2008 年版，第 71 页。

② 同上书，第 957 页。

③ 同上书，第 1629 页。

的喻体并不出现，只有本体。因为喻体和本体在视觉结构上相似，受众通过自己的经历、文化、常识等来联想、洞察新闻图像所要传达的意义。如搜狐网主页的"归真堂演示活熊取胆汁，中药协会会长称熊很舒服"为标题的报道，报道介绍了活熊取胆的过程，并附了一些图片①。在这些照片中，如果受众把熊的笼子联想到了牢房，那么这些图像则起到了比喻效果。人们会觉得熊像罪犯一样被关在牢笼中，没有自由，非常痛苦，因此许多人认为是虐待动物，也就反对福建归真堂股份有限公司上市。这里要注意的是，图像的隐喻和文学的隐喻一样，都要求本体和喻体有形似的地方。这里笼子和牢房具有相似之处，因此是隐喻。如果本体和喻体没有相似的地方则不是隐喻。比如 1936 年供职于美国南达科塔州（South Dakota）就业安置局的摄影师阿瑟·罗斯泰茵（Arther Rothstein）去采访该地旱情的报道。他把一个牛头骨放到一片干涸的土地上拍摄了一张照片并刊登在媒体上。干涸的土地以及残缺不全的牛头骨使人觉得该地旱情十分严重②。尽管这样，这幅图像依然不能算作是隐喻，因为它和干旱没有相似之处，而只是指示关系。搜狐网上也有一则新闻——"男子为考研辞掉公务员，毕业无工作四处流浪"，并刊登了一幅图片③。图片中的物品和这位男子的悲惨生活同样是指示关系，而不是隐喻，因为两者在形式上没有相似性。新闻图像的指示性在第二章已经论述过了，这里不再赘述。

　　借喻则是直接借比喻的事物来代替被比喻的事物，被比喻的事物和比喻词都不出现。如"乱石穿空，惊涛拍岸，卷起千堆雪"，"雪"比喻浪花④。新闻图像最明显的借喻是以几何形式表现的柱状图、曲线图。

　　在图3—1中⑤，粮食产量借喻了柱状图的高度，因为两者——粮食产量的多少和柱状图的高度之间有一定的相似之处，但没有"兽笼"与"牢房"之间的暗喻关系。

---

① http://business.sohu.com/20120217/n335049646.shtml.

② http://www.museumofhoaxes.com/hoax/photo_database/image/the_perambulating_skull/.

③ http://news.sohu.com/20120217/n335041220.shtml.

④ 中国社会科学院语言研究所词典编辑室：《现代汉语词典》（第 5 版），商务印书馆 2008 年版，第 705 页。

⑤ http://www.askci.com/data/viewdata153123.html.

万吨

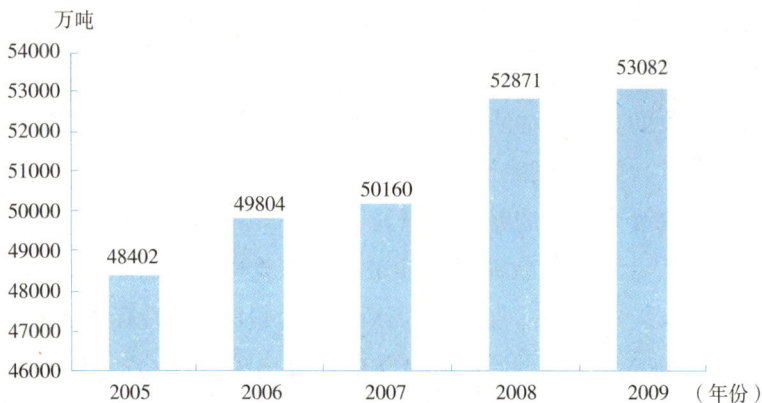

图3—1　2005—2009年中国粮食产量趋势图

二、比拟修辞手法

比拟就是把物拟作人或把人拟作物①。新闻图像比拟的修辞手法不太常见，这里之所以对其进行阐释，是因为其具有深刻的含义往往成为经典之作。美国著名纪实摄影家路易斯·海因关注社会问题，他的创作涉及迁移的难民、各地的童工、城镇贫民窟和受灾乡村等。其中《汽管装配工》（图3—2）表现了一位劳动者在巨大机器前聚精会神工作的情景。他紧握扳手、弓身屈臂，仿佛和机器融为一体，反映了人成为机器一部分的工业革命本质。

三、夸张修辞手法

夸张，"指为了启发听者或读者的想象力和加强所说话的力量，用夸大的词句来形容事物。如'他的嗓子像铜钟一样，十里地都能听见。'"③尽管图像描述的是事实，但是由于采用不同镜头，造成与正常视野有很大出入的影像，也应该算夸张。这主要有三种方式：一是采用长焦距镜头；二是采用短焦距镜头（广角镜头）；三是调节快门的速度，这三种

① 中国社会科学院语言研究所词典编辑室：《现代汉语词典》（第5版），商务印书馆2008年版，第70页。

② http://www.xici.net/d67830296.htm.

③ 中国社会科学院语言研究所词典编辑室：《现代汉语词典》（第5版），商务印书馆2008年版，第790页。

图 3—2 汽管装配工 [1]

夸张手法都能造成视觉冲击力和说服力。

(一) 长焦距镜头

长焦距镜头能摄取很远景物的某个细部成为特写镜头,造成远处景物被移近,从而扩大局部,使被人们忽视的图像内容成为充满震撼力的细节形象。搜狐门户网站曾有一篇报道,标题为"湖北正副局长办公室内互殴,接待费报销起冲突",其中采用了一张被殴打的副局长的照片(如图 3—3) [1]。摄影师将这位副局长的半边脸部扩大,突出了被打的伤口。

---

[1] http://news.sohu.com/20120216/n334877668.shtml.

（二）短焦距镜头

短焦距镜头也叫广角镜头，它的基本特点是镜头视角大，视野广阔。从某一视点观察到的景物范围要比人眼在同一视点所看到的大得多，景深长，可以表现出相当大的清晰范围，被摄对象被横向扩张，近景有明显的变形感，造成深远的纵深感，横向画面可以强化场面的宏伟性，纵向运动可以增强运动的速度感，战争场面经常使用，气势磅礴，场面恢弘。它能强调画面的透视效果，善于夸张前景和表现景物的远近感，这

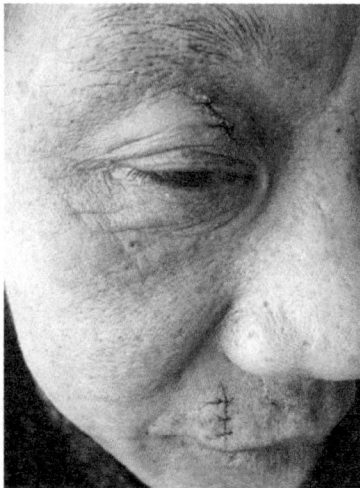

图 3—3　被殴打的副局长

有利于增强画面的感染力[①]。荷兰阿姆斯特丹举行的第55届世界新闻摄影比赛（WPP）——"荷赛奖"获奖的一些照片便使用了夸张的手法。比如获得自然类一等奖的"南非鲣鸟"（如图3—4）[②] 这张照片，摄影师就运用了短焦距镜头，将南非鲣鸟表现得硕大无比，俨然是一架战斗机。

（三）调节快门速度

第55届世界新闻摄影比赛获日常生活类组照一等奖的《大都会》（如图3—5）[③] 就是利用快门速度，造成了画面一部分呈现出虚幻的效果，夸张了车流速度，使人深刻体会到现代大都市的紧张生活节奏。

四、对比修辞手法

对比是将相反、相对的事物或同一事物相反、相对的两个方面放在一起加以比较的一种修辞方式，也叫对照。对比的作用在于能把好与坏、美与丑、善与恶这样的对立揭示出来，给人以深刻的印象和启迪。对比修辞手法在新闻图像中运用得比较多，由于新闻具有鲜明的导向性，因此运用对比往往使新闻图像更具有鲜明的倾向性和说服性，并能获得巨大的社会

①　http://baike.baidu.com/view/13732.htm.

②　http://pic.news.sohu.com/group-252528.shtml#2.

③　http://pic.news.sohu.com/group-252528.shtml#3.

图 3—4　南非鲣鸟

图 3—5　大都会

效应。新闻图像的对比修辞手法主要有两种，一种是一幅图像中诸元素的对比，另一种是一篇报道中几幅图像的对比。

（一）一幅图像中诸元素的对比

一幅图像中诸元素的对比，往往使新闻图像表现不和谐的物体而具有鲜明的表现力。由迈克·威尔斯拍摄的《手——乌干达旱灾的恶果》（图3—6）①，再现了一个乌干达孩子的手放在一只与他对比鲜明的传教士的手中，孩子的手仿佛像一只瘦弱的小鸟爪子或是从考古地带挖出的化石之类的东西。背景的那只手属于一位修养极好的奉献于人类事业的西方传教士。这幅作品把饥饿和富足并置，可谓匠心独具，当时乌干达和另外一些非洲贫困国家的境况，被西方新闻界强调报道，许许多多的死者的照片和许许多多关于他们死亡原因和这些尸体由于生前极度营养不良而很快腐烂的报告层出不穷。这张照片比任何解释都更有力量，表现出社会不平等的罪恶和发达国家的自我谴责，反映人人伸出一双援助之手的深远意义。这张照片被德国的《星》、美国的《生活》、法国的《巴黎竞赛》各大杂志广

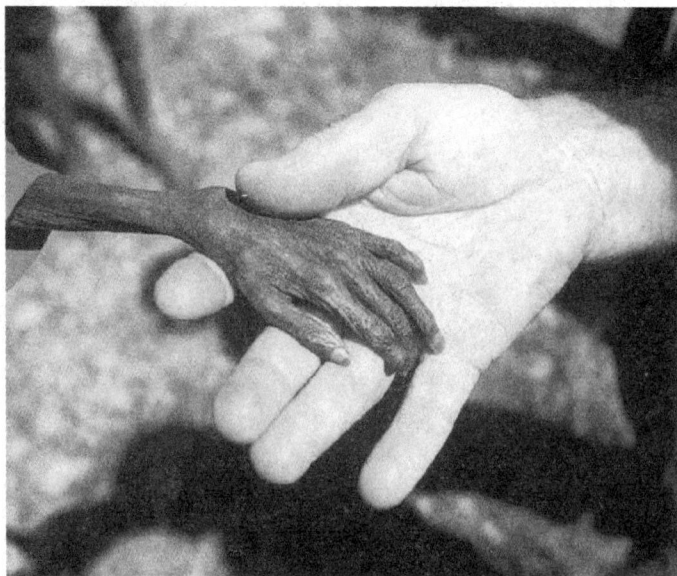

图3—6 手——乌干达旱灾的恶果

————————

① http://book.sina.com.cn/nzt/his/diyixianchang/17.shtml.

泛刊登，在不同肤色，不同语言的人的心目中都留下了深刻的印象。之所以这幅照片引起这么大的反响，应该说是与拍摄者运用的独具匠心的对比修辞手法有莫大关系。

对比修辞手法在新闻摄影中运用得非常普遍。在一幅关于巴格达被轰炸的照片中，一个小男孩手里捧着一只兔子（图3—7）。摄影师这样写道：

图3—7　2003巴格达，伊拉克

"那会儿正是2003年伊拉克遭到入侵，一天早晨，我让司机开车带我去巴格达中心富裕的城郊住宅区。有流言说，伊朗军方高官曾在其中一间屋子开会，于是那里在前一天晚上遭到了袭击……我赶到的时候，故意有点拖拉，希望有人能够出现。突然，我刚在这一带见过的一个小孩回到我的视线中。这一次，他手里提着一只兔子。"[①]炸弹炸出的大坑及破败景象与捧着兔子的小男孩形成鲜明的对比，战争的残酷与小男孩的爱心更形成了鲜明的对比，让人看了感到十分揪心，同时感到摄影师对生命的一种尊重与敬畏。

还有一幅照片是获得第54届"荷赛奖"艺术类单幅一等奖的作品，

---

① http://news.cn.yahoo.com/newspic/news/10456/23/.

题目是《拉大提琴的刚果女子》（图3—8）①。围栏的内外情景形成了鲜明的对比。围栏外是嘈杂的、破烂的环境，而在围栏内不是很干净、也不是很宽敞的空间内，一女子正投入地拉着大提琴，这两个元素形成了对比，表现了刚果人一种奋发的生命力。

（二）一篇报道中几幅图像的对比

一篇报道中几幅图像的对比也很常见，尤其是在互联网上，新闻空间不太受限制的情况下。比如一位法国摄影师拍摄的日本2011年3月大地震与现在重建状况所做的对比，"日本震后一年恢复对比照重拾生活希望（组图）"（图3—9）②。左图为2011年3月13日，杉本裕子裹着毛毯站在废墟中，寻找自己的儿子。右图为2012年1月27日拍摄的宫城县石卷市居民杉本裕子与她的儿子。

视频新闻也能进行对比，搜狐网曾经报道2012年2月16日晚，北京东直门簋街一家米线店起火，消防车赶赴救火途中，不仅未获社会车辆让行，

图3—8　拉大提琴的刚果女子

---

① http://pic.news.sohu.com/group-252463.shtml#21.

② http://pic.news.sohu.com/group-323779.shtml#0.

图3—9　日本灾后一年对比照

反遭并线超车。事后有网友将"篁街消防车遭抢行"拍成视频传上网，并将该视频与"德国车辆让行消防车"视频进行了对比后，引起社会的热议①。

五、排比修辞方法

排比，是用一连串内容相关、结构类似的句子成分或句子来表示强调和一层层的深入②。用排比写人，可将人物刻画细致；用排比写景，可将景物描写得细致入微，能收到层次清楚、描写细腻、形象生动之效；运用排比说理，可将道理说得充分透彻③。搜狐网"云南干旱致超600万人受灾，村民为节水卖掉牲畜"的报道中使用一些图片形成排比，再现了云南干旱的严重性（见图3—10、图3—11、图3—12）。④

新闻图像的排比不是将几幅图像简单排列在一起，而是要围绕一个中

---

① http://news.sohu.com/20120219/n335154598.shtml.

② 中国社会科学院语言研究所词典编辑室：《现代汉语词典》（第5版），商务印书馆2008年版，第1016页。

③ http://wenku.baidu.com/view/b6c09800cc17552707220841.html.

④ http://news.sohu.com/20120219/n335170831_1.shtml.

心主题来进行表现、说明才是图像的排比。如果一篇报道中那些照片并没有一个核心的思想，那么它们就没有构成排比。

图3—10　一头水牛在它最后的"领地"中洗澡

图3—11　80岁的苏美英在取水

图 3—12　村民从一棵因干旱而死亡的老柿子树旁走过

第三节　蒙太奇

上述论述的主要是新闻图片的视觉修辞，实际在动态图像中也存在大量的视觉修辞。如有学者在《浅析〈南京！南京！〉与〈辛德勒的名单〉的图像视觉修辞》①一文中就探讨了电影的视觉修辞。也有学者在《论电视公益广告中的视觉修辞》②一文论述了电视广告的视觉修辞方法。所不同的是，电影与广告的表现性更多一些，而新闻图像的再现性更多一些，但在表现方式上有很大的相似之处。它们无非都是运用镜头，包括长、短镜头，长、短焦距镜头，拍摄角度、景深等方法以及各种景别（远景、全景、中景、近景和特写等）的选取以及这些手法的综合运用来创造出不同

---

①　蔡程程：《浅析〈南京！南京！〉与〈辛德勒的名单〉的图像视觉修辞》，《电影评介》2010 年第 1 期。

②　汤劲：《论电视公益广告中的视觉修辞》，《中国广播电视学刊》2007 年第 8 期。

的视觉修辞效果。

作为连续的新闻图片的动态图像，其视觉修辞则比新闻图片在时间的维度上更加普遍。举个最简单的例子，比如在一段新闻视频中，给予某个画面更长的时间，就是一种图像修辞手法。它可能更能够吸引观者的注意，加深观者对这个画面叙事的理解与记忆，从而对观者思想、行为、观念产生影响。人们一般认为蒙太奇手法是电影、电视剧专有的修辞手法，其实新闻视频也一样运用蒙太奇的手法，比如在一段视频播报中，如何剪辑、安排各个画面，都是蒙太奇手法在新闻视频中的具体应用。

新闻图像的视觉修辞，有时也会产生失真现象。运用一些虚假的图像或运用数字技术进行处理自不消说，这是显性失真。另外，在摄影图像中，即使一些看似无关新闻内容的剪裁修辞，有时也会产生隐性失真现象。约翰·费斯克在《传播符号学理论》一书中描述了这样一个典型事例：一张 1976 年拍摄于伦敦市内黑人与警察对峙现场的照片，画面中心是在一座城市的立交桥下，几个黑人的动作较具冲动性，而警察十分被动，远处则是一群围观的人。但在《观察者报》刊发这张新闻照片时，编辑做了有意识的裁剪，裁去了看似与新闻本身无关的部分——即远处的树木和房子。然而这一裁剪却使影像失去了其"产制地点"的基本信息，并使观众不再感受到这是发生在一个白人社区的事件，及其这个事件发生的历史渊源和现实隐情，正所谓"断章取义"，从而对这幅新闻照片的理解也就更加趋向社会强势集团的需要。这就造成了一件图像意义隐性失真的事件①。本书的最后一章将进一步论述新闻图像的社会规范问题，这里只是简单说一下。

---

① 范文霈、周洁：《图像修辞略论》，《新闻界》2010 年第 5 期。

第四章
视觉说服机制

第二章侧重从新闻图像自身基本性质探讨了新闻图像的作用，第三章阐释了摄影（像）师（生产者）通过新闻图像的视觉修辞手段对接受者施加影响。那么新闻图像的接受者是如何对图像进行感知的呢？本章将从接受者的视角来考察新闻图像的视觉说服机制，即主要考察受众是如何通过视觉对图像进行把握的，从而阐明接受者对视觉形式进行把握的心理过程，以及在情感、态度等方面被说服的心理机制。

第一节　符号学视阈下的视觉说服机制

视觉是一个生理学词汇。光作用于视觉器官，使其感受细胞兴奋，其信息经视觉神经系统加工后便产生视觉（vision）。通过视觉，人和动物感知外界物体的大小、明暗、颜色、动静，获得对机体生存具有重要意义的各种信息[①]。机制一词最早源于希腊文，原指机器的构造和动作原理。人们后来将机制一词引入生物学、医学、社会学、经济学和心理学等学科的研究中，指系统内部组织和运行变化的规律。简而言之，视觉说服机制考察的是受众通过视觉对图像进行把握以及被说服的心理过程。

---

① http://baike.baidu.com/view/941.htm.

一、新闻图像的符号构成系统

符号学是一个古老的概念。"Semiotics"（符号学）来自于古希腊语"semeion"。公元 397 年，古罗马哲学家和语言学家奥古斯丁（Augustinus，354—430）第一次提出应该研究符号。他认为符号可以促进非语言形式的传播活动。现代西方符号学科的确立是 20 世纪初，它主要有两个源头，一个是瑞士语言学家费迪南德·德·索绪尔（Ferdinand de Saussure，1857—1913），另一个是我们前面提到的美国实用主义哲学家查尔斯·桑德斯·皮尔斯（Charles.S.Pierce，1839—1914）。索绪尔和皮尔斯都没有对视觉符号给予特别的关注。索绪尔的出发点是从语言学角度研究符号；皮尔斯则是通过符号阐述哲学中关于思维与存在问题的认识论问题。在其后的几十年里，随着后继研究者对符号学的不断发展，图像终于纳入符号学视阈。比如保罗·M.莱斯特（Paul Matre Lester）在《视觉传播：形象载动信息》一书中运用皮尔斯的符号学理论阐述了视觉传播的知觉理论；而保罗·梅萨里（Paul Messaris）在《视觉说服：形象在广告中的作用》一书中运用皮尔斯的符号学理论阐释了广告图像的说服作用。

皮尔斯从逻辑判断的范畴出发，对符号进行了细致的描述和分类。皮尔斯认为，构成符号关系要有三种关联物，即代表项（representamen）（有时皮尔斯也称它为符号）、指涉对象（object）和解释项（interpretant），任何符号都是由这三种关联物组成的，每一个符号都从属于一个符号储备系统。任何事物，只要它独立存在，并且和另一种事物有联系，同时可以被"解释"，那么它的功能就是符号。代表项可以是实物、感官获得的印象或者思想；指涉对象可以是已存在的实体，也可以是头脑中的想象物；解释项即符号的意义，是指符号在人脑中唤起的认知所产生的心理效果或思想，并且它本身也是一个符号。它们构成三位一体的关系（triadic relation），三者缺一不可。

用皮尔斯符号学理论来看，新闻图像就是"代表项"（符号），新闻图像所代表的社会事实为"指涉对象"，新闻图像在观者心目中所唤起的意义则为解释项。由于任何新闻图像（代表项）都反映或表现一定信息或意义，它把所代表的社会事实（指涉对象）与其所反映、表现的信息或意义（解释项）联系起来。新闻图像对不在新闻现场的人或事物起了一个从能指（新闻事件）到所指（新闻事件所反映的意义）的中介作用，这是新闻图像具有说服性的本质所在。这样，就建构起了新闻图像的符号系统，为下一步阐释新闻图像的符号化过程打下了基础。

二、新闻图像的符号化过程

符号的构成只是符号学研究的起点，符号理论所注重的核心是符号过程，它最能揭示符号的本质。所谓符号过程，就是符号发挥符号功能，完成一个能指对所指的意指(signification)的过程[①]。对于新闻图像来说，就是代表项（图像）在解释者（受众）心中唤起"解释项"的过程，即图像符号对受众的认知起作用的过程。科尼利斯·瓦尔在他所著的《皮尔士》一书中给出了一个非常生动的比喻，巧妙解释了这种三元关系。"Peirce在对符号的定义里指出，每一个符号都是把一个第二与一个第三相联系起来的那个第一，就好比铃声把卖冰淇淋的小贩和孩子们的心联系起来。"[②]在这个例子中，"铃声"是"代表项"（符号），"卖冰淇淋的小贩"是"对象"，而"孩子们的心（理）"则是"解释项"。这样的一种分析，非常恰当、清晰地解释了"铃声"作为符号在这一事件中的作用，也描述了符号化过程。

一幅新闻图像的意义在于它的符号价值。它是"代表项（符号）"，所代表的现实中的人物、事件、场景等则是"对象"，而新闻图像在读者或观众心中所产生的一切想法则是"解释项"。在符号化过程中，代表项起着至关重要的作用，它作为中介，解释者通过图像符号对对象（现实）进行逻辑推理，并赋予其解释项一个意义，从而使解释者把图像符号所代表的现实（对象）和解释项联系起来，实现了一个认知过程。

这里再对解释者和解释项进行一下阐释。解释者是对符号进行认知和解释的主体——人，而解释项则是解释者对符号加以认知、解释、反应的过程和结果，解释项是广义的，它可以是一种思想观念，具体表现为逻辑上的概念、命题，也可以是一种情绪，具体表现为同情、畏惧、厌恶等，还可以是一种行动，具体表现为积极的反应或消极的抵抗等。皮尔斯认

---

① 李巧兰：《皮尔斯与索绪尔符号观比较》，《福建师范大学学报》（哲学社会科学版）2004 年第 1 期。

② 王新：《浅谈皮尔士和他的符号学理论》，《社会科学家》2005 年第 10 期。

为，符号的代表项提供意指潜力（potentiality），要将这种潜力转化为意指现实，必须经过解释过程。解释过程是一个复杂、往复、递进、永恒的开放过程。皮尔斯将解释项分为直接解释项（immediate interpretant）、动态解释项（dynamic interpretant）和终极解释项（final interpretant）。直接解释项就是人们一见到符号就产生的、未经反应的模糊印象（impression）。我们看到一幅图像立刻就具有的感觉就属于直接解释项，它包括视觉对图像的简单加工形成的初步印象以及产生的各种情感，比如我们在电视报道的"9·11"事件的画面中所看见的纽约世界贸易中心大楼冒起的火光和滚滚浓烟。动态解释项是解释者在具体的某种场合、某种语境或文化下对符号的某种阐释。比如对于这幅图，在伊拉克人、美国人和中国人看来，他们的情感和观念都会多少有所不同。动态解释项是解释活动中造就的，由于每次解释结果会存在差异，解释呈现一种动态特征，所以皮尔斯称其为"动态解释项"。这也提示我们，面对同一幅图像，人们的反映会有所不同。

终极解释项是符号对阐释者产生的完整印象，是解释者经过充分认知和考虑后对符号意指进行辨别、决定的终极解释，它是"符号经过充分考虑后每个解释者注定都会得到的解释"。对于交通指示等标志以及某些世界驰名商标来说，由于这些标识经过广泛传播，已经得到人们的广泛认可，它们都可以成为终极解释项。但对于新闻图像来说，由于它们承载更为深刻的文化意义，想得到人们的普遍认同则很难，因此成为终极解释的新闻图像则很少。

三、表征神话：新闻图像建构意义

符号学家进一步揭示了视觉表象建构意义的过程，即图像是如何表征神话的？表征（representation），《牛津英语简明词典》给出其意义："有两个相关的意义，其一是指表征某物即描述或摹状它，通过描绘或想象而在头脑中想起它；在我们头脑和感官中将此物的一个相似物品摆在我们的面前；其二是指象征、代表、做什么的标本或替代。"① 斯图亚特·霍尔运用

---

① 转引自斯图亚特·霍尔：《表征——文化表象与意指实践》，徐亮、陆兴华译，商务印书馆 2003 年版，第 16 页。

表征的概念在于揭示表征过程中符码的存在及其所代表的价值观念和权力关系："我们必须通过符码来谈社会生活秩序、经济政治权力的秩序以及意识形态秩序。"① 米歇尔提出表征由生产者、观看者、能指、所指等要素构成，并阐释了表征中生产者与观看者、能指与所指等关系。但是，生产者是如何通过能指，给观看者建构起所指？这是这里所关心的问题。

　　法国著名文学理论家、评论家、结构主义思潮代表人物罗兰·巴尔特（Roland Barthes）提出了"神话"概念，在他看来，神话是一种言语，是一种解释政治化的言语。他认为整个巴黎流行着的信息符码和各种的社会文化现象的媒介宣传报道，完全是一种虚伪的现代神话。霍尔引入"神话"这个概念就是要揭露、批判这种虚伪的事实。我们这里并不是要批判新闻图像的神话，只是要揭示它的神话建构逻辑，霍尔这种"解神化"手段并不妨碍我们将之作为分析新闻图像神话的工具。巴尔特也指出照片、电影都可以作为神话的载体，"这种言语是一个讯息，因此绝不限于口头言语。它可以由文字或表象所构成；不仅写出来的话语，而且还有照片、电影、报告、运动、表演和广告，所有这些都可以作为神话言语的载体。"② 霍尔引用罗兰·巴尔特《今日神话》一文中"一黑人士兵向法国国旗敬礼"的例子，运用符号学的能指、所指、直接意指、含蓄意指这些概念阐释了从视觉表象到神话的建构过程，或者说，展示了意义的生成过程。

　　有天巴尔特去理发店，看到一本法国杂志《巴黎竞赛》，封面上有张照片，那是"一个身穿法国军服的黑人青年正在敬礼，双眼上扬，可能注视着一面三色旗（法国国旗）"。在第一层次上，不论理解哪个意义，我们都要将形象中的每一能指译解为对它们恰当的概念。如一个士兵、一套军服、一只举起的胳膊、扬起的双眼、一面法国国旗。这产生了带有简单的字面信息或意义的一系列符号：一个黑人士兵正向法国国旗敬礼（直接意指）但是，巴尔特论证道，这形象还具有更广泛的文化意义。……"法国是一个伟大的帝国，她的所有子民，没有任何肤色歧视，都忠实地在她的旗帜下服务，对于那些提出所谓的殖民主义的诽谤者，没有什么比这个黑

---

① 罗钢、刘象愚：《文化研究读本》，中国社会科学出版社 2000 年版，第 354 页。

② ［法］罗兰·巴尔特等：《形象的修辞》，吴琼等译，中国人民大学出版社 2005 年版，第 2 页。

人服务于他的所谓压迫者时所显示的热情更好的回答了。"……巴尔特指出，在这里，表征是通过两个分别的但相互联系的过程发生的。在第一个过程中，各种能指（形象的各种要素）和所指（概念——士兵、国旗等）联合构成一个带有单纯的直接意指的符号：一个黑人士兵正向法国国旗敬礼。第二阶段，这个完成的信息或符号被联系到第二层所指——有关法国殖民主义的一个广义的意识形态主题①。

之所以这样引用，是因为这个案例也是我们接下来要探讨问题的起点。罗兰·巴尔特的符号学理论，主要集中于符号表意系统的外延意义和内涵意义分析。在巴尔特看来，和语言符号一样，任何符号都包括了能指所指两个部分，在建构意义时，这两部分又可以分为表达层面和内容层面，或者称为直接意指和含蓄意指，使新的能指和所指的对应关系永远都继续下去，不会完结。在直接意指中，能指同时既是意义又是形式，形式上它是空洞的，意义上它又是充实的。在含蓄意指中，符号意义的产生是由其所指移位的无限性所致，即能指和所指的第一个关系确立以后，以第一层符号外延的意义为基础，并将另一层意义附加其上，构成另一个所指。说起来比较复杂，下面用罗兰·巴尔特所用的图示（图4—1）②进行说明，就很容易理解了。

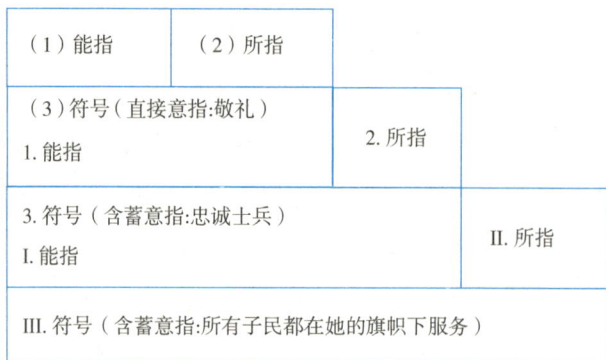

（1）能指	（2）所指	
（3）符号（直接意指:敬礼） 1.能指		2.所指
3.符号（含蓄意指:忠诚士兵） I.能指		II.所指
III.符号（含蓄意指:所有子民都在她的旗帜下服务）		

图4—1 罗兰·巴尔特的视觉表征示意图

---

① ［英］斯图尔特·霍尔：《表征——文化表象与意指实践》，徐亮等译，商务印书馆2003年版，第39—40页。

② 同上书，第40页。

在图4—1中，在第一个层次上，"黑人青年"敬礼的视觉形式是（1）能指，它所表达的信息是"敬礼"，是（2）所指，而它们在一起则构成了"敬礼"的符号。（在这其中就有一个社会规定的问题）。在第二个层次上，第一个层次的符号又成为新的能指，即敬礼，而所指是"对法国致敬"，它们在一起构成了"忠诚士兵"的符号。在第三个层次上，第二层次的"忠诚士兵"的符号又成为新的能指，由于是具有肤色的黑人士兵，所以所指是"所有子民都在她的旗帜下服务"，又构成了新的符号。这样就为我们运用符号学方法分析新闻图像提供了一个有效方法，即能够一步步分析信息是如何通过图像传达的，从而我们也大致知道了意义是如何通过图像产生的。

但是，从第一层的直接意指到第二层的所指是自明的吗？也就是说，是什么让巴尔特从"一个黑人士兵正向法国国旗敬礼"产生了"法国是一个伟大的帝国，她的所有子民，没有任何肤色歧视，都忠实地在她的旗帜下服务"这种意识形态的？在第一层的直接意指到第二层的所指之间是如何转换的？也就是说，从视知觉层面表征到文化层面表征的说服是如何实现的？符号学并没有给出有力的解释，从视觉形式到思想、观念等文化层面意义的转换，还要求助视觉心理学。

第二节　格式塔心理学视阈中的视觉说服机制

如前所述，符号学方法是分析视觉表征的一个有效方法，其一层层有条理的分析，展现了意义的建构过程。但是，从第一层的"直接意指的符号"到第二层的所指是如何实现的问题，巴尔特和霍尔等符号学家都没有对这个问题进行进一步阐释。这也许是符号学需要进一步拓展的方面。实际上，对于视觉图像传播而言，在第一层的直接意指和第二层的所指之间还有一个环节——视觉作用机制。也就是说，从新闻图像的编码到其解码的过程中，或者说从视知觉形式层面到文化意义层面的把握是视觉说服机制在起作用。下面将运用格式塔心理学派的主要代表人物——鲁道夫·阿恩海姆（Rudolf Arnheim，1904—2007）的视知觉形式动力理论来阐释视觉说服机制。

运用阿恩海姆的视知觉形式动力理论阐释视觉说服机制，应该着重把握以下三点：第一，阿恩海姆的视知觉概念是建立在一种力的式样的基础之上的，是对力的式样的整体结构的把握；第二，视知觉绝不是被动地接受，而是与视觉刺激物相互作用的一种创造性的力的构形活动。第三，视觉形式与情感都是动力式样，或者说，视觉形式与情感统一在视知觉形式动力中。

一、视知觉形式动力

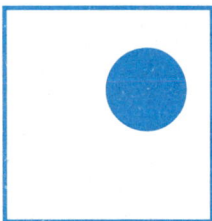

图 4—2

我们先从一个简单图片开始来具体了解视知觉形式生成中的动力。阿恩海姆通过在一个白色正方形中贴一个黑色圆面的图示引入了"力"的概念（如图 4—2）①。在这个图中，我们不仅看到那个黑色贴面在正方形中的位置，还分明看到它具有一种不安定性，好像具有一种要离开原来所处位置的趋势——向某一特定方向运动。阿恩海姆认为，"从心理上说，黑色圆面这种运动的趋势存在于任何一个观看者的经验里，它有自己的作用点、方向强度，它们就合乎物理学家们对'力'所下的定义。基于上述理由，心理学家们才给它冠以'力'的名称。"② 在阿恩海姆看来，在视知觉中，物体的形状和颜色等构成形式的基本属性已不再是具有物理属性的东西了，而是经过视知觉的积极组织、创造出的力的式样，我们也会有一种"力"的经验。那么这种经验中的"力"是怎么来的呢？阿恩海姆认为："我们可以把观察者看到的'力'看作是活跃在大脑视中心的那些生理力的心理对应物，或者就是这些生理力本身。虽然这些力的作用是发生在大脑皮质中的生理现象，但它在心理上却仍然被体验为是被观察事

---

① ［美］鲁道夫·阿恩海姆：《艺术与视知觉》，滕守尧等译，四川人民出版社 1998 年版，第 4 页。

② 同上书，第 12 页。

物本身的性质。"① 也就是说，这种经验到的"力"是"生理力"或"知觉力"及其在对象物上的投射。这种视觉动力是由视知觉中生理力与视觉形状相互作用的创造性活动而生成的，因此确切地说，它应被称之为视知觉形式动力。

视觉形式动力确实存在于人们的知觉中。它不是虚幻的，这种不动之中见动的感觉，人们都会有。比如我们站在巨人面前、站在摩天大楼下，也都会感到一种无形的压力。正如阿恩海姆所说的那样："一句话，那作用于上述黑色圆面上的作用力并不是虚幻的，只有对那些打算用这种力去开动机器的人来说，它才是虚幻的，如果从知觉角度和艺术角度来看待它，它便完全是真实的。"② 确实，这种动力是人的知觉在视觉形式结构中首先感受到的，和物体的形状、大小、颜色等属性一样是客观存在的。

为了进一步说明视知觉形式动力的存在，我们来看一段关于新闻视频的评论。"前内阁总理海蒂·西蒙在结束一次和她竞争对手彼得·H.喀斯特森的电视采访后，她说在身体上有种被压迫的感觉。很明显，西蒙那次的出镜没有得到很好的策划和安排，因为他们两个之间只由一张很窄的桌子隔开，而椅子的高度明显地不能随意调节。以至于她与身材非常高大魁梧的对手隔着很近的距离，对方凭借响亮又有攻击性的言语，像冲锋枪似的由上而下向可怜的西蒙女士发起进攻。所以主持人在向西蒙发问的同时，却不得不望着喀斯特森的脸。而现场的摄影角度也有弊端，因为给人的感觉就是，当观众往喀斯特森看的时候，同时是在俯视西蒙。让我们感觉西蒙从任何一个角度看上去都比喀斯特森矮一截，其中包括无形的权力和等级。西蒙女士的身材矮小，如果能通过拉长她与喀斯特森的距离，或抬高她的座椅高度来达到视觉平衡的效果，在辩论中西蒙女士就能处于有利位置。遗憾的是电视台忽略了这一点，以至于喀斯特森在视觉上明显高出西蒙很多，一开始就确立了喀斯特森具有支配主导的地位。另外，他们两人所在位置的背景反差太大。当时喀斯特森的背景是块蓝色的屏幕，而西蒙背后却是观众席和影音小组。喀斯特森摆出一副支配者和领导的架

---

① ［美］鲁道夫·阿恩海姆：《艺术与视知觉》，滕守尧等译，四川人民出版社 1998 年版，第 12 页。

② 同上。

势，其左手不时地向他的女对手的方向指指点点。而那张窄小的桌子不能给西蒙带来一点保护和一丝安全感。就这样，西蒙不得不由着对手，对他这种攻击不能进行有效的回击或进攻。"① 这段评论精彩地指出了西蒙女士在电视采访现场因对手和现场布置所感受的巨大压力，以及受众因拍摄角度在电视画面中所感受到的权力和等级观念。这一切都是视知觉形式动力作用的结果，而且无论是在电视画面中的西蒙女士还是画面外的观者都经历了一个视觉说服的作用过程。

二、视知觉形式动力的生成原因

阿恩海姆用"场"的动力论解释了这种"静中之动"的情况。他认为视觉式样是一个"力场"，场中充满了力。比如在图4—2中，正方形内部充满了力，尽管我们可以找到一些静止的地方，但那是因为在那里来自各个方向的力都达到了平衡的缘故。对于那些敏锐的眼睛来说，静止的地方也充满了活跃的动力。但是，静止物体本身实际上并不真正具有动力，而是它们的形式结构激起了主体的一种动力经验，视知觉形式动力只存在于观看者的经验或意象中。

阿恩海姆认为大脑视皮层本身是一个电化学力场，电化学力可以在那里自由配置。观察者看到的"力"是活跃在大脑视中心的那些生理力的心理对应物，或者就是这些生理力本身。"假如人的大脑视皮层区域就是这样一个'力场'，这个区域中向简化布局发展的趋势就应该十分积极。当一个刺激式样投射到这个作为力场的大脑区域时，就会打乱这个'场'中的平衡分布状态。一经被打乱后，场力又会极力恢复这种平衡状态。"② 这里，阿恩海姆揭示了视知觉形式建构的动力机制的本质，即当一个刺激式样投射到作为力场的大脑区域时，会打乱这个'场'中力的平衡分布状态。而场力的平衡一经被打乱后，又会极力恢复平衡状态，在这恢复过程中就生成了视知觉形式动力。

阿恩海姆简洁而生动地描述了视知觉形式动力的生成过程。"刺激材

---

① http://read.dangdang.com/content_670608?ref=read-3-C&book_id=2848.

② [美] 鲁道夫·阿恩海姆：《艺术与视知觉》，滕守尧等译，四川人民出版社1998年版，第88页。

料到达我们的眼睛后，在被神经系统加工时，我们的眼睛就获得了动力。我们对此如何理解呢？首先记住，知觉的原材料不是机械地像喷墨打印机在纸上打字那样印在被动接收器的表面。知觉活动所涉及的，是一种外部的作用力对有机体的入侵，从而打乱了神经系统的平衡。是在抵抗的媒介组织上冲破了一个洞。这就好像是一场战斗，由入侵力量发起的冲击，遭到生理力的反抗，后者挺身而出，努力欲消灭这些入侵者，或者至少要把这些入侵的力转变成为最简单的式样。这两种互相对抗的力相互较量之后所产生的结果，就是最后生成的知觉对象。"① 这里，阿恩海姆对视知觉形式动力生成过程的简要描述，也就是关于视知觉形式生成的动力机制的描述，从而证明了阿恩海姆视知觉形式的"完形倾向"是一种动力机制。同时，也就揭示了视知觉形式建构的动力机制的根源问题。

三、视觉对图像把握的心理过程

我们在观看了新闻图像后，会在头脑里产生或留下相关的形象和一定的心理反应，这被心理学家和美学家等称为意象。那么视觉对图像把握的心理过程是怎样的呢？阿恩海姆认为，任何思维都是通过"意象"来进行的，意象是沟通视觉与思维的桥梁或媒介。因此，基于阿恩海姆视知觉形式动力理论来看，受众对新闻图像意义的感知是以意象为媒介进行的。

阿恩海姆的意象概念有三个方面的内涵：第一，意象不是物体的物理形象，是视知觉与知觉刺激物相互作用而达成的心理意象；第二，意象的达成是一种创造活动，而且具有完形性；第三，意象是一种完形或格式塔，它包括物体、行为、观念、意义等形式构成的一切。视觉对意象的把握经历三个阶段，即视知觉"自上而下"的抽象选择、视知觉"补足"与"重构"的抽象组织以及视知觉"高度概括"的抽象升华活动。而意象形成的这三个阶段都是视知觉形式动力的创造活动，可以说，意象的形成始于视知觉形式动力，又归于视知觉形式动力。

---

① Rudolf Arnheim, *Art and Visual Perception*（*The New Version*），Los Angeles: University of California Press, 1974, p.439.

（一）视知觉"自上而下"的抽象选择

知觉整体论是格式塔心理学赖以立足的一个基本原理。它强调一个整体不是由若干元素组合而成的，而是由一种先于部分而存在并具有制约部分的新的质（格式塔）来决定的。这种新质并不属于具体的任何部分，也不等于所有构成它的各部分要素相加，而是经由知觉组织从原有构成成分中生发出来的全新整体，而且它可以统领各个部分，各个部分也被赋予了新的涵义。事物的质是由一种整体性的"关系"和"组织"所决定的。因此，每一个意象都是一个格式塔，都是一个"被分离的整体"。并且，意象正是由视知觉积极、主动、"自上而下"的抽象选择作用建构而成的。其实，阿恩海姆在这里强调视知觉的组织顺序遵循"整体原则"，也可以说是"结构在先"的原则。观看首先是对视觉对象整体结构进行把握，然后从构成成分中"突现"出来的一种内在的抽象关系。

阿恩海姆用大脑"力场"论描述了视知觉对知觉对象的组织是"自上而下"进行的这一过程。"这就是说，由刺激物激发或动员起来的一切'力'，都是在这个'场'中自由地相互作用着。在这种情况下，对刺激物的处理就不是机械的，而是按照这些力自身的倾向，最大限度地把它组织成一种最简化的整体式样。这是一种对'结构特征'的自身组织和把握，而这样一种把握恰恰是知觉和其他一些理智行为的最基本前提。格式塔心理学把这一知觉顺序称之为一种'自上而下'的，或是一种从整体到部分的步骤。"[1] 可见，视知觉"自上而下"的抽象选择是视知觉形式动力的创造活动。

（二）视知觉"补足"与"重构"的抽象组织

在图像中，我们经常能够看到一个物体把它后面的物体遮挡住一部分而使人看不到后面物体的某些部分，因此看不见后面物体的全部，但是视觉却常常能够把后面的物体补充完整。阿恩海姆认为，知觉中的组织活动并不局限于直接呈现于眼前的材料，而是把看不到的那一部分也列入所见物体的真正组成部分。这被阿恩海姆称为视知觉的"补足"能力。

---

[1] ［美］鲁道夫·阿恩海姆：《艺术与视知觉》，滕守尧等译，四川人民出版社 1998 年版，第 95 页。

阿恩海姆认为视知觉对知觉对象具有补足能力不是凭借以往的经验而获得的。视觉本身具有认识功能，没有记忆形象帮助的不完整的知觉刺激物，也可以在知觉中成为完整的。阿恩海姆认为这种补足活动并不是来自记忆的经验，而是得益于知觉活动自身向简化结构发展的倾向。把不完整的东西补足，是理性能力中的一个最基本的本领。而当仅通过某一结构所在的背景就足以确定它所短缺部分的式样时，这种本领就仍然属于知觉范围之内。阿恩海姆还通过列车的"隧道效应"在生理意义上解释了视觉的这种补足能力。视知觉对视知觉对象的补足在一定程度上还依赖于视觉对象本身的结构。如果视觉对象本身的结构很清晰，那么视知觉的补足作用就弱；反之，如果视觉对象本身的结构很模糊，那么视知觉的补足作用就很强。

（三）视知觉"高度概括"的抽象升华

阿恩海姆认为，概念往往会结晶为一种简单而又规则形状的形式，即"静态概念"。静态概念掩盖了现象世界的结构，所以不利于对现象的全面认识。然而在大多数情况下，概念都不是静态的，而是某一持续变形过程中关键时刻的某种生发性的形态或要点。视知觉就是围绕这些"生发性的要点"，通过高度概括的抽象作用，将它们升华为"动态概念"。高度概括是在发现一种更加完满和更加全面的整体的过程中所进行的重新构造活动。它是人的一种积极组织能力，具有高度的准确性。它能够积极、主动地构造出物体的动态概念。动态概念的获得，通常是围绕某些"生发性的要点"组织起来的。所谓的要点，是某一持续变形过程中的关键点，它标志着某种重要场面或过程的极点或高峰，所以最能体现动态概念的特征。用格式塔心理学的术语来说，就是许多经验中的现象都是围绕着一个"简单而又集中的阶段"（pragnanzstufen），即一种具有清晰而又简单的"阶段"（或时刻）组织起来的。比如，一个93度的角，并不被视为一个合法的存在物，而是被看作一个画得不合格的直角，那么它的要点就是直角。人们就是围绕这个直角对87度、93度、95度等角形成一个动态概念。

阿恩海姆还用"标准意象"概念阐释了从静态概念到动态概念的过程。他认为对于人们熟悉的事物的知觉与以往储存在人们记忆里的"标准意象"有密切关系，人们往往凭借事物的"标准意象"达到对它的认识。在唤起

"标准意象"时，由于视觉对象往往与"标准意象"不会完全相同，而是"标准意象"的变形或偏离，于是就会唤起一种力的感受。"一个弯曲的图形，它之所以会产生出一种独特的表现效果，乃是人们似乎从中看到了它从一个标准图形出发的'弯曲'和'推拉'动作，或者说，从中可以看到从一个标准形的衍化或变形。这样一来，这种再现形象就不再是一种无感情、无能动性的东西。或者说不再仅仅属于哪一熟悉的种或类。它看上去似乎是在某种特定条件下从一个母体滋生、成长和发展出来的，并经历着无数种变化，这样一种生长的力量，使视知觉活动成为一种活生生的能动活力，每当知觉对象唤起'原型意象'（标准意象）时，都是如此。"① 阿恩海姆在这里指出了知觉中的意象偏离记忆中的"标准意象"，或从变形的"标准意象"向"标准意象"的回归过程中就实现了意象的意义升华。

四、视觉形式与情感

上面论述了阿恩海姆视觉形式理论关于视觉对意象的把握，但是新闻图像作为视觉形式是如何上升到情感层面的呢？这也是符号学没有解决好的问题。这个问题实际涉及的是美学中的表现问题。20 世纪，西方许多美学流派都提出了独特的情感表现理论。概括地说，主要从本体论本质观的角度探究情感的流脉包括独特抒情说（直觉主义美学）、抒情表现说（表现主义美学）和情感先验说（现象学美学），它们偏重于情感的实体研究，着眼于情感表现是表现什么的问题（涉及情感的内涵、性质、特征、关系等）。主要从功能观方法论的角度探究情感的流脉包括情感语言说（语义学美学）、情物同构说（格式塔心理学美学）、情感塑性说（形式主义美学）以及情感符号说（符号论美学），它们偏重于情感的功能性研究，着眼于情感表现是如何表现的问题（涉及形式表现、表现方法等）②。

20 世纪西方艺术情感理论的一体两翼不是平行发展的，而是从情感本体论研究向情感表现方法论研究向度转变。布洛克在《美学新解》中评论道：从克罗齐和科林伍德开始，"所谓艺术表现，就是从某种情感状

---

① ［美］鲁道夫·阿恩海姆：《艺术与视知觉》，滕守尧等译，四川人民出版社 1998 年版，第 125 页。

② 黄南珊：《廿世纪西方情感美学的两类取向和两种关系》，《人文杂志》1996 年第 1 期。

态（或体验）向着审美理解转化。所谓内在情感的外化，不是情感的释放或涌出，而是改变它的性质，使它从一种非理性的冲动变成一种艺术的理解。艺术家的目的不是像因果理论所说的那样，将某种内在情感展示出来，而是真正理解这种情感，而这就意味着从一种'情感状态'转变成一种'审美概念'（或美的意象）。通过上述批评性的思考，那种宣称感情的因果表现论，便开始转变成一种稍具认识色彩的表现论。按照这种理论，表现就是对一种感情的审美理解"。① 总体来看，情感表现方法论的研究受到了很大关注。但是，在这种研究向度的转变过程中，有一个问题必须解决，那就是情感是一种内在的心理状态，怎么能够和外部物理对象的外表特征达到同一呢？简单地说，就是形式如何和情感统一起来的问题。对于我们现在的问题是，新闻图像作为一种视觉形式是如何和情感统一起来的。

阿恩海姆认为情感（情绪）也是普通知觉，从大脑的生理机制上讲，也是知觉动力的相互作用。"情绪最终是各精神力量的相互影响所产生的强度或兴奋程度。在大脑的机制中，情绪是组成精神活动的牵引力和压力所引起的紧张。这样，情绪没有提供自身的刺激，而不过是对付来自大脑内部全部力量作用的结果。"② 这样，阿恩海姆便把传统对情感的讨论，纳入了格式塔心理学的知觉范畴。阿恩海姆关于情感不过是普通知觉的论断，就在一定程度上揭去了情感的神秘面纱。

情感或感情这个美学术语的内涵也是不断发展的，它在现当代美学中的内涵已大大扩展。布洛克在《美学新解》中指出由于新的科学世界观的出现，情感的内涵发生了很大改变。"由于这种历史性的大转变，艺术领域中所说的'感情'就远远不再是类似悲哀和愤怒之类的东西，它的范围已大大扩展，进而包括态度、气质、观点看法（如温柔、灵敏、冷静、脆弱、坚强、庄严等）"③。苏珊·朗格也将情感视为广义的情感。"一件艺术品就是一件表现性的形式，这种创造出来的形式是供我们的感官去知觉或

① ［美］布洛克：《美学新解》，滕守尧译，辽宁人民出版社 1987 年版，第 142 页。
② ［美］鲁道夫·阿恩海姆：《走向艺术心理学》，丁宁等译，黄河文艺出版社 1990 年版，第 334 页。
③ ［美］布洛克：《美学新解》，滕守尧译，辽宁人民出版社 1987 年版，第 148 页。

供我们想象的，而它所表现的东西就是人类的情感。当然，这里所说的情感是指广义上的情感。亦即任何可以被感受到的东西——从一般的肌肉觉、疼痛觉、舒适觉、躁动觉和平静觉到那些最复杂的情绪和思想紧张程度，还包括人类意识中那些稳定的情调，"①以及"艺术品是将情感（指广义的情感，亦即人所能感受到的一切）呈现出来供人观赏的，是由情感转化成的可见的或可听的形式。"②可见，把情感视为普通知觉，是艺术情感本体论研究转向艺术情感方法论研究潮流中的一种普遍现象。阿恩海姆把情感等精神活动视为普通知觉，从大脑的生理机制上讲，也是知觉动力的相互作用。于是在知觉层面，阿恩海姆就把艺术形式和情感等精神活动统一了起来，视知觉形式本身也就成为生命形式。

阿恩海姆是格式塔心理学美学的主要代表人物之一。他基于格式塔心理学原理，着重研究了视知觉形式问题，形成了一套比较完善的视知觉形式理论。他的这一理论不仅可以广泛应用于美学、艺术学领域，同样也可以应用于新闻视觉传播，说到底，新闻图像无非也是视觉形式而已。概括地说，新闻图像作为一种视觉形式，在视知觉形式动力作用下，完成了从视知觉形式到意义的生成过程。但是，我们也要看到，阿恩海姆强调视知觉直接经验性，因此对视知觉形式生成的动力机制所做的一切探讨主要都是限于知觉领域。他着眼于纯粹的视觉形式经验及心理的分析，将知觉形式形成中的历史、文化和社会等方面进行了类似现象学的"悬搁"，只作知觉现象的纯形式的描述。这种抛开了历史、社会背景在中性的条件下对视觉形式进行的研究方法，形式也变成了不带有历史、文化等内涵的纯形式。而视觉形式，尤其新闻图像也常是带有历史、文化等内涵的形式，因此这种研究方法具有明显的片面性。如果将阿恩海姆视知觉形式动力理论，尤其是其关于视觉对于视觉形式的把握以及视觉形式与情感相统一的理论与皮尔斯等人的符号理论结合起来，才能够较好地探讨新闻图像的视觉说服机制。下面将运用这两种理论结合新闻图像的传播特点来尝试揭示新闻图像的视觉说服机制。

---

① ［美］苏珊·朗格：《艺术问题》，滕守尧译，南京出版社2006年版，第18页。
② 同上书，第28页。

第三节 新闻图像视觉说服机制 ACTS 模式

新闻图像视觉说服 ACTS 模式是基于阿恩海姆视知觉形式动力理论和符号学理论，分析新闻图像从视觉元素（能指）到表征主题（所指）的实现路径这一内在运动过程。具体运动过程包括以下四个层次：即（1）吸引注意（Attention）：新闻图像只有引起观者注意，才有可能起到传播效果，而视知觉形式动力是吸引注意的一种有效手段；（2）引向内容（Content）：新闻图像吸引了观者注意，却不见得使其注意到视觉传播内容，需要视知觉形式动力对观者目光的引领，使视觉传播内容得到关注。（3）展现主题（Theme）：视觉传播内容（视觉元素）是能指，不是传播的真正意图所在，新闻图像表征的是文化层面的意义，是所指，包括社会权力、话语和意识形态，等等。从能指到所指这一过程也是通过视知觉形式动力的运作来实现的。（4）积淀符号（Symbolic）：大脑对新闻图像主题加工形成视知觉形式动力结构，即积淀为具有象征意义的符号。在人们见到这些符号时，便会在心中唤起这种动力结构，相关信息、意义也同时涌现出来。因此，这些积淀下来的符号，又加入到"吸引注意"这个起始项中，形成一个新的视觉说服循环机制。以上四个方面是将新闻图像作为文本来进行的分析，是一个有机整体，具有内在的逻辑性。将该模式按这四个环节的英文单词首字母进行缩写，即为 ACTS，因此称之为新闻图像传播机制 ACTS 模式。下面将对这四个层次展开论述。

一、吸引注意

基于传播目的，新闻图像首先需要引起读者或观众的注意。图像只有引起受众注意，才有可能起到传播效果。众所周知，动态效果是吸引人们注意的一种有效手段。如何使报纸、杂志和网络等静态新闻图片呈现出"静中之动"效果是这里探讨的一个主要议题。同时，尽管电视图像有时也使用图片，但大部分电视图像本身即为动态形式，要比报纸等新闻媒体的图片更具有动感，更容易引起受众注意。但电视新闻图像处于复杂的电视媒体环境中，与其他电视节目（如电视剧、电视电影、MTV、广告等）相比，在吸引注意力方面，并没有什么优势。因此，电视新闻图像和网络视频也同样存在吸引受众注意力的问题。

对于静态的新闻图像，诸如新闻图片、漫画等来说，视知觉形式动力常常通过图幅面积、图幅数量以及色彩等手段呈现出来。大的图片一般会引起读者的关注，20世纪八九十年代开始，一些报纸陆续采用大标题、大图片等手段来追求图片的视觉冲击力，以达到吸引受众并激发受众进一步阅读新闻文字内容的目的。另外，观众还会认为大图片的内容比较重要。美国学者 Wanta 在《显著性照片的效果：一个议程设置的实验》一文中得出报纸新闻照片的图幅大小对受众的理解产生不同影响，大的新闻照片更易吸引读者阅读报道并认为其比较重要的结论。[1] 现在报纸对于某些重要新闻往往采用多幅图片，尤其是报纸网络版基本摆脱了版面空间的限制，在印刷版使用一幅图片，在网络版关于同一内容往往采用多幅图片以增强新闻的直观性、形象性，从而能够起到吸引注意的目的。色彩也是吸引读者的一个重要因素。随着印刷技术的提高，色彩的运用也更加随心所欲，往往也能令读者瞩目。从阿恩海姆视知觉形式动力理论视角来看，运用图幅面积、图幅数量以及色彩手段都是为了增加视觉矢量，从而增加视觉冲击力来吸引受众。另外，新闻图像内容本身的形式动力也能引起关注，这一问题将在下面"展现内容"部分进一步探讨。

新闻动态影像的视觉形式动力除了像静态图像中由形状、色彩等要素对比而产生外，还可以通过物象的运动速度、运动节奏、运动方向等而形成。在常态视觉中，物象在画面中运动的速度越快由此造成的对观看者的视觉牵引就越强，产生的视觉形式动力也就越大。物象的运动节奏同样可以影响到影视画面中视觉形式动力的强弱，物象的运动频率越快对观看者的视觉影响也就越大，所产生的视觉形式动力也就越强。动态物象在影视画面中视觉形式动力的表达强弱也体现在物象的运动方向上。一般情况下，水平运动的物象所表达出来的视觉形式动力相对较弱；在垂直状态运

---

① Wayne Wanta, "*The Effects of Dominant Photographs:An Agenda-Setting Experiment*", *Journalism Quarterly,* 4, pp.107-111.

动的过程中，向上运动的物象所表达出来的视觉形式动力要弱于向下运动的同类物象；相对于水平和垂直运动斜向运动的物象所产生的视觉形式动力则更大；不规则运动的物象要比规则运动的物象产生的视觉形式动力更大[1]。总之，视觉形式动力越大，也就越能引起受众注意。

二、引向内容

吸引观者的目光只是实现了新闻视觉传播效果的第一步，但仅引起观者注意并不一定能够实现传播者的意图，因为观者有可能只注意到了图像，但没有很好地注意到图像内容。这里所说的图像内容并不是指构成图像的所有视觉元素，而是指传播者力图展现"卖点"的那些视觉元素，即传播者想要展现给观者的东西。在不违背新闻真实性的前提下，传播者可以通过选择拍摄主体、焦距、角度等手段，使画面形成强烈的视觉形式动力，它们能够把观者目光自然引向图像内容。基于阿恩海姆视知觉形式动力理论，将观者的目光引向新闻图像的内容主要有两种途径，即整体构图和个体元素呈现出来的视觉形式动力。

（一）整体构图产生的视觉形式动力

整体构图是指摄像（影）师在拍摄的过程中有意识或无意识拍摄而成的整幅画面。在这样的画面中，由于视知觉形式动力的牵引，好似安排好了观者的视觉流程，使其目光落在图像内容上。1993年3月26日，美国著名权威大报《纽约时报》刊登了"自由记者"凯文·卡特拍摄的苏丹战乱中一张小女孩的照片（图4—3）[2]（该照片在1994年4月获美国新闻界最高奖——普利策新闻奖）。照片表现了一个小女孩正艰难地向食品发放中心爬行着，后面一只大秃鹫虎视眈眈注视着她。在这张照片中，光秃秃的空地大约占了四分之三的面积，使居于前景中的孩子和居于近中心的秃鹫都具有很大的视觉动力，再加上苍白的大地与黑皮肤的孩子和黑色大秃鹫的色彩对比强烈，使这两者牢牢地抓住了读者的视线。

图4—4[3]展现的是伊拉克战争期间平民流离失所的情景。摄影师将

---

① 王楠楠：《动态影像中的视觉形式表达》，《电影文学》2008年第9期。

② http://news.sohu.com/20050511/n225522593.shtml.

③ http://www.rmlt.cn/News/201012/2010120309234883126_1.html.

图4—3 饥饿的小女孩 [美] 凯文·卡特 摄

惊恐的小女孩置于画面的前端，并占据画面大约二分之一的面积，再加上小女孩白色的衣裙，一下子就将读者的目光吸引过去，直接注视到了孩子那张万分惊恐、痛苦的脸上；并且从白衣小女孩到抱孩子妇女之间形成了一个楔形结构，再加上妇女黑衣的视觉重量，使读者的目光自然从小女孩的身上移到了妇女以及其怀中的孩子身上；之后读者的目光落到了远处不断升起的浓烟之上。在这幅图片中，摄影师很好地利用了视觉形式动力，将读者的目光成功地吸引到了图像内容上。这里举的两个例子都是新闻照片，动态新闻图像也一样，它们无非是这样一张张图片构成的连续画面而已。如果说新闻图片构建一种共时性的动力，即在一幅图画中同时展现了所有力的式样，那么动态新闻图像画面不仅展现共时性的力的式样，还展现历时性的力的式样。因此，在这个意义上说，新闻图像构建、展示的不过都是视知觉形式动力而已。

（二）个体元素的视觉动力

个体元素是指新闻图像中的物象。既可以是没有背景的一张肖像、一个物体，也可以是新闻图像中有背景的物象。首先，物象本身动态效果能

图 4—4　巴士拉，伊拉克　Dan Chung　摄

够引人注目。静态图像中的"静中之动"的效果或是动态影像的运动形态都能有效地吸引观者注意。图 4—5[1] 是《纽约时报》的一幅图片，女孩强烈运动的姿势就比其身后稍具运动的人以及一般站姿具有更大的视觉动力，因此也更引人注目。其次，人物目光直视能够产生张力。人物的目光直视观者是新闻图像常用的表现手法。观者能够感受到图片中人物目光所直射出来的那种视觉张力。观者因这种张力的刺激自然而然地去回应，从而也就注意到了图像内容。图 4—6 和图 4—5 来自于同一版面，编辑在选"画中画"时选用了这幅目光直视的图片，同样具有吸引注意力的作用。再次，视距也能产生视觉动力。静态和动态新闻图像都常采用拉近镜头手法形成近视距效果，拉近物象与读者的距离，吸引读者注意。在图 4—7[2] 中，Lance 骑着自行车要从画面中出来，读者想不看都不行。最后，从偏离的形象向"标准的意象"回归的过程中也产生视觉动力，从而引人注

---

① http://www.nytimes.com/pages/todayspaper/index.html?src=hp1-0-P, the times in print for Tuesday, March 08, 2011.

② http://www.coolinfographics.com/blog/tag/body.

意。比如在图 4—8 中 ①，由于人们一般在图片或屏幕上所见的是"标准意象"，如果是背面的形象，则偏离了"标准意象"，人们在心里就会产生一种使其转过来的力，视觉对这些图像进行加工的同时，也就引起了观者的注意。

图 4—5

图 4—6

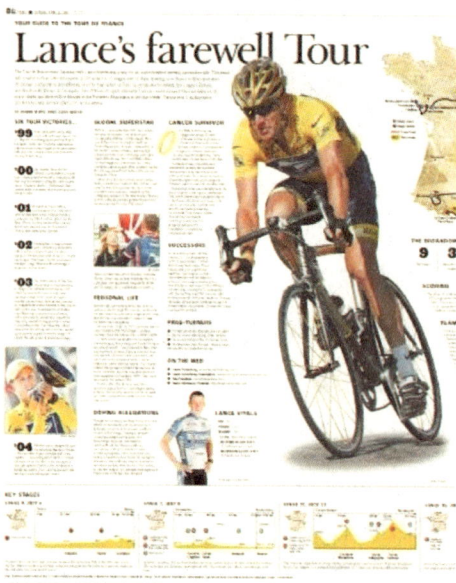

图 4—7

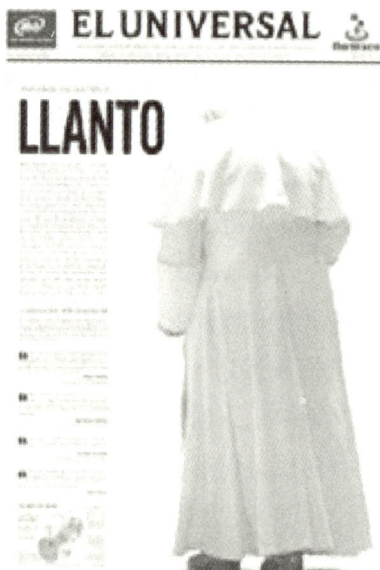

图 4—8

---

① 杨晓白：《视觉说服与读者定位》，《青年记者》2006 年第 1 期。

三、揭示主题

主题是新闻图像真正想表达的主旨。它和内容有所不同，用符号学术语来说，内容是能指，主题是所指。图像不再只是插图或画面，它们承载着重要的主题。由于图像解释的模糊性、不确定性，往往能够表述语言文字不适合表述的主题，甚至是其无法言说的东西。阿恩海姆认为，视知觉形式动力能够表征最自然的象征意义。在《饥饿的小女孩》那幅图片中，小女孩位于前景，而且形体也大于那只秃鹫，由于摄影师采取了仰视视角，使小女孩和那只秃鹫都向前方倾斜，自然产生了从秃鹫到小女孩的视觉形式动力。同时由于小女孩形体大于秃鹫，也有一个从小女孩到秃鹫的视觉形式动力。由于这两种不同方向力的存在，读者的目光就在秃鹫与小女孩之间不停摇摆，读者似乎已经感受到了秃鹫正向小女孩飞去。另外，小女孩和秃鹫位于画面四分之三的空地上，空地并不空，它更渲染了悲凉的氛围，再加上小女孩瘦骨嶙峋的身体所产生的视觉力，形成了绘画《克里丝蒂娜的世界》那样的凄凉氛围，使人产生一种发自心底的凄凉与悲怆，把苏丹叛乱所造成的遍地饿殍的悲惨景象这一主题表现得无以复加。

在图 4—4 那张关于伊拉克难民的图片中，前面说过，在视知觉形式动力的引领下，从前景的白衣女孩到中景的黑衣妇女及其怀抱的孩子，一直到远景的战争浓烟，使读者注意到了图片内容。正如阿恩海姆所说的那样，视觉力的作用也是相互的。从远景的浓烟，到中景的黑衣妇女，再到前景中的白衣女孩，也有一种视觉力扑面而来。在这两种来自不同方向的视觉力相互碰撞、交互作用中，读者自然而然领悟了战争给伊拉克人民造成的巨大灾难。

四、积淀为符号

看完一些新闻图像，尤其是领会了其主题之后，观者脑海里会留下一个画面，甚至有的画面会终生挥之不去，如《饥饿的小女孩》。这种脑海里的画面也被称作意象，用康德的话说是"灌注了生气的形象"，实际上是融会了情感、意义的形象。在阿恩海姆看来，意象不是物体的物理形象，而是视知觉与知觉刺激物相互作用而达成的心理意象。"真正适宜于思维活动的'意象'，绝不是对可见物的忠实、完整和逼真的复制。这种意象是由记忆机制提供的，记忆机制完全可以把事物从它们所在的环境（或前后联系）中抽取出来，加以独立地展示。"思维者集中于意象中最紧要的部位，把无关紧要的部位舍弃，得到的是一种模糊的意象，正是这种模糊性，才使得一个具体视觉对象被简化为一个具有基本动力特征的结构，并能以最大的准确性把视觉对象想要唤起的"力"的式样显现出来，所以这种模糊的意象虽然并不代表一个真实的事物，但却能代表一种"质"的东西。阿恩海姆认为符号是意象的一种功能，是为一类事物或某一类力的作用方式赋予具体的形状。一些约定俗成的事物的视觉式样也会以动力结构（符号）形式储存在人们心中。一些新闻画面以情感符号（视觉动力结构）在观者心中积淀下来，当他再次见到这个或类似的画面（符号），首先会引起他的注意，其次迅速唤起那种情感，并且把那种情感带入到新的图像中。很多广告采用以往经典新闻图像进行情感诉求，目的即在于此。2011 年 3 月 19 日，美国各地反战人士上街游行反对美国对利比亚动武，在示威人群中就有人高举图 4—4 画面的牌子，[①] 不言而喻，这幅图像已经成了战争造成悲惨景象的一个符号。中央电视台在播放该新闻的 1 分 36 秒时间内，给了这个画面 6 秒钟的时间，还给了画面中小女孩特写镜头，就在于这幅图像比其他图像更能够唤起人们的情感，也更具有说服意义。

综上所述，大脑对视觉图像主题加工形成视知觉形式动力结构，即积淀为具有象征意义的符号。在人们再见到这些符号时，便会在心中唤起这种动力结构，相关信息、意义也同时涌现出来。因此，这些积淀下来的符号，又加入到"吸引注意"这个起始项中，形成一个新的视觉传播机制循环。如图 4—9 所示，新闻图像视觉说服 ACTS 模式，从"吸引注意"开始，经由"引向内容"、"展现主题"，最后到"积淀符号"，具有内在的逻辑，完成了一个视觉说服过程；积淀下来的符号又成为新的注意元素，开始了新一轮的视觉说服过程，从而形成了新闻视觉说服螺旋形循环机制。

---

① http://tv.sohu.com/20110320/n304607159.shtml/index.shtml.

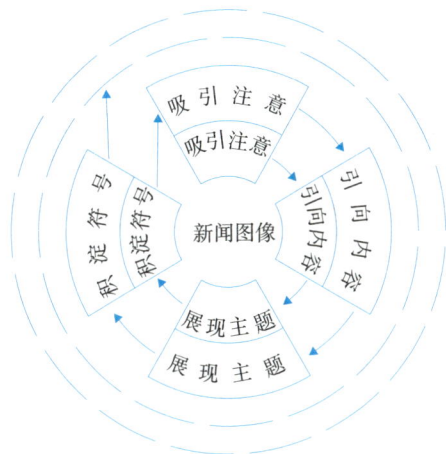

图4—9 新闻图像视觉说服 ACTS 模式

五、小结

综上所述，新闻视觉传播机制 ACTS 模式，从"吸引注意"开始，经由"引向内容"、"展现主题"，最后到"积淀为符号"，具有内在的逻辑，完成了一个视觉传播过程。大脑对视觉图像主题加工形成视知觉形式动力结构，即积淀为具有象征意义的符号。在人们再见到这些符号时，便会在心中唤起这种动力结构，相关信息、意义也同时涌现出来。因此，这些积淀下来的符号成为人们新的注意元素，又加入到"吸引注意"这个起始项中，又开始了新一轮的视觉传播过程，从而形成了视觉传播机制的螺旋。需要指出的是，这里所论述的"新闻图像视觉传播机制 ACTS 模式"只是基于视觉形式进行的分析。从更大范围来看，"新闻图像视觉说服机制"要复杂得多，比如后面要论述的"视觉议程设置"、"视觉框架"等问题，都是新闻视觉说服机制要探讨的问题。

第五章

新闻图像的议程设置作用

　　第二、第三、第四章主要是围绕新闻图像的认知作用展开的论述，但仅从图像本身来考察新闻图像的作用显然是不够的，应该在更大的视阈，即在社会、文化的背景下来审视。如此，我们则发现新闻图像正在改变人们的思维和行为方式，对社会政治、文化产生着重要的影响。本章和下一章将围绕新闻图像的社会作用来进行探讨。前面说过，为了系统剖析新闻图像在现代传播中的作用，故将其放在传播活动中去探讨，即从新闻图像文本、生产者（传播者）和接受者（观者）三个方面进行论述。本章将围绕接受者（观者），结合图像文本和传播者来探讨新闻图像的议程设置作用，即主要论述新闻图像影响受众的情绪，进而影响对议题的关注，或形成某种态度，产生议程设置作用。

　　议程设置理论断言大众传媒是影响社会的重要方式，它们有意无意地建构公共讨论与关注的话题，并对公众的思想和行为产生重要影响。在人类社会进入所谓的图像时代的今天，基于图像、尤其是新闻图像对大众产生巨大影响的背景，探讨公众头脑中构成特定议题和对象时的新闻图像作用已成为时代的需要，呼之欲出。这里就是力图把新闻图像的议程设置作用从新闻议程设置作用中剥离出来，对新闻图像的议程设置进行集中探讨。议程设置理论侧重探讨大众传媒对公共舆论影响现象的分析，而视觉议程设置则是侧重探讨新闻图像对公共舆论影响现象的分析，即新闻图像对公共舆论的影响、建构作用的分析。这一分析可以进一步细化为：第一，新闻图像的议程设置作用表现在哪些方面？第二，新闻图像议程设置作用的影响因素是什么? 第三, 新闻图像议程设置的作用机制是什么? 下面将在梳理相关研究基础上进行阐释。

第一节　新闻图像的议程设置作用及其表现

大众传媒的"议程设置理论", 最早见于美国传播学家马克斯韦尔·麦库姆斯 (Maxwell E McCombs) 和唐纳德·肖 (Donald L Shaw) 于 1972 年在《舆论季刊》上发表的《大众传播的议程设置功能》(*The Agenda-setting Function of Mass Media*) 一文。为了探讨公众对现实的感觉是否依赖于新闻媒体在年复一年、日复一日展现事件时所报道和强调的议题, 他们在 1968 年的美国总统大选中, 在北卡罗来纳州卡贝尔山市 (Chapel Hill) 就传播媒介的选举报道对选民的影响进行了调查研究, 发现"大众传媒在形成政治现实中担当重要角色。读者不仅通过大众传媒了解某个议题, 而且通过报道所占的版幅大小及其所处的版面位置知道该议题的重要性。"[1] 而且"他们 (选民) 所了解的与大众传媒所重点推出的竞选议题成正比例关系"。[2] 由此, 他们提出了议程设置理论假设:"简而言之, 政治世界并没有被信息媒体成功地重构, 但研究的证据表明: 选民受到了媒体所定义的重要议题的影响, 强烈暗示了大众传媒的议程设置功能。"[3] 他们认为大众传媒通过不断重复的新闻选择和发布, 影响着公众对重要事件的判定, 而且在媒介和公众之间存在着一种因果联系, 即经过一段时间, 新闻媒体的优先议题将成为公众的优先议题。这种大众媒体对公众的影响关系就像是会议议程对与会者的日程进行了设置一样, 因此将之称为"议程设置"理论。简而言之, 该理论的核心内容可以概括为: 媒体议程影响公

---

① Maxwell E McCombs and Donald L Shaw, "The Agenda-Setting Function of Mass Media", *Public Opinion Quarterly*, 1972, 3, p.176.

② Ibid., p.177.

③ Ibid., p.184.

众议程，而公众议程又影响政策议程①。

议程设置理论一经提出便得到学界的极大关注，学者纷纷加入这一讨论中，至今方兴未艾。这一理论也得到了长足的发展。它不仅探讨了传播过程中的中间环节——议题对受众的影响，而且向两端进行了拓展，向前探讨了媒体议程设置把关人，向后探讨了受众的反应，因而将其研究范畴扩大到整个大众传播对受众的影响这一广阔领域，即议程设置理论成了大众媒体对受众的影响作用的同义语。但其属性议题的"构建"理论也遭到许多学者的质疑，这一点将在下一章进一步阐述。无论怎样，正如美国著名传播学者格林芬（Em Griffin）所说的那样："大众媒介的议程设置功能在媒介效果文献中已经赢得一个牢固位置。麦考姆斯和肖已经建立起一个看似真实的试验，即一些人们受印刷媒体和广播的引导而确定哪些议题更为重要。议程设置理论也提供了必要的提醒——新闻报道就是新闻报道（这些信息通常需要阐释）。对于这些原因，麦库姆斯和肖完成了它们归因于媒体的作用。议程设置理论在大众传播议程研究中占据重要位置。"②

实际上，议程设置理论从一开始就是和新闻图像联系在一起的，麦库姆斯和肖在考察 1968 年美国总统竞选活动中大众传媒的议程设置作用所采用的新闻媒介包括 5 家报纸、2 家新闻杂志、2 家电视台的晚间新闻③。晚间新闻自然少不了电视图像。但是他们并没有特别关注新闻图像的作用。随着大众传媒效果研究的深入以及图像在大众传媒中作用的彰显，新闻图像的议程设置作用才逐渐纳入到学者的视野，归纳起来主要包括以下几个方面。

一、提高兴趣、激发情感作用

如果一则新闻没有引起受众的关注，那么新闻所起到的作用则无从谈

---

① ［美］斯蒂芬·李特约翰：《人类传播理论史》，安斌译，清华大学出版社 1999 年版，第 371 页。

② Em Griffin, *A first Look at Communication Theory*, New York:McGraw-Hill Higher Education, 2000, p.371.

③ Maxwell E McCombs and Donald L Shaw,"The Agenda-Setting Function of Mass Media", *Public Opinion Quarterly*, 1972, 3, p.177.

起。当下受众阅读习惯和要求发生了很大改变，即"扫描式"快速阅读和阅读的轻松占据首位。图像以其形象性能够满足受众快速了解新闻内容的需要；而看图远比看文字轻松得多，且新闻图像常常具有娱乐性，更加能够激发受众的观看兴趣。因此，新闻图像能够以其独特的视觉冲击力和感染力提高受众的阅读、观看兴趣。受众在产生兴趣的同时，也潜移默化地受到了图像的影响。通过研究发现，由于富含情感的图像能够提升观者的焦虑或悲伤程度，因而能够吸引观者注意，并使他们更容易被说服[1]。另外，新闻图像能够拉近观者与新闻现场的距离，使观者能够产生强烈的现场感，给人一种身临其境的真实感、亲切感，从而使新闻报道的内容更为丰富，更加具有感染力。如果新闻图像对观者的情感产生影响，比如某事件的图像使观者产生了欣喜、愤怒、悲伤、仇恨等情感，观者就会对某事件有较深刻的印象或形成某种态度，也就产生了议程设置作用。

二、理解议题的作用

新闻图像有助于受众理解议题的作用。这一作用体现在两个方面。第一，对所报道的新闻事件本身的理解。新闻图像往往能够展示新闻报道的"五个 W"要素——When（时间）、Where（地点）、Who（人物）、What（事件）、Why（原因）的全部或其中的几个要素。它所展示的事件要素具有鲜明的形象性，即使不识字的人也能读懂大致内容。国外有些学者通过实验研究得出一些结论，如 Domke，Perlmutter，and Spratt 等人把一些越南战争的图片报道给调查者看，发现这些图像有助于调查者对事件的理解和判断[2]。Arpan 等人发现游行示威的负面图片报道对观者造成了更加严重的负面影响。他们认为，视觉形象本身就可以影响人们对新闻信息的加工以及他们对议题的理解[3]。第二，使人理解图像纪实性背后所隐含的新

---

① Em Griffin, *A first Look at Communication Theory*, New York:McGraw-Hill Higher Education, 2000, p.184.

② Domke, D., Perlmutter, D., & Spratt, M,"The primes of our times:An examination of the 'power' of visual images", *Journalism*, 2002, 3(2), pp.131–159.

③ Arpan, L.M., Baker, K., &Lee, Y(eds.),"New coverages of social protests and effects of photographs and prior attitudes", *Mass Communication & Society*, 2006, 9, pp.1–20.

闻话语逻辑。受众通过图片的大小、位置、多少以及图像的播出时间长短等图像外在因素能够理解所报道问题的重要性及倾向性。美国学者 Wanta 做了一个报纸新闻照片的议程设置实验。他的实验以报纸照片的不同尺寸为参数，发现照片越大越吸引读者读报道，并且读者认为照片尺寸越大，信息越重要①。也就是说，受众能够通过新闻图像的外在元素洞察传播者的意图，理解新闻图像传播背后的意义。比如《时代周刊》把被割掉鼻子的爱莎的照片作为其封面，人们从中能轻易读懂该杂志社对阿富汗塔利班的谴责以及对美国进行阿富汗战争正义性美化的这种意识形态话语。

三、培养作用

我们经常会看见新闻图像，无论是在报纸上还是在电视上。那些图像，尤其是那些普通图像——没有引起较大轰动效应的图像，似乎我们看过也就忘了，但实际上它们在我们的大脑里不断累积、沉淀，经过一个量变到质变的过程，就会影响我们的态度和行为。新闻图像在这个过程中起到培养作用。乔治·戈布纳（Gerbner G.）在其"培养分析"（*Cultivation Theory*）理论中提出了因果论断，即电视的培养导致了人们对"社会现实"的感知。"我们所知道的大部分事情，或者我们以为自己所知道的大部分事情，其实我们根本没有亲身经历过。"② 也就是说，我们所知道的所谓社会现实，其实主要是媒体为我们构建起来的，是日积月累构建的。戈布纳通过大量实例研究了电视暴力内容对公众态度的影响情况，他指出："电视大规模地生产讯息和形象，这一重复性的活动构成了主流的象征性（符号）环境，这一环境培养了大多数人关于现实的共同看法。"③ Graber 也强调了不寻常的视觉图像对形成公共舆论的重要性，她列举了越南战争血腥场面引起美国反战人士情绪高涨的例子④。Linenthal 在《未爆炸完的

---

① Wanta, W., "The effects of dominant photographs: An agenda-setting experiment", *Journalism Quarterly*, 1986, 65（5）, pp.107–111.

② [美] 理查德·韦斯特：《传播理论导引：分析与应用》，刘海龙译，中国人民大学出版社 2007 年版，第 414 页。

③ 同上书，第 418—419 页。

④ Graber, D. A, "Seeing is remembering: How visuals contribute to learning from television news", *Journal of Communication*, 1990, 40（3）, pp.134–155.

炸弹：美国人记忆中的俄克拉荷马市》一书中指出，电视对这起爆炸案的新闻画面反复播出和人们对恐怖主义的恐惧之间存在逻辑关系，即当地电视新闻对恐怖主义的新闻图像播放越多，观众越惧怕恐怖主义。① 另外，Fahmy，Cho，Wanta，and Song 在一个视觉议程设置研究中发现，由于媒体对"9·11"事件图像的反复播放，人们对恐怖主义的关注度显著增强。② 这一切表明，新闻图像对受众的培养作用无论在对议题重要性的理解上，还是对受众态度的影响上都是很显著的。

　　浙江电视台的《1818 黄金眼》节目，几乎每天都播出杭州几起车祸和火灾的画面。一个普通人，几年也未必见到一起车祸或火灾，因此，他们就会觉得杭州很少有车祸或火灾发生。而经常看这个节目的人，经过日积月累，他们就会说杭州车祸和火灾很多。而且，这些车祸和火灾是集中在这个节目中播出的，给受众造成一个模糊的错觉，即在该节目播出的时间段，杭州出现了很多突发性事件，因而更加使人们感觉杭州的车祸和火灾是如此之多。假如政府要制定严厉的交通法规或提高消防员的待遇，常看这个节目的人很可能会投赞成票。这就是新闻图像累积的议程设置培养作用。

四、长期记忆作用

　　我们都会有这样经历，在一个陌生的环境里能够记住那里的建筑物，却往往不能叫出那条街或商店的名字。甚至在我们背课文的时候，都会想起那部分内容在一页书的哪一部分。人们长久以来一直用图画帮助记忆事情，这叫记忆术。古希腊的西蒙尼底斯最早发明了记忆术。大约公元前500 年，有一天他在一个朋友家里为客人们朗诵他的一首抒情诗，中途被叫出了房间。就在他出去后不久，屋顶突然坍塌，几位客人不幸丧生。事发后，焦急的家属向他询问亲人的生死，西蒙尼底斯通过回忆客人们围坐在餐桌边的顺序逐一列出了遇难者。这个悲剧经历使他开始有意做这种形

---

① Linenthal, Edward Tabor. *The unfinished bombing: Oklahoma City in American memory.* New York: Oxford University Press, 2001.

② Fahmy, S, Cho, S., Wanta, W（eds.）,"*Visual agenda setting after 9/11: Individual emotion, recall and concern about terrorism*", *Visual Communication Quarterly*, 2006, 13, pp.4 –15.

式的大脑练习。他发现，如果把自己写作的长篇文章分成小部分，并把它们放在想象出的不同储存空间里，就很容易记住这些内容①。人们对图像的记忆要比对文字的记忆容易得多，比如对于儿童来说，"雄鸡"地图，远比"中国"这两个字容易识别得多。新闻图像容易被观者记住，尤其一些特殊的图像就更容易被观者长期记住，那么也势必对受众产生长期的影响。美国学者 Andrea Miller and Shearon Roberts 在《卡特里娜飓风就近性视觉议程设置：基于最接近于事件人们的研究》② 一文中归纳了三种图像有利于观者记住。

第一种是约定俗成的图像（Conventional Imagery）。美国社会学家Mendelson 给"约定俗成图像"下的定义是：约定俗成的图像是新闻记者归为某种既存主题或"类型"的图像，它们的内容容易被认出、阐释和理解③。约定俗成的图像本来是通过社会行为规范或文化积淀形成的图像，比如各国的国旗、各种交通标志等。这里约定俗成的图像则是指媒体用以表现某类事件、场面、有些老生常谈味道的图像。比如观众看见有人下飞机时挥手致意的这类图像，就知道是要人来访；看见大街上有很多车，就知道可能是在报道交通拥挤状况；看见坦克和漫天浓烟，就知道是战争或军事演习场面；等等。有学者指出，电视观众通常会在犯罪现场的报道中看见警车、红灯以及拉起的黄带子等，由于人们受"场景模式"中的这些典型物体的激发，因而能够快速加工场景的整体意义④。由于人们对这些图像已有一些积淀，是一种熟悉的事物，因此理解起来自然要容易得多。人们对约定俗成图像感兴趣，还有一个重要原因，就是人们对这些图像熟悉，并且与他们的关系更为密切。人们愿意看本地的新闻报道，在很大程

① ［美］保罗·莱斯特：《视觉传播：形象载动意义》，霍文利等译，中国传媒大学出版社2003年版，第65页。

② Andrea Miller and Shearon Roberts,"Visual Agenda-Setting Proximity after Hurricane Katrina:A Study of Those Closest to the Event", *Visual Communication Quarterly*, 2010, 17 (1), pp.32-38.

③ Mendelson, A,"Effects of novelty in news photographs on attention and memory", *Media Psychology,* 2001, 3, pp.119–157.

④ Mandler, J.M., & Johnson, N.S,"Some of the thousand words a picture is worth", *Journal of Experimental Psychology: Human Learning and Memory*, 1976, 2, pp.529–540.

度上是因为那是发生在他们身边的事情。

第二种是危机图像（Crisis Imagery）。研究者发现，人们对消极图像的回忆强于积极图像①。这可能是由于生存本能和防御机制的作用②。Newhage 认为，引起愤怒的图像最容易被记住，其次是产生恐惧的图像，再次是引起恶心的图像③。我国驻南联盟领馆被炸场面、"9·11"事件世贸大楼双子座冒着浓烟的画面、挟尸要价的画面等消极图像已经深深定格在我们的脑海中。关于人们对消极图像的回忆强于积极图像，我们还可以用美国心理学家、传播学家利昂·费斯廷格（Leon Festingger）的"认知不协调"理论来解释。认知不协调理论是指人们发现他们所做的事情与他们所知道的不符，或者听到的观点与他们已有的观点不一致时，就会产生不适。不协调造成的不适感会促使人们采取行动，减少不协调④。人们的心态本来是平和的，当听说一些灾难发生后，会感到担心、害怕，甚至觉得自己懦弱等，从而产生了不协调的不适感。这种不适感会加强人们的记忆，而且不适感越强，记忆的时间也会越长。

第三种是激发起兴趣的图像（Compelling Imagery）。上述危机图像也属于激发起兴趣的图像，此外，还有许多能够激发兴趣的图像。比如"大蟒蛇吐出山羊"的图像、"太原最牛楼压桥下 15 年"的图像、"某堕落高官被审"的图像等。究其原因，主要是人们通常所说的"猎奇"心理。另外，从美学视角来看，生、死、战争、爱情是人类的永恒主题，关于这些问题的图像，人们有种类似出自本能的深切关注。还有受社会高关注度问题的相关图像更具有吸引力和影响力，比如反映社会贫富差异（如炫富）的图像、反映社会不公的图像、反映政府管理（如城管执法）的图像等，都能

① Lang, A, "Emotion, formal features and memory for televised political advertisements", *Television and political advertising*, 1991, 1, pp.221–224.

② Lang, A,"Dhillon, K., & Dong, Q. The effects of emotional arousal and valence of television viewers' cognitive capacity and memory", *Journal of Broadcasting & Electronic Media*, 1995, 39, pp.313–327.

③ Newhagen, J. E, "TV news images that induce anger, fear and disgust: Effects on approach-avoidance and memory", *Journal of Broadcasting & Electronic Media*, 1998, 42, pp.265-277.

④ ［美］理查德·韦斯特：《传播理论导引：分析与应用》，刘海龙译，中国人民大学出版社 2007 年版，第 133 页。

引起人们的广泛关注，也容易形成社会舆论。总之，这些图像引起人们的兴趣自然也就容易被人们记住，也就容易对受众产生相应的影响。

第二节　新闻图像议程设置作用的外在影响因素

在大众传媒异常发达的当代，在媒体争相抢夺受众注意力资源白炽化的今天，新闻图像已经成为媒体机构用来吸引受众目光、对受众进行说服的一种利器。在第二章所论述的新闻图像本身属性——形象性、指示性和象征性等，使其能够实现议程设置作用，这是内因作用。此外，还受其他一些因素的影响或制约，这是外因作用。可以说，新闻图像的议程设置作用是其内因和外因共同发挥作用的结果。

一、生产者的主观意图

与文字新闻相比，新闻图像更为真实、可信，因为人们更相信"眼见为实"。但摄影（像）师在观察、选取拍摄的内容、视角以及编辑最终让哪张（些）图像随文字一起暴露时，充分体现了生产者的主观意图。新闻图像的传播是文化表征的生产、话语的建构，它体现社会权力和意识形态。无论是摄影（像）师还是观者，总是有意或无意地将自己的观念、情感、经验融入图像的生产中去，从而使图像体现了社会权力和意识形态。在新闻图像真实性的背后，隐藏的是视觉符号语言逻辑和文化意义，新闻图像不仅隐藏着潜移默化的说服作用，也通常隐藏了传播者的说服意图。在新闻图像构建之时，也就是新闻图像有目的说服作用建构的开始，这种有目的的说服更容易对受众产生影响。实际上，上一章的"新闻图像视觉修辞"就是对新闻图像生产主观倾向性的一个集中探讨。新闻图像各个环节生产者的主观意图在源头上就预设了新闻图像的议程设置作用。

二、新闻媒体的图像投放

新闻图像视觉议程设置是媒体的投放所产生的效果。因此，媒体对图像的投放次数与频次也是影响议程设置的重要因素。新闻传播者常常将引人注目，尤其引起轰动效应的图像作为某事件"经典的镜头"不断播放。在 1999 年的"美国教堂枪击案"事件发生后，美国第七大电视台的新闻制作人在接受采访时承认，他们"剪辑了最精彩镜头"，然后"不断播放"①。这其实已经是电视台对重大新闻的图像处理的常用手段。从"9·11"事件、汶川大地震到日本"3·11"大地震，一些媒体机构都是这样做的，因此那些画面深深印在了观者的脑海中。另外，如果一些新闻图像被广泛转载，无疑增加图像的暴露次数与频次。这一切都能够使新闻图像对受众产生影响，所谓"三人成虎"效应。

三、观者的个人经验与性格

许多学者都进行了这方面的探讨。Gross & Aday 认为个人经验等因素也能间接产生议程设置功能。"那些人的个人经历或相关知识"在很多情况下影响了视觉议程设置②。观者的人口统计学因素，诸如性别、种族、年龄、教育情况也是间接影响议程设置的因素。一些心理学研究表明，男性和女性对同一幅图像的认知和解读有很大不同。例如，Barrett and Barrington 在 2005 年研究发现女性容易被积极图像影响，而男性则容易被消极图像感染 ③。一些研究也表明白人和黑人对媒体中的黑人图像反应也不同 ④。美国许多电视台的主持人都有黑人、许多广告画面都有黑人，在很大程度上就是为了使黑人对黑人有认同感。

---

① Miller, A, *A qualitative case study of the Wedgwood Baptist Church Shooting*, Texas Christian University, 2000, p.56.

② Gross, K., & Aday, S,"The scary world in your living room and neighborhood: Using local broadcast news, neighborhood crime rates, and personal experience to test agenda setting and cultivation", *Journal of Communication*, 2003, 53, pp.411–426.

③ Barrett, A. W., & Barrington, L. W,"Is a picture worth a thousand words? Newspaper photographs and voter evaluations of political candidates", *Harvard International Journal of Press/Politics*, 2005, 10, pp.98–113.

④ Fujioka, Y,"Black media images as a perceived threat to African American ethnic identity: Coping responses, perceived public perception, and attitudes towards affirmative action", *Journal of Broadcasting & Electronic Media*, 2005, 49, pp.450–467.

第三节 新闻图像议程设置作用发生机制

对于议程设置的作用机制，有的学者认为，"议程设置功能是一个线性的过程，由三部分组成：首先，媒体要讨论哪些事务是重要的，形成媒体议程；其次，媒体议程以某种方式影响了公众的思想，或者是与公众的思想进行互动，形成公众议程；最后，公众议程以某种方式影响决策者的思想，或者与决策者的思想进行互动，形成政策议程。理论家们用最为简单和直接的方式来表述这一理论：媒体议程影响了公众议程；公众议程又影响了政策议程。"[①] 图像作为新闻报道的一部分，也通过上述过程发挥作用。但是图像毕竟不同于文字，下面将基于新闻图像的自身特点来探讨其议程设置的作用机制。

美国学者 Shahira Fahmy 等在《9·11 发生后的视觉议程设置：个人情感、图像回忆以及对恐怖主义的关心》一文中探讨了视觉议程设置的"情感—回忆—议题关心"模式。他们集中研究了：(1) 一些"9·11"的攻击图像是否会不同程度地引起观众的悲伤、愤怒、震惊以及担心等情感，进而影响对图像的回忆；(2) 这些图像是否影响人们对恐怖主义的关心。前者，关注视觉图像对人们的情感状态是否有影响；后者，关注视觉图像是否有议程设置作用，即导致人们对恐怖主义的担心。另外，通过对人们情感的影响，"9·11"攻击的结果使人们对未来的恐怖主义攻击的担心产生间接影响。[②]Shahira Fahmy 等对"9·11"事件中个体情感导致对恐怖主义关心的研究，进一步证明了视觉图像的说服作用。在以上研究成果的基础上，本文从以下几个方面对新闻图像议程设置作用机制进行阐释，力图揭示新闻图像议程设置是怎样影响受众的态度和行为的。

---

① [美] 斯蒂芬·李特约翰：《人类传播理论》，史安斌译，清华大学出版社 2009 年版，第 371 页。

② Shahira Fahmy, Sooyoung Cho, and Wayne Wanta (eds.), "Visual Agenda-Setting after 9-11:Individuals' Emotions, Image Recall and Concern with Terrorism", *Visual Communication Quarterly*, 2006, 13, pp.3-15.

一、新闻图像对情感的激发

如果新闻图像对观者的情感产生影响，比如某事件的图像使观者产生了欣喜、愤怒、悲伤、仇恨等情感，观者就会对某事件有较深刻的印象或形成某种态度，也就产生了议程设置作用。一些学者探讨了媒体图像对观者的情感影响。Reeves 和 Nass 发现产生显著情感的媒介信息比不带情感的信息更容易被人们记住①。Sherr 发现，由于富含情感的图像能够提升观者的焦虑或悲伤程度，因而能够吸引观者注意，并使他们更容易被说服②。有些学者也从心理学上探讨了这种作用机制，比如，Aust, C. F. 和 Zillmann, D. 认为，观者感觉到同情，并不都是为那些遇难的人，而是因为他们设想他们自己就在灾难现场——是一种自私的同情。"这些图像反映了人们自身安全——人们扮演和回应了他们自己的安全和兴趣角色。"③一些研究表明，视觉信息加工与情感之间有密切关系。Severin and Tankard 指出这种铺垫（priming）过程可能会影响人们对信息加工方式的转变④。Fazio、Powell 和 Herr 也指出，暴露在图像信息之下的受众由于这种铺垫作用，有可能形成公共意见。⑤总体来看，图像强度和暴露度不同可能引起受众不同的情感以及信息加工反应，因而也会影响信息的储存和提取过程。

通过新闻图像对情感的激发，从而使观者关注某议题，甚至形成某种

---

① Byron Reeves & Clifford Nass, *The Media Equation: How People Treat Computers, Television, and New Media Like Real People and Places,* San Francisco: Cambridge University Press, 1996, pp.121-125.

② Sherr, S, "Visual representation and the prediction of emotion", Paper presented at Annual Conference of the International Communication Association, San Diego, CA, 2003, pp.90-102.

③ Aust, C. F. & Zillmann, D, "Effects of victim exemplification in television news on viewer perception of social issues", *Journalism & Mass Communication Quarterly*, 1996, 73, pp.787–803.

④ Severin, W. J., & Tankard, J. W, *Communication theories: Origins, methods and uses in the media*, 5th ed. New York: Longman, Press, 2001, pp.167-188.

⑤ Fazio, R. H., Powell, M. C., & Herr, P. M, "Toward a process model of the attitude behavior relation: Accessing one's attitude upon mere observation of the attitude object", *Journal of Personality and Social Psychology*, 1983, 44, pp.723–735.

新闻图像

↓

情感激发

↓

议题关注或
形成某种态度

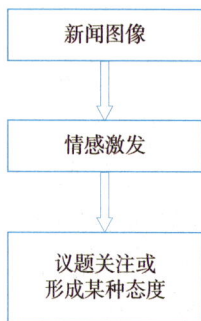

图5—1 新闻图像议
程设置的作用机制

倾向性的态度，这样就得出新闻图像议程设置的第一个作用机制，即新闻图像—情感激发—对议题关注或形成某种态度，见图5—1。比如汶川地震的新闻图像激发起人们的同情、震惊、恐惧等情感，使人们对汶川灾区人民产生了极大关注，并心甘情愿地捐款、冒着生命危险去做志愿者。同时，也使人们更加关注地震灾害，在进行灾后重建时，也更加考虑地震因素。这就是新闻图像议程设置的一个作用机制过程。

二、图像对新闻报道的回忆作用

考察图像是否起到议程设置作用，总体指导思想应该是把图像作用从新闻报道作用中剥离出来，这样才能公正地探讨图像所起的作用。实际上，严格地把图像和新闻文字报道对观者产生的影响区分开来，或者说把它们的作用分得一清二楚是不可能的，也只能做一种粗略的考察。一种剥离的办法是考察图像是否对观者回忆起新闻内容有所帮助。也就是说，如果提及某新闻事件，观者能够回想起新闻图像来，那么也就反过来证明了图像对观者的记忆起了作用，也就有可能起了议程设置作用，或说是说服作用。

然而，图像对于新闻报道回忆的作用，学者的研究意见并不统一。有的学者认为，图像能够加强对新闻信息的记忆，尤其图像与新闻内容叙事相符时更是如此。Berry 的研究表明在唤起记忆的诸项因素中就包括视觉图像[1]。Graber 也发现图像加强了观众对新闻报道的回忆，尤其是那些带有不寻常场景和人物的个性化图像更是如此[2]。Newhagen 和 Reeves 发现富有情感的电视新闻图像对观众记忆有影响[3]。Perlmutter 发现一些图片能

---

[1] Berry, C, "Learning from television news: A critique of the research", *Journal of Broadcasting*, 1983, 27, pp.359–370.

[2] Bower, G, "Affect and cognition", *Philosophical Transactions of the Royal Society of London* (*Series B*), 1983, 302, pp.387–402.

[3] Newhagen, J. E., & Reeves, B, "The evening's bad news: Effects of compelling negative television news images on memory", *Journal of Communication*, 1992, 42(2), pp.25–41.

够成为某些事件具有代表性的符号，受众通过几张这样关键性的图像（符号）就能够回忆起事件来①。确实，一提起开国大典，人们一般首先会想起毛泽东站在天安门城楼上宣告"中华人民共和国中央人民政府成立"的情景。尽管这些学者认为图像有利于对新闻信息的回忆，但另一些学者却认为视觉图像有时会加强记忆，不利于回忆。Gunter 认为，只有图像和语言信息内容相关时才能提高记忆，否则将会使人注意力分散而起到干扰作用②。也有研究认为在新闻报道中有无图像对观众没什么影响。比如，Hazard 认为，在新闻报道中插入图像对观众领会内容没什么影响③。看来，学者对图像在新闻报道中的作用有很大的分歧。但正如 Reeves，Lang，Kim 和 Tatar 分析的那样，许多研究不具有可比性，因为他们检验的视觉内容不同④。上述研究，即图像在新闻报道中起作用、不起作用以及起反作用的研究，都是在一定条件下得出的结论。例如，图像与报道的内容是否相关、图像处理是否得当，等等。关于图像有利于唤起记忆的机制问题，Lang 的观点比较中肯，他认为由于图像和语言在回忆新闻内容时共同作用，当其中一个不起作用时，另一个却可能会起作用，这样就加大了回忆起新闻内容的可能性⑤。这就好比孩子爬行时手脚并用，如果用得不好，手有时会阻碍脚，脚也会阻碍手，但是手脚一旦协调起来，就会爬得快、爬得稳。图像和新闻文字之间的关系也是这样，如果图像和文字报道相得益彰，即人们常说的"图文并茂"，这样的图像能够有助于观者的理解和记忆。

通过图像对于新闻报道回忆的作用可以得到新闻图像议程设置另一个

---

① Perlmutter, D, *Photojournalism and foreign policy: Framing icons of outrage in international crisis*, Westport, CT: Greenwood, 1998, pp.101-105.

② Gunter, B,"Remembering news effects of picture content", *The Journal of General Psychology*, 1980, 102, pp.127–133.

③ Hazard, W. R.,"On the impact of television's pictured news", *Journal of Broadcasting*, 1962, 7, pp.43–52.

④ Reeves, B., Lang, A., Kim, & E. Y（eds.），"The effects of screen size and message content on attention and arousal"，*Media Psychology*, 1999, 1, pp.49–67.

⑤ Lang, A,"Defining audio/video redundancy from a limited-capacity information processing perspective", *Communication Research*, 1995, 22（1）, pp.86–115.

作用机制，当下的情感反应将会影响人们的视觉回忆，人们的视觉回忆和情感反应进而影响对某议题的关注或形成某种态度，即"新闻图像——情感激发——图像回忆——议题显著"。这个作用机制与前一个相比，更侧重对受众长期议程设置作用的分析，如图5—2所示。

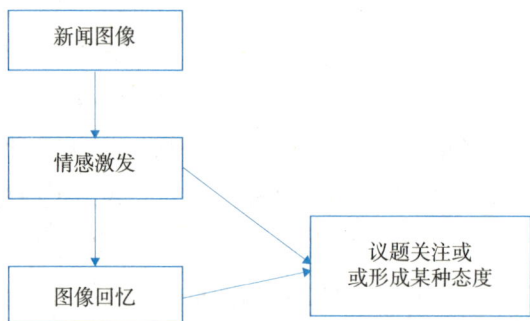

图5—2　新闻图像议程设置的作用机制

在新闻图像传播中，新闻图像常常与文字报道一起出现，至少都有对图像的文字说明。因此，新闻图像的议程设置的作用机制比上述两个模式要复杂一些，我们在基于 Shahira Fahmy 视觉议程设置的"情感—回忆—议题关心"模式基础上可以得到一个更为全面、系统的新闻报道（含图）的议程设置作用模式，如图5—3所示。由于篇幅所限及图示清晰易懂原因，这里不再进行赘述。

三、视觉说服机制 ACTS 模式的阐释

上述论及的是新闻传播学范畴的新闻图像议程设置作用机制，如果我们将视野再放大一下，结合视觉形式本身来看，它又符合我们在前面所论述的新闻图像视觉说服机制 ACTS 模式。这个模式进一步细化了上述"新闻图像——情感激发——对议题关注或形成某种态度"以及"新闻图像——情感激发——图像回忆——议题显著"这两个模式。展开一点来说，首先是新闻图像吸引了受众的注意（Attention），然后视觉形式引领受众的目光到达图像想展示给受众的内容（Content），这些视觉形式的引领实际是摄影师在拍摄过程中通过角度、焦距、光线等手段形成的。这样不仅将受众的目光引领到了图像的内容，还进一步展示图像真正想告诉受众的东

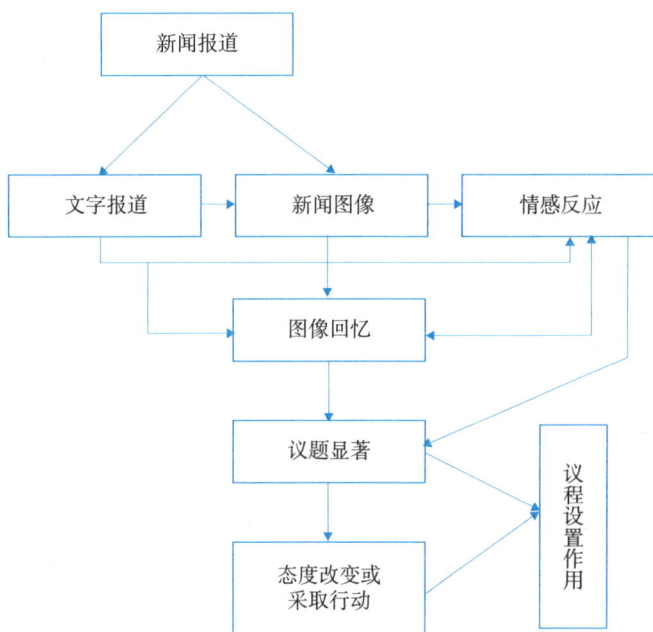

图 5—3　新闻报道的议程设置作用模式

西，我们称之为主题（Theme）。实际上，这也是我们前面在"新闻图像基本性质"部分论述过的从直接指示到间接指示以及外在意义指示的过程。这些图像和受众的联想、情绪等最后还会在受众的头脑中积淀为具有特定意义和情感的符号（Symbolic）。在条件适当的时候，这个符号就会自然在受众的头脑中浮现出来，比如我们一听"恐怖袭击"这样的字眼，很可能脑海里就浮现出美国"9·11"事件的画面，因此该画面也就再次发挥了议程设置作用。因为前面已经比较详细地阐释过，这里只稍微提一下，不再展开。

第六章

新闻图像框架

图6—1　女孩与爷爷住公厕，笑容灿烂

前面说过，为了系统剖析新闻图像在现代传播中的说服作用，故将其放在传播活动中去探讨，即从新闻图像文本、生产者（传播者）和接受者（观者）三个方面进行论述。本章围绕生产者（传播者），结合图像文本和接受者来探讨新闻图像的视觉说服作用，即主要论述传播者运用框架方法建构、传播新闻图像，进而影响观者对议题的关注，或形成某种态度，产生说服效果。

先从一篇搜狐网的新闻报道——《女孩与爷爷住公厕，笑容灿烂爆红网络》[1]谈起。看到这篇报道的时候，我正在加州州立大学访学，那时经常光顾搜狐门户

---

① http://news.sohu.com/20110422/n306247527.shtml.

116

网，它是我了解国内新闻的一个重要渠道。2011 年 4 月 22 日，我看到了这篇报道和图片（图 6—1），小女孩的笑容确实如加州阳光一样灿烂，很具有感染力。刚开始看见这个题目的时候，心情很沉重。看见标题中的一些关键词：孩子、爷爷、厕所，马上让我联想起污水横流、苍蝇漫天飞、臭气熏天，老人和孩子怎么能住在那个地方？慢慢看下去，才知道原来这个公厕就在我出国访学前所在学校食堂附近街边。那时我上下班经常路过它，去食堂吃饭也能看见它，顿时心里宽慰了不少。那确实是一个公厕，但建得非常漂亮，不知道的人还以为是栋建在路边的别墅。我曾和人开玩笑说："我这辈子能住上这样的厕所就好了！"玩笑归玩笑，厕所再漂亮，也没人愿意住。但这个厕所总比网友们心目中的厕所不知要好多少倍，看了这个公厕的全貌，大部分网友也许和我一样，心里多少能宽慰一些。这里想说的是，拍摄者只拍了公厕的一部分，确切说就是男女卫生间之间的小屋——爷俩房间的一部分，空间很拥挤，设施很破旧，让人看了心酸。这个照片很真实，在网上风传，让无数的网友揪心、感叹，包括我；但是另一方面，如果拍摄者把整个公厕的全貌拍摄下来——一个别墅式建筑

图 6—2　公厕的全貌

（图6—2），人们的心情是否会轻松一些呢？这就涉及了新闻图像的选景问题等，再大一点说也就涉及了新闻图像的框架问题。

第一节　新闻框架理论概述

一、新闻框架理论起源及其含义

框架理论来源于心理学和社会学。认知心理层面的研究方法从个人层面分析入手，认为框架是个体处理和建构信息的方法。这种心理层面的研究主要来自舍瑞夫（Sherif）的参照框架理论（frames of reference）以及凯尼曼（Kahneman）和特威尔斯基（Tversky）的预期理论（prospect theory）。舍瑞夫假定个体的判断和认知不仅受到认知或心理因素的影响，而且是发生在一个恰当的参照框架下的。这里的参照框架指的是一套控制感性认识、逻辑评价或社会行为的标准、信仰或假设。凯尼曼和特威尔斯基考察了本质相同的一组信息以不同的方式表达或呈现，将会影响人们的选择和他们对选择的评价，即所谓的"框架效应"——同一组资讯经由不同的表达导致不同的决策选择，这种框架效应是其预期理论所预测的现象之一。预期理论的基本原理是，人们采用不同的认知框架来体验现实（表现为价值函数，即对回报预期的心理感受），并根据这种框架采取行动（即作出选择），从而建构出特定的现实（即选择的后果）。人们在考察某一具体问题时，可能会超越某一框架，或采取不同的框架对现实作出不同的选择①。

社会学领域的框架思想主要源自社会学家欧文·戈夫曼（Erving Goffman，1922—1982）《框架分析》（1974）一书。在《框架分析》一书中，戈夫曼将框架定义为人们用来认识和解释社会生活经验的一种认知结构，它"能够使它的使用者定位、感知、确定和命名那些看似无穷多的具体事实"。"我们对我们生活的经验积极进行分类并组织起来以便弄清楚

---

① 高芳：《简析框架理论》，《青年记者》2006年第6期。

它们的意义"。① 作为符号互动论的学者，戈夫曼提出框架概念，其目的在于说明个人如何依据一套规则来管理自己的社会生活经验。社会事件混乱无序，个人总是寻求确定性，将混乱变得有序，将复杂变得简单。框架就是个人将社会生活经验转变为主观认知时所依据的一套规则。同时，戈夫曼又提出，框架源自过去的经验，其形成受到了社会和文化的影响。所以，不同个人对某种社会生活经验的理解存在着差异。日常生活中，总是存在着多种框架在相互竞争，争取成为对社会经验的最高、最合理解释。简而言之，框架并非是静止的，而是处于永不停止的变动之中②。大众传播学理论的领军人物之一 James Tankard 发展了戈夫曼的概念，提出了更明确的定义：框架就是"组织新闻内容的中心思想，通过使用选择、强调、排除以及细化的方法为一个议题提供语境并暗示出它的本质"③。

潘忠党教授对戈夫曼的思想进行了深入分析，他认为戈夫曼的"框架分析"就是一个关于人们在建构社会现实过程中如何交往的研究领域，包含以下几个观点：第一，社会现实是人们经过社会行动和互动而建构的。架构分析是对人们如何建构社会现实——裁选和诠释现实生活的某一部分，将之置于某特定意义体系内的分析。第二，社会现实的建构源自建立共同生活场景的需要，通过交往互动发生，并在此过程中实现社会现实的主体间性（intersubjectivity，即由相互主观而构成的外在性）。架构分析考察的是人们如何遵循话语或叙事建构的某些具体规则展开交往行动，从而实现在具体行动场景下对情景的共同定义。第三，发生在现实的政治经济场景中，这种建构现实的话语或叙事活动表现为话语的争斗（discursive contestation），即讨论和争辩。架构分析必须考察争斗的过程，并在规范和经验两个层面同时展开。第四，在公共领域发生的话语争斗，亦即架构的过程，是民主社会中人们公共生活的核心组成部

① E. Goffman, *Framing Analysis: An essay on the organization of experience,* New York: Harper & Row, 1974, p.21.

② 陈阳：《框架分析：一个亟待澄清的理论概念》，《国际新闻界》2007 年第 4 期。

③ Em Griffin, *A first Look at Communication Theory*, New York: McGraw-Hill Higher Education, 2000, p.371.

分。架构分析就是考察人民如何展开公共生活，它是在广义的政治传播研究领域研究商议民主的一种重要分析手段。可见，潘忠党是基于社会建构主义的基本思路，以政治经济学的视角，结合现代社会公共生活、商议民主等观念考察架构分析，认为架构是这样一个过程：在社会交往中，人们通过话语的途径，形成并交流对现象的认知，建构共享的话语环境（discursive environment），使得公共生活得以展开。[①] 我国有学者将之翻译成"架构"或"框架架构"，强调"框架"的建构属性，动态考察人们用来认知世界的这一机制的形成过程。"框架"的这两层涵义表现在英文文献中就是 frame 和 framing 两个词的区别。这两个层次都是框架分析下的内容。

显然，无论是界限还是架构，两者都暗示"框架"的一个基本特征，即取舍性。一方面，框架是人们将社会生活经验转变为主观认知时所依据的一套规则，而个人社会生活经验永远是有限的、主观的，这决定了在心理认知上人们构建"框架"的过程中是有选择的，框架内包含的东西是经过筛选保留下来的。吉特林就认为框架作为规则，实际上就是"有关存在什么、发生什么及有什么意义这些问题上进行选择、强调和表达的原则"。另一方面，如戈夫曼的观点，"人们通过已有的认知结构，从一套框架转到另一套框架来构建社会真实"，在不同的情境下，个人会依据需要选择不同的框架来判断形势、作出选择和解决问题[②]。

二、新闻框架的作用

美国学者 Hertog 和 McLeod 对 2001 年 1 月至 2004 年 5 月六种一流英文传播学期刊所发表文章的内容分析发现，在这些学术刊物上，最值得注意、增量最高的研究就是关于框架理论的研究，从而证明了框架分析研究已经成为社会科学的显学[③]。研究者认为有两种框架——媒介框架和受众框架。媒介框架对个体受众框架产生影响，受众框架是媒介框架设置过

---

① 高芳：《简析框架理论》，《青年记者》2008 年第 6 期。

② 段善策：《作为新闻的框架：从贝特森到梵·迪克》，《东南传播》2010 年第 7 期。

③ J. Bryant & D, "Miron.Theory and Researchin Mass Communication", *Journal of Communication*, 2004, 54（3）, pp.662-704.

程中的产物①。实际上，受众框架也不仅仅受媒体的影响，它也受到社会文化、价值观念、组织内部文化、意见领袖等的影响，不过媒介的影响还是非常大的，往往能建构起一种公共舆论，形成一种社会文化，使置身其中的受众受到影响。总体来说，媒介的框架理论作为一种方法，它在描述、理解和评价媒介信息，形成受众对于议题的理解以及确定大众传媒话语本质的影响因素等方面发挥了重要作用。

1983 年 9 月 1 日，前苏联曾击落韩国航空公司一架飞机，导致 296 人丧生；1988 年 7 月 3 日，美国也曾击落一架伊朗客机，使 290 人遇难。恩特曼（Entman）对这两个事故的美国新闻报道做了框架分析，结果发现两者的框架有很大不同。美国媒体对前一事故的报道称在道义上令人愤慨，而忽略了苏联军队花了两个多小时的时间避免惨案的发生，甚至是在这架飞机闯入其最敏感的军事设施领域内；与此相反，对后一事故的报道则强调技术的失败，而忽略美国海军在几分钟内就决定是否将其击落，根本没有试图去确证那架飞机是否有敌意的事实。正如恩特曼所论述的，媒体通过突出某一方面、削弱其他方面来构架新闻，从而起到将读者的注意力导向被突出部分的作用②。

有学者指出在科索沃危机的报道中，中美两国的媒体对战争的立场与各自的政府保持一致。美国媒体宣称，南联盟杀害了成百上千的阿族人，并使他们无家可归，因此发动科索沃战争是为了避免人道主义灾难。美国媒体强调种族灭绝的惨剧，谴责米洛舍维奇的野蛮行径。而中国的媒体则坚信，是以美国为首的北约发动的战争制造了南斯拉夫的人道主义灾难，因为空袭使成千上万人流离失所。因此，中美两国媒体关于科索沃危机报道的新闻构架是完全不同的。美国媒体的新闻报道将北约的空袭构建为避免人道主义灾难的正义之举；中国媒体的新闻构架则是：北约制造不幸，勇敢的南斯拉夫人民顽强面对西方武力的入

---

① Entman, R. M, "Framing: Towards clarification of a fractured paradigm", *Journal of Communication,* 1993, 43（4）, pp.51-58.

② Entman, R, "M.Framing U.S. coverage of international news: Contrasts in narratives of the KAL and Iran air incidents", *Journal of Communication,* 1991, 41（4）, pp.6-27.

侵。①

新闻框架的作用是通过建构社会真实而实现。"根据这个理论，信息最终导致其作为现实而被接受。新闻媒介在这种建构中的作用极其重要，因为大部分所关心事件的社会真实性建构是通过媒介体验到的，而不是自己亲身体验的。新闻媒体对社会积极建构的是媒介的真实，而绝不是客观的真实。"② 因此，新闻媒介对社会事件的真实性建构过程，不可避免地加入主观因素，在某种程度上，可以说，新闻框架就是一个说服的过程。

框架的中心思想是指大众传媒在对受众进行传播时选择、强调以及再现某些信息，而不是展现全部信息。这样，在大众传媒信息加工过程中就形成了框架——包括一些信息，同时排除一些信息。③ 综上所述，我们可以发现，新闻报道的框架是指报道的既定基调以及所采取的一系列陈述方法，其作用就是建构起媒介的真实。

三、框架理论与属性议程设置

论述框架理论的功能，应该将其与议程设置理论，尤其是议程设置第二层次（属性议程设置）理论对比来看。"框架理论"或"构建"（framing）也被一些学者称为"议题属性设置"（attribute agenda-setting）或"第二层次议程设置"（second level agenda-setting）。麦库姆斯和肖等一些研究者认为议程设置效果和"框架"效果谈论的是同一种现象，把"培养"效果和"构建"效果看作是议程设置效果的自然延伸。他们认为与其提出"构建"这个词，还不如称之为"议题属性设置"或"第二层次议程设置"。然而一些学者对此并不认同。

学者对议程设置第二层次和框架理论的区别与联系已经提出了许多看法，其中不乏真知灼见，如有的学者指出"框架理论的研究焦点是大众传

① Miao Fenga, Paul R. Brewerbc & Barbara L. Leybc, "Framing the Chinese baby formula scandal: a comparative analysis of US and Chinese news coverage", *Asian Journal of Communication,* 2012, 22 (3), p.253.

② Adoni, H. & Mane, S, "Media and the social construction of reality: Toward anintegration of theory and research", *Communication Research*, 1984, 11 (3), pp.323-340.

③ Eko, L, *Framing and framing effects*, Iowa:Iowa State University Press, 1999, pp.276-288.

媒的内容或话语，其主要关注媒介如何通过语言、符号、声音、图像的选择、凸显、排除等信息组合和表现方式来暗示议题，这是一个复杂的、动态的过程，这是框架理论研究的焦点所在。因此，更准确而言，它是一种媒介话语理论。第二层议程设置理论主要研究的是大众媒介的议程和受众议程之间的关系，虽然它更强调议程属性对受众的影响，但是归根结底其研究焦点是媒介对于受众的影响，因此它是一种适度效果理论。"① 实际上，这两个理论现在是你中有我，我中有你。总体来说，议程设置理论侧重探讨大众传媒对公共舆论影响效果的分析；而框架理论则侧重探讨大众传媒如何对公众进行影响，具有鲜明的社会构建主义色彩。如果说在议程设置理论中，框架还是在幕后，是对事发结果进行的一种分析，那么在框架理论中，框架则被推到了前台，有明显的主观运作因素在其中。比如一辆轿车，我们发现它能够行驶，属性议程设置是把车拆了，弄明白各个部分的协作、能够行驶的原理；而框架理论则是侧重考虑如何建造、组装一辆车而使其行驶。本文就是在这个意义上运用议程设置理论和框架理论的，即主要运用前者探讨新闻图像影响公众的因素以及其客观作用机制；运用后者主要为了探讨新闻图像影响公共舆论的方法和主观作用机制。我们这里运用框架理论，是因为它有助于进一步显示新闻报道是如何通过图像来达到说服目的的。

第二节　新闻图像框架的架构方法

视觉的框架作用早已引起学者的关注。甘斯（Gans）认为，"媒体框架是认识、阐释、陈述的一种持久稳固的方式，也是挑选、强调和剔除的依据，通过框架，符号操作者只需例行公事式地组织话语，无论是语言的还是视觉的。"② 新闻图像也是新闻框架的重要因素，比如在新闻报道的众

① 朱一：《聚合还是分流——多元视角下框架理论和第二层议程设置》，《消费导刊》2009年第 7 期。

② Gans. H, Deciding what's news, New York: Harper and Row, 1979, p.7.

多要素中，需不需要图像出现？哪些图像出现？哪些图像的图幅、位置等要素需要加以突出等？这些都属于新闻图像的框架问题。

一、新闻图像框架的重要性

新闻照片和摄像，不像文字报道那样可以随意曲解，另外图像也不需要多少知识就能看懂。在人们对新闻真实性产生质疑的媒体塑造社会真实的时代，人们更趋向于用自己的眼睛来识别新闻，新闻图像就为人们提供了一种比较保险的途径。也有学者进一步指出视觉框架的重要意义，"（与框架分析法相比）内容分析法不能充分展示语言和视觉讯息的微妙和细微差别。只有贴近地、挑剔地逐一考察语言和视觉文本，才能使微妙、隐蔽的讯息一目了然"。①"当新闻文字报道框架和视觉框架发生冲突的时候，常常是视觉框架赢"。② 这不仅是因为图像接近事实，而是更接近真实，因为图像有产生强烈情感和当下经验的能力。从历史角度来看，图像的出现也先于语言文字。另外，图像有高度吸引注意力的作用。人们在读报纸新闻、浏览网页新闻、看电视新闻时，往往最先关注图像，在观看图像的同时，就对图像进行了加工、理解，进而对具体新闻报道建构了初步框架，而在接下来阅读文字报道的时候，很可能就根据其头脑中已经形成的框架来修改新闻报道的框架。难怪有的学者惊呼："（图像）不仅能够模糊议题，更具有压倒一切事实的力量。"③ 在互联网异常发达的今天，图像更是铺天盖地，也往往产生更大的社会影响。在浙江"钱文会事件"中，由于网上上传了车祸现场的悲惨照片，并说是被几个人强行按在车下碾压而死，在社会引起了轩然大波④，最后警方说发现了钱文会的袖珍录像机，通过录像，证明是一次普通交通事故，这次事件最终逐渐平息。应该说，这次事件的平息，那个录像起到了至关重要的作用，尽管

---

① Abhik, R, "*Marion Barry's road to redemption:A textual analysis of ABC's news story aired on 14 September 1994*", *Howard Journal of Communications,* 1995, pp.317-325.

② Lulu Rodriguez,"The levels of visual framing", *Journal of Visual Literacy,* 2011, 30, p.50.

③ Wischmann, L,"Dying on the front page: Kent State and the Pulitzer Prize", *Journal of Mass Media Ethics*, 1987, 2, p.7.

④ http://v.ifeng.com/society/201101/8cbc01cd-a099-40cc-8d45-f927bfba8013.shtml.

这个录像并没有公布。可见，视觉框架及其效果研究非常重要。

二、新闻图像常见的架构方法

尽管框架理论应用于文本的探讨很多，但对于图像单独或与文本一起所建构的框架的探讨并不多见。实际上，新闻图像在拍摄过程中就具有形成框架的潜质，也有主观人为痕迹，或者说摄影（像）师就在某种程度上为受众解读报道设置了框架。从新闻传播实际情况来看，在新闻图像的刊出、播出过程中，也存在许多主观操作的框架空间。新闻图像的框架可以体现在各个层面上：可以体现在一篇报道的图像中；可以体现在某一事件的连续报道的图像中，比如关于战争的报道，会有很多图像，选择展示其军事优势还是群众对军事干预的支持等；也可以体现在媒体一段时间刊载哪些题材的图像，是农业的、教育的还是军事的等等。下面将探讨一些常见的新闻图像框架架构方法。

（一）新闻图像的取舍

任何一篇新闻报道都可以有很多张图片或几段视频，最终选择哪一（些）图片或视频就存在框架架构问题。摄影师和编辑所选择的图像反映了他们对新闻事件的看法以及想让受众着重知道的事情。对战争最生动的报道莫过于图像，包括照片、视频、模拟图、地图等，对图像的拍摄、选用、传播能够构建起大众传媒框架，显著影响社会舆论，争夺国际话语权，为各国所重视。美国政府在战争报道中非常擅长运用新闻图像框架取得良好的传播效果。在 1991 年的海湾战争中，大量的视觉报道都是关于军事设施、军队、平民及军队领导人的；在 2003 年的伊拉克战争中依然重复这些内容，并且出动了 150 名军事摄影记者，每天加工处理 600—800 张照片和编辑 25—50 个视频剪辑。[1]美国媒体这样运用图像，无疑突出了其军事力量，对敌方甚至世界都产生震慑作用。与之形成鲜明对照的是，对伊拉克、美国和英国伤亡情况的照片、对炸弹对伊拉克平民家园和基础设施的破坏，以及从伊拉克视角来看这次战争的

---

[1]　Hiebert, R. E.,"Public relations and propaganda in framing the Iraq War: A preliminary review", *Public Relations Review,* 2003, 29, pp.243-255.

照片也非常少见①。这样就可以使人们忽略战争所造成巨大的生命、财产损失。

(二) 新闻图像的细部展示

新闻图像的细部展示也能体现传播者的框架，对受众产生定向说服作用。搜狐网有篇报道"云南旱情持续加重242万人饮水困难"②并配发了一张图片（图6—3）。图片显示大地（实为坝塘）干裂成一块块巨大的豆腐块，看了让人触目惊心。图片使用了特写镜头形式，突出了巨大裂缝这个细节。传播者通过图片旨在建构起这样的框架：云南旱情特别

图6—3　云南旱情加重，土地干裂

---

① Griffin, M, "Picturing America's 'war on terrorism' in Afghanistan and Iraq: Photographic-motifs as news frames", *Journalism,* 2004, 5, p.397.

② http://news.sohu.com/20120226/n335893831.shtml.

严重。

(三) 主题系列图像框架法

新闻图像全篇的基调框架就是围绕一个统一的主题，选用两张或两个镜头以上的图像的架构方法，我们可以称之为系列图像。由于系列图像展示的内容多，而且是围绕一个主题的，能够使受众更容易理解和接受新闻信息，从而使受众的态度和行为受到影响。在互联网广泛应用的今天，由于网络新闻报道不再那么受版面空间限制，系列图像被应用得很普遍。比如搜狐网主页有篇报道"云南干旱致超 600 万人受灾，村民为节水卖掉牲畜"[1]。在这篇报道中，就选用一头水牛在烂泥塘中洗澡、一位老人在几乎干涸的沟渠中取水、一棵因干旱而死亡的老柿子树、山间的一片因为缺水被农民放弃的梯田等几幅图像。这样，通过水塘干涸、饮水困难、树木枯死、梯田废弃这几个图像架构起了云南干旱特别严重这个框架。2011 年 5 月 11 日，在四川汶川大地震三周年来临前，《新华网》刊载了"与灾区人民在一起，中央政治局九位常委的'汶川足迹'"的新闻报道。[2] 该报道荟萃了汶川地震发生以来，中央九位常委到汶川指导抗震救灾、看望受灾群众、指导重建的 28 幅图片，集中再现了国家领导人对灾区人民的关心。这也是一个典型的主题系列框架。

新闻图像全篇的基调框架可以通过图像的节奏表现出来。在日本发生"3·11"大地震后，中国向日本派遣了国际救援队，搜狐对救援队抵达日本后的情况做了一个报道。报道围绕中国国际救援队抵达日本后的活动展开，其中所运用的一组图片，[3] 集中表现了中国救援队的高效率。这篇的 4 张图片，都具有很强的动势：第一、第二张握手，我们知道，一般都是见面或道别才握手，展现一种瞬间动作，给人一种紧迫感；第三张让人感觉救援队在列队准备出发。第四张在电梯处于行进状态，由高向底形成强烈的视觉冲击力，同时也表明中国国际救援队即将赶赴灾区进行救援。这一系列图片所具有的视觉形式动势以及凭借常识对图像的理解形成了强烈的节奏感，构成了这篇报道的主题和基调，从而为读者构建起中国国际救援

---

① http://news.sohu.com/20120219/n335170831.shtml.

② http://news.xinhuanet.com/politics/2011-05/11/c_121398105.htm.

③ http://news.sohu.com/20110313/n279798059.shtml.

图6—4　东京，2011年3月13日，中国国际救援队抵达日本东京羽田机场，中国驻日本大使程永华（右）与救援队领队尹志辉握手

图6—5　日本外务省副大臣伴野丰（中）同救援队领队尹志辉握手　新华社记者　冯武勇　摄

图6—6　日本外务省副大臣伴野丰（左一）向救援队致意

图6—7　中国国际救援队将乘日本自卫队直升机赶往东北沿海重灾区，实施人道主义救援　新华社记者　冯武勇　摄

图6—8　地方官 Jeff Cogen 向小女孩母女道歉

队工作的高效率形象。

上述一些报道主题比较清晰，新闻图像的框架作用，或说主观倾向还不是特别明显。对于一些主题复杂的事件，主题鲜明的系列图像作用也就越发明显。2010年8月5日，美国《俄勒冈州生活报》报道了"柠檬摊被暂缓取消：俄勒冈州蒙诺玛郡地方官道歉"[①]。事情背景是这样的：一位7岁的俄勒冈州女孩不久前在一个地方集市上售卖柠檬水，但因为没有卫生执照，被地方卫生管理员要求将售卖柠檬水摊关闭。这一事件被媒体报道后，引起人们的广泛争议，有人认为卫生管理员做得对，对食品应该严格管理；也有人认为政府管的事情太多，孩子卖柠檬水是孩子挣点零花钱的行为，也是美国历史传统，不应该办理卫生执照（120美元），不应该被取缔。当地地方官 Jeff Cogen 亲自向这名女孩的母亲道歉，并要求卫生管理机构在执行相关法律时备加谨慎，鼓励而非阻碍公民创业。在这篇报道中选用了两张照片：一是地方官 Jeff Cogen 带着真诚、友善笑容的照片（图6—8）；二是小女孩和她的妈妈得到地方官员的道歉，小女孩偎依在妈妈身上撒娇，妈妈则幸福地看着孩子的照片（图6—9）。这两张照片通过"微笑"架构起了全篇的基调——快乐。本来这一事件对当地政府卫生执法部门不利，对政府形象不好。但是，Jeff Cogen 真诚、友善、歉意的微笑消除掉了不满者一半的怒气，再

---

① http://www.oregonlive.com/portland/index.ssf/2010/08/lemonade_stands_get_reprieve_m.html.

加上小女孩幸福的模样，不仅最终能够使对政府不满的读者消气，而且还能使读者感受到一种温馨，这就是新闻图像框架的魅力所在。值得指出的是，这篇报道的两幅图片的使用，不仅是整体基调一致，而且是与上述"细部展示"框架的综合运用，这两幅图像既把人物笑容这一细节恰到好处地展示出来，又定了整篇报道的温馨、快乐的基调。

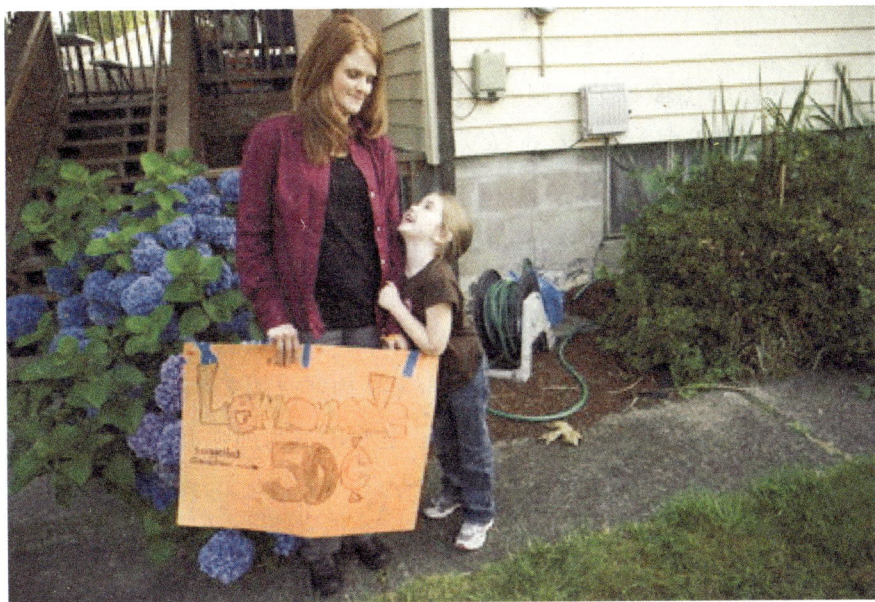

图6—9　小女孩偎依在妈妈身上撒娇

（四）新闻图像的连续框架

新闻图像框架也不是一成不变的，而是随着传播者以及事态的进展而做相应改变。《美国领导的伊拉克侵略战争前几周的视觉框架：主导战争叙事在电子和印刷媒体上的运用》一文的作者从美国主流媒体——网络电视和有线电视新闻、网络、报纸和杂志的新闻报道中，选取了与2003年伊拉克战争相关的照片1882张，论证了美国媒体采用大量战争图像支撑了美国"控制战争叙事（Master War Narrative）"策略——美国为进行战争的道义需要并且扮演全球英雄角色而进行的舆论宣传。在伊拉克战争最开始的时候，媒体刊(播)出的图像内容主要是关于美国军事实力和政治、军事领导人，侧重于建构美国技术和军事优势方面的框架；当战争进程从入侵到占领后，媒体的框架也随之由冲突转变为人类兴趣，新闻图像主要是关于震慑、征服的军队、英雄、胜利以及控制内容，这些视觉框架反映了美国政府倡导的爱国主义视角①。这些框架的建立，一方面配合了美国的心理恐吓政策；另一方面美化美国入侵战争为正义战争，维护其世界宪兵——英雄的形象，同时避免更多的舆论谴责。

三、新闻图像框架使用的原因

在新闻报道中，为什么选择这（些）张图像，而不选择那（些）张图像，即新闻图像的框选（frame）问题，也就是新闻图像框选的背后原因或根据是什么？我们在 Entman 给框架所下的定义中可见一斑："框架是选择已知事实的一些方面，使它们在传播文本中更为突出，以这种方式可以为具体事件定性、阐释因果关系、进行道德评价以及提出建议。"② 对 Entman 来说，框架就是选择某些内容或某事件的某一（些）方面并使其显著。新闻图像的框选也是上述目的或为加强上述目的而进行的操作。

四、自然灾难性事件报道的图像框架

一些议题，如选举、自然灾害、车祸等常常重复发生，大众传媒也常常对这些议题建构起类似的视觉框架，这里对灾难性事件报道的图像框架进行简要介绍，以便我们更好地了解视觉框架的作用及运用。Porismita Borah 在《报纸视觉框架比较：卡特里娜飓风对日本海啸》（*Comparing Visual Framing in Newspapers*：*Hurricane Katrina Versus Tsunami*）一文中归纳了媒体关于四种显著的自然灾害视觉框架：损失与获救（loss vs gain）、

---

① Carol B. Schwalbe（eds.），"Visual Framing of the Early Weeks of the U.S.-Led Invasion of Iraq: Applying the Master War Narrative to Electronic and Print Images", *Journal of Broadcasting & Electronic Media*, 2008, 9, pp.448-465.

② Entman, R. M,"Framing: Toward Clarification of a Fractured Paradigm", *Journal of Communication,* 1993, 43（4）, p. 52.

实际情况（pragmatic）、人情味（human-interest）以及政治（political）①。

（一）损失与获救框架：这是一个自然灾害报道最常用的视觉框架。它是指在自然灾害报道中生命损失和幸存者、获救者的视觉图像。生命损失视觉框架主要包括伤者、逝者的图像；获救框架主要包括灾难中的幸存者以及正在开展的救援活动。

（二）实际情况框架：它主要包括真实的灾难现场图像，如摧毁的家园、损坏的建筑物、被洪水淹没的城市等一切被灾害破坏的情景。

（三）人情味框架：这个框架主要包括灾难中悲痛欲绝的人们、受灾难煎熬人们的图像。

（四）政治框架：主要指政治人物视察灾害现场的新闻图像。在2005年美国遭受卡特里娜飓风重创后，人们抱怨政府没有及时疏散民众以及救援不利；由于死亡人数不断上升以及那些被洪水困在屋顶上的人们的无助和对政府表示愤慨。而在灾难发生一周内，美国大报《纽约时报》和《华盛顿邮报》并没有刊载任何美国总统和其他官员视察灾区的照片，如果这时能刊载一些他们视察灾区的照片，将有可能给灾民

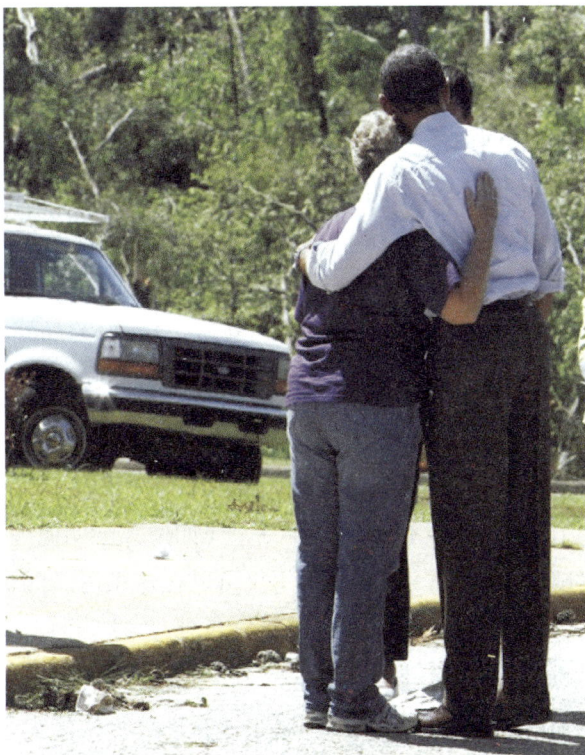

图6—10　奥巴马在亚拉巴马州视察灾情，与民相拥

① Porismita Borah,"Comparing Visual Framing in Newspapers:Hurricane Katrina Versus Tsunami", *Newspaper Research Journal.* 2009, 30（1）, pp.50-57.

以安慰。在卡特里娜飓风发生的 43 天后（2005 年 10 月 11 日），布什及其夫人出席了密西西比一所小学的重新复学仪式。与之显著不同的是，在美国亚拉巴马州当地时间 2011 年 4 月 28 日发生超强龙卷风袭击的第二天，奥巴马与灾区民众拥抱的图像（图 6—10）就出现在各大媒体上。在重大自然灾难中，政治视觉框架对稳定难民情绪、树立重建家园的信心有很大帮助①。

五、新闻图像框架的运作机制

面对纷繁复杂的新闻视觉框架，人们可能要问：这些框架是怎么建立起来的呢？或者说，新闻视觉框架建构的过程是怎样的呢？新闻图像框架的形成，也有其一套机制在运作。第一，是摄影师，摄影师拍摄了哪些图像，这是新闻图像的第一次框架。但这只是潜在的框架，因为摄影师所拍摄的图像最终哪些能够与受众见面，还要经过图像编辑人员这一道程序，这是新闻图像的第二个框架。第三，不同的媒体也会形成不同的新闻图像框架，因为不同的媒体指导思想不尽相同，在选择图像方面常常有所不同。这主要是因为存在政治利益、文化方面的不同，不同媒体对于同一事件选取不同的图片、建构不同的框架从而代表了各自的立场。第四，受众对新闻图像的反映是第四个框架。受众对新闻图像框架分为两种情况：一是受众在观看图像时，会结合自己已有的经验做出相应判断；二是受其他受众的影响。这在网络媒体普及以前并不明显，可以说这一框架是随着互联网的发展而发展起来的。因为互联网提供了互动平台。一般门户网站的新闻末端都设有受众留言栏，比如搜狐网叫做"我来说两句"，新浪网则叫做"我要评论"。受众不仅可以在这里对新闻进行评论，也可以看见别人的留言（自己不留言也可以看到），这些网友关于新闻图像的评论，无疑给别的读者建立起了一个个看问题的框架。《人民日报》《中新网》等国内主要媒体对"7·23"温州动车事故都做了大量的报道，选取了不少图片。受众相信媒体选取的图片所构建的事实框架——动车出现问题，中国铁路部门负主要责任。但之后不久，受众在认知过程中出现了偏差，因为

---

① http://www.dfdaily.com/html/51/2011/5/1/599088.shtml.

媒体相继有谣言传出，如遇难者家属悲痛万分的图片在网上谣传为"遇难者遗体将被集体火化"、"遗体不经家属同意就被火化"等，① 民众质疑声不断。从这个角度也可以看出，在某些情况下，在新闻图像对社会现实的建构中，新闻工作者架构的框架和受众的认知框架不一定一致，甚至相互冲突。这正说明了受众框架发挥了巨大作用。

---

① http://society.people.com.cn/GB /8217/15264751.html.

第七章
新闻图像作用量表编制与检验

前面已经就新闻图像的认知、说服等作用进行了诸多论述，但还没有从整体上论述新闻图像到底有哪些作用。本章就将首先建构具有较高信度和效度的《新闻图像作用量表》，运用具体调查数据来考察下列问题：第一，新闻图像是否有作用？第二，新闻图像的作用具体表现在哪些方面？第三，新闻图像的各种作用的显著性；第四，新闻图像在现代传播中的作用以及对社会的影响是否越来越大？如果这个量表能够回答上述问题，那么对于受众来说，则可以进一步清楚自己为什么受新闻图像传播影响，以及在哪些方面受到其影响；而对于新闻图像传播者来说，在传播实践中，有可能更有的放矢或规范自己的传播行为。另外，在本《新闻图像基本作用量表》基础上进行后续研究，编制了《新闻图像作用判定量表》，进一步为新闻媒体图像编辑等把关人选用具体图像时提供参考。本章主要就是以量表形式将新闻图像作用进行分解，以便更为全面、细致地考察新闻图像的作用。

由于没有查到国内外关于新闻图像作用的相关量表，因此本量表是在深度访谈、调查问卷以及专家论证的基础上进行编制的。经过新闻图像作用初步量表编制与检验以及新闻图像作用正式量表编制与检验两个环节，确保该量表具有较高信度和效度。

第一节　新闻图像作用初步量表编制与检验

一、测试对象

样本一（初测对象）：在中国计量学院发放了 350 份开放式调查问卷，主要调查被试认为新闻图像有什么作用。回收问卷 346 份，回收率为 98.9%，其中有效问卷 338 份，有效率为 97.7%。男 151 人，女 182 人，没写性别者为 5 人。大一学生 216 人，大二学生 122 人。平均年龄为 20.3 岁。

样本二（小样本正式测试对象）：2012 年 5 月，使用这个自行设计的量表对中国计量学院 87 名同学进行了调查，收回 87 份，其中有效问卷为 80 份。其中男性 30 名（37.5%），女性 50 名（62.5%）。大一学生 34 名（42.5%），大二学生 46 名（57.5%）。被试的年龄范围是 18 岁到 24 岁，平均年龄为 20.25 岁，标准差为 1.21。

二、问卷的编制

（一）理论建构

对 32 名学生及一位心理学专家、一位管理学专家、一位传播学专家进行了访谈，记录他们对相关概念的理解和建议，并对访谈内容进行了录音或笔录。结合初次测试所得的问卷、整理的访谈以及自己的研究结果，初步设定该研究的理论结构，认为新闻图像的作用量表应包括四个维度：吸引注意、提高兴趣作用；理解新闻内容作用；对受众进行说服作用以及新闻图像在现在传播中的作用发展趋势。

（二）正式问卷的编制

根据上述建构的理论构想，结合前期调研资料，首先编制出新闻图像作用的 4 个维度下的 27 个项目（表 7—1）。

新闻图像作用量表的记分情况如下：根据被试对每个项目的回答分为 5 级计分，即非常同意计为 5 分，同意为 4 分，不确定为 3 分，不同意为 2 分，非常不同意则为 1 分。邀请 7 位不同年龄、性别、职业的被试者进行测试，就项目的可理解性等提出意见，并校对量表语句表达的准确性，修改不易理解或有歧义的项目。请有关专家就量表项目与其维度的匹配程度进行评定，"1"分表示非常不匹配，"5"表示完全匹配。在专家评价中，只要出现2个以上等于或小于4分的，就需要对该题做作改或删除处理。经过以上3个步骤对项目进行删除、修改后，最后形成24个项目的初测版量表，见表7—1（在实际测试过程中，去掉了"4个维度"表述）。

表7—1 新闻图像作用初测量表

序号	新闻图像的作用描述		非常同意	同意	不确定	不同意	非常不同意
1	吸引注意、提高兴趣作用	能够吸引人的注意力	5	4	3	2	1
2		具有视觉冲击力	5	4	3	2	1
3		具有感染力	5	4	3	2	1
4		使新闻报道丰富多彩	5	4	3	2	1
5		使人们轻松了解新闻内容	5	4	3	2	1
6		能够提高阅读兴趣	5	4	3	2	1
7	理解新闻内容作用	直观、形象地展示新闻内容	5	4	3	2	1
8		使人们更快地抓住新闻要点	5	4	3	2	1
9		能够展示更多的新闻内容	5	4	3	2	1
10		增加新闻的真实性	5	4	3	2	1
11		使人们容易进入新闻情景中	5	4	3	2	1
12		有助于人们快速了解新闻内容	5	4	3	2	1
13	对受众进行说服作用	有助于人们作出自己的判断	5	4	3	2	1
14		常体现新闻传播者的主观意图	5	4	3	2	1
15		具有视觉震撼力，发人深省	5	4	3	2	1
16		新闻图像比文字更具说服力	5	4	3	2	1
17		能够加深人们对新闻报道的印象	5	4	3	2	1
18		有时误导人	5	4	3	2	1
19	新闻图像作用发展趋势	成为影响社会舆论一种重要因素	5	4	3	2	1
20		成为人们获取新闻的重要方式	5	4	3	2	1
21		在新闻中的作用越来越大	5	4	3	2	1
22		对社会的影响越来越大	5	4	3	2	1
23		没有什么用	5	4	3	2	1
24		在新媒体传播中作用越来越大	5	4	3	2	1

三、数据处理

使用 SPSS 16.0 对数据进行项目分析、探索性因素分析和相关分析，使用克隆巴赫系数（Cronbach's alpha）对数据进行验证性因素分析。

四、描述性分析

对问卷所得数据进行描述性分析，可得每个项目某个选项被选的频率，以及项目的平均值和标准差（见表 7—2）。第 18 题和第 23 题为反向计分题，计算频率时直接计算，在计算平均值和总分时进行了重新计分。

如表 7—2 所示，本量表总分的平均值为 3.98，标准差为 0.368，大部分人的回答是"同意"，即总体来讲，大家对新闻图像的作用是认可的。

单独观察每个项目的平均值，除了第 18 题以外（M=2.14），其他 23 个项目的平均值高于 3，有 14 个项目平均值大于等于 4，这也表明大家对新闻图像作用的较高程度的认可。

第 18 个项目平均值最低，为 2.14，表明大家在本题中新闻图像的作用是不认可的。针对项目"新闻图像有时误导人"，"同意"的有 21 人（26%），不同意的有 22 人（27%），"不确定"的有 32 人（40%），在回答上分布较平均，表明大家在"新闻图像会误导人"这一项目上意见是不统一的。但是这与对它的作用的认可并不矛盾，仅仅是说大家对它持一个谨慎的态度。

表 7—2　选项的被选频率和项目平均值、标准差

项目	内容	平均值	标准差
1	新闻图像能够吸引人的注意力	4.47	0.616
2	新闻图像具有视觉冲击力	4.31	0.686
3	新闻图像具有感染力	4.19	0.677
4	新闻图像使新闻报道丰富多彩	4.48	0.675
5	新闻图像使人们轻松了解新闻内容	4.14	0.896
6	新闻图像能够提高阅读兴趣	4.50	0.551
7	新闻图像直观、形象地展示新闻内容	4.25	0.803
8	新闻图像使人们更快地抓住新闻要点	3.94	0.862
9	新闻图像能够展示更多的新闻内容	3.75	0.879

项目	内容	平均值	标准差
10	新闻图像增加新闻的真实性	4.04	0.934
11	新闻图像使人们容易进入新闻情景中	4.25	0.626
12	新闻图像有助于人们快速了解新闻内容	4.00	0.811
13	新闻图像更客观,利于人们作出自己的判断	3.47	0.914
14	新闻图像常体现新闻传播者的主观意图	3.49	1.079
15	新闻图像具有视觉震撼力,发人深省	3.92	0.854
16	新闻图像比文字更具说服力	3.74	0.910
17	新闻图像能够加深人们对新闻报道的印象	4.33	0.652
18	新闻图像有时误导人	2.14	0.882
19	新闻图像逐渐成为影响社会舆论的一种重要因素	3.90	0.821
20	新闻图像逐渐成为人们获取新闻的重要方式	3.88	0.919
21	新闻图像在新闻中的作用越来越大	4.07	0.868
22	新闻图像对社会的影响越来越大	3.89	0.955
23	新闻图像没有什么用	4.23	0.675
24	新闻图像在网络媒体传播中的作用越来越大	4.19	0.813
合计		3.98	0.368

量表的四个维度得分情况见表7—3。结果表明,得分最高的是维度1 (4.35),说明新闻传播图像的吸引注意、提高兴趣之类的作用最为大家所认可。得分最低的是维度3,虽然得分最低,但是分数仍然很高,为3.51,即4个维度得分的平均数都在3.51以上,说明大家对新闻图像的作用认可程度很高。

表7—3 各个维度得分的平均值和标准差

	维度	平均数	标准差
1	吸引注意、提高兴趣作用	4.35	0.448
2	理解新闻内容作用	4.04	0.533
3	对受众进行说服作用	3.51	0.425
4	新闻图像的作用发展趋势	4.03	0.558

为了探究男生和女生在此问题上的看法的差异是否具有统计上的显著性,对男生和女生在4个维度上的得分和总分进行独立样本 t 检验,如果

p 值小于 0.05 则表明差异显著。男生和女生在 4 个维度上的得分和总分情况见表 7—4。从表中可以看出在所有维度上和总分上，男生得分的平均数普遍高于女生。经过进一步分析，男生和女生在各个维度上和总分上均没有统计上的显著差异。

表 7—4 各个维度和总分在性别上的差异分析

	男（N=30）		女（N=50）		t	p
	平均数	标准差	平均数	标准差		
维度 1	4.39	0.560	4.32	0.369	0.718	0.475
维度 2	4.08	0.444	4.01	0.583	0.521	0.604
维度 3	3.56	0.411	3.49	0.436	0.665	0.508
维度 4	4.17	0.533	3.94	0.559	1.855	0.067
总分	4.05	0.343	3.94	0.379	1.301	0.197

大学一年级和大学二年级在 4 个维度上的得分和总分情况见表 7—5。从表中可以看出在除了维度 3"对受众进行说服作用"以外的三个维度上和总分上，大一的得分高于大二的得分。为了探究大一和大二之间的差异是否具有统计上的显著性，对他们在 4 个维度上的得分和总分进行独立样本 t 检验，如果 p 值小于 0.05 则表明差异显著。经过分析，大一和大二在各个维度上和总分上均没有统计上的显著差异。

表 7—5　各个维度和总分在年级上的差异分析

	大一（N=34）		大二（N=46）		t	p
	平均数	标准差	平均数	标准差		
维度 1	4.39	0.382	4.32	0.493	0.673	0.503
维度 2	4.06	0.462	4.02	0.584	0.306	0.761
维度 3	3.43	0.374	3.58	0.454	−1.517	0.133
维度 4	4.06	0.582	4.00	0.545	0.531	0.597
总分	3.99	0.306	3.98	0.411	0.084	0.933

五、项目分析

首先考察问卷的信度。信度是指问卷测量结果的一致性、稳定性及可靠性。克隆巴赫系数（Cronbach's α）是 Cronbach 于 1951 年创立的，用于评价问卷的内部一致性，是检视信度的一种有效方法。α 系数取值在 0 到 1 之间，α 系数越高，信度越高，问卷的内部一致性越好。本研究中的 Cronbach's α 系数为 0.829，显示出问卷项目具有很高的内部一致性，说明各个项目与整个问卷的整体结构和概念是比较一致的，因此问卷是比较可信的。

其次考察项目与总分的相关情况，即考察每个试题和总分的一致性，反映的是问卷各个项目所测查内容的一致性。此做法的原理是同一个问卷，测查的是同一个问题，因此试题彼此间应具有高相关。第 3 题、第 23 题项目与总分相关小于 0.3 大于 0.2，不够理想，需要修改；第 14 题、第 18 题删除后信度变大，需要删掉。删除它们后，重新计算 Cronbach's α 系数为 0.855，明显提高。

表 7—6　项目与总分相关系数及部分项目删除后 α 系数的改变情况表

项目	项目与总分相关	部分项目删除后的 α 系数	项目	项目与总分相关	部分项目删除后的 α 系数
1	.466	.820	13	.469	.818
2	.389	.822	14	.100	.838
3	.255	.827	15	.447	.820
4	.315	.825	16	.377	.823
5	.516	.816	17	.379	.823
6	.489	.820	18	−.100	.847
7	.437	.820	19	.384	.822
8	.436	.820	20	.304	.826
9	.544	.815	21	.607	.812
10	.367	.823	22	.471	.818
11	.460	.821	23	.211	.829
12	.529	.816	24	.448	.820

最后进行因子载荷分析。和项目与总分的相关一样，因子载荷分析也测查问卷项目的同质性，通过分析每个项目对总分的贡献度，来分析试题优劣。因子载荷量小于 0.3 的项目需要修改。分析结果见表 7—7，第 14 题、第 18 题和第 23 题因子载荷量小于 0.3，不太理想，需要修改。

表 7—7 因子载荷分析

项目	因子载荷	项目	因子载荷
1	.588	13	.520
2	.516	14	.159
3	.356	15	.517
4	.403	16	.403
5	.577	17	.449
6	.585	18	−.200
7	.514	19	.465
8	.516	20	.333
9	.588	21	.685
10	.432	22	.567
11	.531	23	.266
12	.601	24	.552

六、新闻图像初步量表

本问卷总分平均值为 3.98，标准差为 0.368，总体来讲，被试对新闻图像的作用是认可的。单独观察每个项目的平均值，项目的平均值基本上都高于 3，也表明被试对新闻图像作用的较高程度的认可。4 个维度得分的平均数都在 3.51 以上，也说明被试对新闻传播图像的认可程度很高。但也有异议题目，在第 18 题"新闻图像会误导人"这一项目上，大家的意见是不统一的，需要进一步研究讨论。

关于得分在人口学变量上的差异问题，男生和女生之间，大学一年级和大学二年级之间，各个维度的得分以及总分都不存在显著差异。本研究中的 Cronbach's α 系数为 0.829，表示问卷项目具有很高的内部一致性，问卷是比较可信的。

经过信度等项目分析、项目与总分相关系数可知：第 3 题、第 23 题（第 3 题"新闻图像具有感染力"、第 23 题"新闻图像没有什么用"）项目与总分相关小于 0.3 大于 0.2，不够理想；第 14 题、第 18 题小于 0.2（第 14 题"新闻图像常体现新闻传播者的主观意图"、第 18 题"新闻图像有时误导人"），需要删除。经过 11 名同学深度访谈，认为第 3 题"新闻图像具有感染力"确实具有"提高阅读（观看）"作用，应给予保留；第23题"新闻图像没有什么用"，绝大部分被试都选择"不同意"，因此去掉这个命题。另外，在第3维度"对受众进行说服作用"中将"新闻图像比文字更具说服力"调换成"新闻图像有助于领会新闻主题"。将第2维度中的"新闻图像有助于人们作出自己的判断"和第3维度中的"新闻图像增加新闻的真实性"进行了互换，最终可以得到20个题目。这样可以建构起新闻图像作用的初步量表，见表7—8。

表7—8　新闻图像基本作用初步量表

序号	维度	内　容	显著程度（1—5分）	维度得分
1	吸引注意、提高兴趣	吸引注意力		
2		视觉冲击力		
3		使新闻报道丰富多彩		
4		阅读（观看）新闻很轻松		
5		提高了阅读新闻兴趣		
6	理解新闻内容	直观、形象地展示新闻内容		
7		使人更快地抓住新闻要点		
8		展示了更多的新闻内容		
9		有助于作出自己的判断		
10		使人容易进入新闻情景中		
11	对受众进行说服	增加了新闻的真实性		
12		具有感染力		
13		引发了思考		
14		有助于领会新闻主题		
15		能够加深人们对新闻内容的印象		
16	新闻图像作用发展趋势	新闻图像逐渐成为人们获取新闻的重要方式		
17		新闻图像逐渐成为形成社会舆论的一种重要因素		
18		新闻图像在新媒体传播中的作用越来越大		
19		新闻图像在新闻中的作用越来越大		
20		新闻图像对社会的影响越来越大		

144

第二节　新闻图像作用正式量表编制与检验

根据上述统计结果，对初步量表进行修改、删除、更换以及酌情增加题目。修订后的新闻图像作用的初步量表共有 20 个题目，记分方式不变，即根据被试者对每个项目的回答分为 5 级计分，修订时删去了反向积分题，因此无反向计分题。

修订完成之后，选取了更大的样本，再次施测。本次施测时，题目的顺序根据分析进行了混排，以便使同一维度的题目不同时出现，以免影响结果。另外，在编制新闻图像作用正式量表时，还根据被试的年龄、性别、职业及其阅读、观看新闻时间等因素进行了相关性分析。

一、统计结果和分析

随机在社会人员中对修订完成的量表再次施测，最终取得 103 个有效数据。其中男性 32 人（31.1%），女性 71 人（68.9%）。被试的年龄范围是 19 岁到 69 岁，平均年龄为 28.87 岁，标准差为 12.30。第一次调查，基本上都是在校大学生，而实际生活中新闻的受众绝不仅仅是大学生群体，因此上次调查得到的结论说服力可能有所欠缺，而本次调查的年龄跨度较大、职业复杂，更符合实际情况，是对第一次调查的很好补充。

首先进行描述性分析，以观察每个题目的被选频率和平均得分，结果见表 7—9。

表 7—9　选项的被选频率和项目平均值、标准差

序号	新闻图像的作用描述	非常不同意	不同意	不确定	同意	非常同意	平均值	标准差
1	具有视觉冲击力	0	3	9	52	39	4.23	0.73
2	能够吸引人的注意力	0	1	10	55	37	4.24	0.664
3	能够引发人们的思考	0	12	27	42	22	3.72	0.933
4	能够加深人们对新闻内容的印象	0	0	8	53	42	4.33	0.617

序号	新闻图像的作用描述	非常不同意	不同意	不确定	同意	非常同意	平均值	标准差
5	成为影响社会舆论的一种重要因素	1	5	24	49	24	3.87	0.86
6	直观、形象地展示新闻内容	0	8	15	45	35	4.04	0.896
7	在新闻中的作用越来越大	0	5	24	45	29	3.95	0.845
8	能够展示更多的新闻内容	3	14	32	41	13	3.46	0.978
9	能够增加新闻的真实性	3	20	18	34	28	3.62	1.164
10	对社会的影响越来越大	1	5	31	48	18	3.75	0.837
11	有利于人们作出自己的判断	4	23	32	33	11	3.23	1.04
12	具有感染力	1	1	9	60	32	4.17	0.706
13	使新闻报道丰富多彩	1	1	1	51	49	4.42	0.665
14	有助于领会新闻主题	0	5	21	58	19	3.88	0.758
15	使人阅读新闻感觉轻松	0	6	17	49	31	4.02	0.84
16	能够提高人们的阅读兴趣	0	0	14	48	41	4.26	0.685
17	逐渐成为人们获取新闻的重要方式	1	10	24	43	25	3.79	0.956
18	使人们更快地抓住新闻要点	2	10	25	38	28	3.78	1.019
19	使人们容易进入新闻情景中	0	7	11	48	37	4.12	0.855
20	在新媒体传播中的作用越来越大	1	2	11	54	35	4.17	0.768
合计							3.95	0.391

总体来看，本量表总分的平均值为 3.95，标准差为 0.391，即人们的回答大多居于"同意"这个层次，和第一次调查一样（平均值为 3.98，标准差为 0.368），这个结果说明大家对新闻图像的作用是认可的。进一步分析，可以发现每个项目的平均值都高于 3，有 10 个题目高于 4，进一步证明了人们比较认可新闻图像的作用。

量表分为 4 个维度，各维度相对应的题目分别为：吸引注意、提高兴趣作用为 1、2、13、15、16 题；理解新闻内容作用为 6、8、11、18、19 题；对受众进行说服作用为 3、4、9、12、14 题；新闻图像的作用发展趋势为 5、7、10、17、20 题。4 个维度的得分情况见表 7—10。与首次调查相同，维度 1 得分最高，说明新闻传播图像的吸引注意、提高兴趣的作用是最为显著的。理解新闻内容作用和对受众进行说服作用平均数也很高，证实了新闻图像的作用是多层面的，并且得到受众的高度认可。新闻图像的作用发展趋势平均数为 3.9，说明对于新闻图像在现代传播中的作用以及对社会的影响是否越来越大这个问题，大家的回答是肯定的。

表 7—10　各个维度得分的平均值和标准差

	维度	平均数	标准差
1	吸引注意、提高兴趣作用	4.2350	0.41200
2	理解新闻内容作用	3.7243	0.62127
3	对受众进行说服作用	3.9456	0.46205
4	新闻图像的作用发展趋势	3.9049	0.58534

为了检验不同性别受众的得分差异是否具有统计上的显著性，对男性和女性在 4 个维度上的得分和总分进行独立样本 t 检验，结果见表 7—11。

表 7—11 显示，男性和女性的得分差异没有显著规律，但总分女性高于男性，与初次调查相反；进一步分析表明性别在各个维度上和总分上均没有统计上的显著差异。也就是说，不同性别的受众对新闻图像作用的看法没有显著差异，都比较认可。

表 7—11　各个维度和总分在性别上的差异分析

	男（N=32）		女（N=71）		t	p
	平均数	标准差	平均数	标准差		
维度 1	4.194	0.392	4.254	0.422	−0.680	0.498
维度 2	3.644	0.609	3.761	0.628	−0.882	0.380
维度 3	3.900	0.440	3.966	0.473	−0.671	0.504

	男（N=32）		女（N=71）		t	p
	平均数	标准差	平均数	标准差		
维度4	3.913	0.451	3.901	0.640	0.089	0.930
总分	3.913	0.339	3.970	0.413	−0.694	0.489

性别差异不显著，那年龄呢？被试的年龄范围是 19 岁到 69 岁，我们将年龄分为两组 19—45 岁为第一组，46—69 岁为第二组。根据两个年龄段的平均分来看，存在一定的差异。进一步进行统计分析，对他们在 4 个维度上的得分和总分进行独立样本 t 检验，结果见表 7—12。发现差异在统计学上不显著，即不同年龄的人对新闻图像作用的看法没有显著差异。

表 7—12　各个维度和总分在不同年龄段上的差异分析

	一组（N=87）		二组（N=16）		t	p
	平均数	标准差	平均数	标准差		
维度1	4.232	0.419	4.250	0.383	−0.158	0.875
维度2	3.759	0.595	3.538	0.740	1.313	0.192
维度3	3.936	0.475	4.000	0.393	−0.510	0.611
维度4	3.908	0.564	3.888	0.712	0.128	0.898
总分	3.959	0.391	3.919	0.399	0.373	0.710

接下来，对观看新闻时间相关问题进行分析，初步统计见表 7—13，大部分被试者每天观看新闻的时间为 10—60 分钟。对不同性别受众每天的观看新闻时间进行统计，男性得分为 3.19 ± 1.378，女性得分为 3.69 ± 1.190，男性的平均观看新闻时间略微高于女性。进一步进行独立样本 t 检验发现，不存在统计学上的显著差异。对不同年龄段的受众每天的观看新闻时间进行统计，19—45 岁组为 3.72 ± 1.188，46—69 岁组为 2.50 ± 1.211，可以看出，46—69 岁组的平均观看新闻时间明显高于 19—45 岁组。进一步进行独立样本 t 检验发现，差异显著（$p < 0.05$）（见表 7—14）。

表 7—13　观看新闻时间的初步统计

序号	观看新闻时间	人数	比例
1	120 分钟以上	6	5.8%
2	60—120 分钟	14	13.6%
3	30—60 分钟	31	30.1%
4	10—30 分钟	31	30.1%
5	5—10 分钟	13	12.6%
6	0—5 分钟	8	7.8%
合计		103	100.0%

表 7—14　观看新闻时间在不同年龄段上的差异分析

	19—45 岁组（N=87)		46—69 岁组（N=16)		t	p
	平均数	标准差	平均数	标准差		
观看新闻时间	3.72	1.188	2.50	1.211	3.777	0.000

二、讨论与结论

本次调查，是问卷修订完成后的一次正式施测。问卷总分的平均值为3.95，标准差为 0.391，首次施测平均值为 3.98，标准差为 0.368，都处于较高水平，进一步证明了人们比较认可本书所列出的新闻图像作用。4 个维度得分都很高，其中"吸引注意、提高兴趣的作用"得分最高，验证了首次调查的结果。在人口学变量上，性别和年龄差异都不显著。

大多数受众每天观看新闻的时间是 10—60 分钟。男女观看时间无显著差异。46—69 岁组的平均观看新闻时间显著高于 19—45 岁组，在实际生活中，稍微年长的群体确实有花更多时间看新闻的倾向，因为他们时间比较充裕，也更认为观看新闻很重要。

再次施测，采用修订过的问卷作为调查工具，同时，被试者突破了大学生群体，扩大了年龄阶段，因而这次的调查结果更有说服力。问卷的Cronbach's α 系数为 0.802，问卷可信度较高。

总体说来，修订的问卷可以比较好的反映人们对新闻图像的整体态度和看法。两次问卷调查的结果相互得到了印证，证明该问卷较为稳定。我们可以在之后的研究中继续使用此问卷，来调查不同背景人群对新闻图像作用的态度，也可以对此问卷进行改编，进行其他相关的研究。

三、新闻图像作用量表

经过前期一系列的调查研究，我们经过修订，编制了一个新闻图像作用量表，采用 3 个维度共 15 个题目调查了新闻图像的作用，1 个维度共5 个题目调查了新闻图像作用的发展趋势，见表 7—15。这个量表可以使人们了解新闻图像在现代传播中所发挥的作用，以及新闻图像作用的发展趋势。

表 7—15　新闻图像作用量表

序号	内　容	显著程度 （1—5 分）
1	吸引注意力	
2	视觉冲击力	
3	使新闻报道丰富多彩	
4	轻松阅读（观看）新闻	
5	提高阅读新闻兴趣	
6	直观、形象地展示新闻内容	
7	使人更快地抓住新闻要点	
8	展示了更多的新闻内容	
9	有助于对新闻内容作出判断	
10	使人容易进入新闻情景中	
11	增加新闻的真实性	
12	具有感染力	
13	引发思考	
14	有助于领会新闻主题	
15	加深人们对新闻内容的印象	
16	成为人们获取新闻的重要方式	
17	成为形成社会舆论的一种重要因素	
18	在新媒体传播中的作用越来越大	
19	在新闻中的作用越来越大	
20	对社会的影响越来越大	

四、新闻图像作用判定量表

以上述量表为基础，我们还可以建立一个新的量表——新闻图像作用判断量表。具体的量表见表7—16。这个量表的目的在于预判一篇新闻报道或一段新闻播报中的图像作用，通过被试者对量表中选项的选择，能够判断出图像的作用来，进而能够为图像编辑根据传播需要在实际选用新闻图像时提供参考。具体判定方法如下所述。

表7—16 新闻图像作用判定量表

序号	维度	内　容	显著程度（1—5分）	维度得分
1	吸引注意、提高兴趣作用	吸引注意力		
2		视觉冲击力		
3		使新闻报道丰富多彩		
4		阅读（观看）新闻很轻松		
5		提高了阅读新闻兴趣		
6	理解新闻内容作用	直观、形象地展示新闻内容		
7		使人更快地抓住新闻要点		
8		展示了更多的新闻内容		
9		有助于对新闻内容作出判断		
10		使人容易进入新闻情景中		
11	对受众进行说服作用	增加了新闻的真实性		
12		具有感染力		
13		引发了思考		
14		有助于领会新闻主题		
15		加深了人们对新闻内容的印象		
16	新闻图像作用发展趋势	新闻图像成为人们获取新闻的重要方式		
17		新闻图像成为形成社会舆论的一种重要因素		
18		新闻图像在新媒体传播中的作用越来越大		
19		新闻图像在新闻中作用越来越大		
20		新闻图像对社会的影响越来越大		

首先，这个量表的前3个维度的15个项目可以用来判断一篇新闻报道或一段新闻播报中的图像作用，通过被试对量表中选项的选择，能够判断出图像的作用以及在某一（些）方面的作用是否显著，从而为图像编辑

人员根据传播需要在实际选用新闻图像时提供参考。在新闻传播实践中，关于一个新闻事件的报道一般会有一些图像供图像编辑选择，究竟让哪些图像与受众见面，这就存在图像选择与传播效果问题。各媒体机构通常的做法是凭借图像编辑的直觉和经验进行选择。尽管一般图像编辑具有专业知识和丰富经验，但一个或几个人的判断难免有时过于主观，难免受个体喜好影响，尤其在定向传播时差异会更大，或者恰恰由于专业知识丰富而造成"曲高和寡"的情况。新闻传播效果的好坏，最终还要看受众的反映。因此，选择目标受众作为被试者，使用新闻图像作用量表来判断，可以代替或协助图像编辑作出决策。具体方法是，让被试阅读或观看含有某一（些）新闻图像的报道，要求被试完成新闻图像作用量表。之后让同一批被试者阅读或观看者含有另一（些）新闻图像的报道，也要求其完成量表。最后，对两次被试分别求平均分，得分高的新闻图像意味着可能会使传播效果更显著，因此，从总体传播效果来考量，得分高的新闻图像可能成为首选。但是，图像编辑人员也不应恪守该量表，因为对被试者进行试验时，毕竟带有一定强制色彩。也就是说，无论被试是否喜欢那篇报道，都需要看完，而在现实观看环境下却不是这样的，也许那篇报道根本不会引起被试的注意，传播效果更无从谈起了。因此，图像编辑人员应灵活运用这个量表才有可能取得较好效果。

其次，图像编辑人员可以结合语言文字报道，根据传播需要专门侧重3个维度中的某一（两）个维度作用。方法就是取决于3个维度各自的总分情况，如一篇语言文字报道很难理解，那么维度2"理解新闻内容作用"得分高的图像应该作为首选。

最后，第4个维度的5个项目用来考察新闻图像作用的发展趋势，可以为媒体机构确定新闻图像使用的宏观决策以及评估新闻图像所产生的长期效果提供参考。

第八章

系列新闻图片在互联网长篇报道中的作用考察

——以"柠檬水起义"报道为例

　　互联网已经成为越来越多的人获取新闻的主要途径，或者说，从互联网获取新闻信息逐渐成为现代人的一种生活方式。前面提到过，现在几乎所有大报纸也都有网络版，一些大门户网站也都设有新闻专栏，并不断更新，使人们能在最短的时间内了解到新闻信息。另外，新闻成为人们生活中的重要内容，受众为了得到最新新闻信息而不断刷新网络页面或主动搜索相关信息，对网络新闻产生了不同程度的依赖。在众多的网络新闻中，我们明显注意到图像（照片、视频、漫画等）运用得越来越普遍。由于网络空间不再那么受到限制，一篇报道中常有若干张图片或几类图像的综合运用情况，但是这些图像的作用究竟如何呢？本章将结合搜狐等门户网站转载的《中国青年报》"柠檬水起义"这篇报道来具体考察多幅新闻照片在互联网长篇报道中的作用情况。

第一节　研究概述

一、报道简介

　　"柠檬水起义"这篇报道讲述的是 7 岁的美国女孩茱莉·墨菲想挣点零花钱，于是在集市摆起了摊位出售柠檬水。小茱莉因为没有卫生许可证被当地的卫生检查员驱逐出了集市。该事件经过当地报纸的报道，几天后她的遭遇变成了美国全国的一个热门话题。尽管该郡的最高地方官亲自向她们母女道了歉，但是当地各级政府依然并不认可茱莉的无证摆摊行为。后来在当地一家广播电台的帮助下，茱莉在连锁商店里重新开了一个柠檬水摊。当茱莉与母亲靠着挣来的钱一起去了期待已久的迪斯尼乐园游玩时，一直对茱莉进行帮助的一位无政府主义者号召市民发动"柠檬水起义"来反对政府的行为——每个参加"起义"的人都会在集市上摆出一个柠檬水的摊位，以表达自己对小茱莉遭遇的不满。但最终"起义"破产，政府也枉然进行了森严的戒备①。这一事件最初是由《俄勒冈现场》报（Oregonlive.com）在当地时间 2010 年 8 月 4 日以"波特兰柠檬水摊被卫生检查员关闭，摆摊需要 120 美元的营业执照"（*Portland lemonade stand runs into health inspectors，needs \$120license to operate*）为题进行报道的②；8 月 5 日，克斯新闻频道（Foxnews）以"俄勒冈郡对于不准摆柠檬水摊的 7 岁小女孩进行了道歉"（*Oregon County Apologizes to 7-Year-Old Girl After Saying She Can't Have Lemonade Stand*）为题也对这一事件进行了报道③；8 月 6 日波特兰 KGW 电视台以"俄勒冈小女孩酸柠檬水摊引起了全国关注"（*Oregon girl's soured lemonade stand gets national attention*）为标题进行了报道④。

国内多家媒体也对这一事件进行了报道，如《新京报》《中国青年报》等，一些门户网站也对其进行了报道或转载，如搜狐、新浪、网易、中国网、新华网、中国经济网、一些地方政府门户网站、加拿大华人网⑤ 等。搜狐主页在 2011 年 8 月 15 日和 9 月 1 日分别转载了《新京报》《中国青年报》对这一事件的报道。这一事件在我国也引起了不小反响。数万人次跟帖评论，在众多评论中，对美国好评如潮。也许是因为对中国城管的不

---

① http://news.sohu.com/20100901/n274623483.shtml.

② http://www.oregonlive.com/portland/index.ssf/2010/08/portland_lemonade_stand_runs_i.html.

③ http://www.foxnews.com/us/2010/08/05/oregon-county-apologies-year-old-girl-saying-lemonade-stand.

④ http://www.kgw.com/news/local/County-apologizes-for-shutting-down-girls-lemonade-stand--100077314.html?commentPage=0.

⑤ http://www.sinonet.org/news/world/2010-09-01/94213.html.

满，也许是因为当地郡最高长官的道歉，也许是因为小女孩卖柠檬水故事的完美结局等，导致了读者这么热烈的反响。这些并不是这里所最关注的问题，我们所要探讨的是这个事件报道中新闻图片的使用情况。《中国青年报》2010 年 9 月 1 日的纸质版的第 12 版用了一整版报道了"柠檬水起义"这个事件。与美国媒体按照事情发展顺序的相关报道相比，《中国青年报》的报道则是事后纵观一个事件的综合报道。报道全文共计 8172 字，采用了 5 张黑白照片，左上角放置了一张，其余放在了版面的中心位置。而在其电子版"中青在线"网站上，采用了同一底板的 5 张照片，不仅使用了彩色照片，而且照片尺寸也大了不少①。

当代新闻传播中，尤其网络报道中，多张图片所构成的系列图片非常常见，而且长篇报道也越来越多，我们在各大门户网站的新闻栏中几乎每天都能见到这样的报道，比如 2013 年 7 月 18 日搜狐网的报道——"湖南城管打死小贩，警察凌晨追打人群抢尸（组图）"②、7 月 19 日"贵阳街头亿万富豪火拼千万富翁，过程离奇如电影"③ 以及"泉州卫生局回应新生儿疑被烫死，院方称感染病故"④ 等，都在报道中采用了多幅照片。这里拟对网络长篇报道中的系列图片的作用进行考察。

二、研究的必要性和合法性

之所以进行考察多幅新闻照片在互联网长篇报道中的作用以及选用"柠檬水起义"这篇报道作为个案，主要基于下面几点思考。

（一）从网络新闻影响效果来看，网络新闻报道逐渐成为人们获取新闻的主要渠道，阅读网络新闻成为人们的一种生活方式，并对社会和个人生活产生重要影响；

（二）从网络新闻发展特点来看，网络长篇报道越来越多，各种图像在新闻报道中也越来越多，尤其是一些突发性、灾难性、轰动性的事件报道中，新闻图像更是被广泛使用，这些图像到底有没有作用或对受众起到

---

① 　http://article.cyol.com/home/zqb/content/2010-09/01/content_3401146.htm.

② 　http://qd.sohu.com/20130718/n382001229_5.shtml.

③ 　http://business.sohu.com/20130719/n382046862.shtml.

④ 　http://health.sohu.com/20130719/n382042955.shtml.

什么样的作用需要研究；

（三）从这篇报道本身来看，之所以选择这篇报道作为文本进行分析，是因为不仅它在中、美引起了广泛反响，而且它的照片使用上很有特色——5 张照片中的人物都面带笑容，构成了一个"微笑"的视觉框架，而且文字在 8000 字以上，因此在影响上、篇幅上以及照片的选取上都比较有特色；

（四）由于这篇报道被国内很多大的网站转载，而且在转载的过程中将 5 张照片在报道中的位置进行了变动，因此基于照片位置的变化实验不是空穴来风，而是有真实的依据——基于不同网站对图片的放置情况进行实验，因此，实验具有充分的必要性和合法性。

三、主要研究思路

本章主要考察互联网长篇报道中的系列新闻照片是否对读者的情感、态度有显著影响。这个研究的关键是要把新闻照片所起的作用从整篇报道所起的作用中剥离出来。尽管把文字和图像在整篇新闻报道中所起到的作用分得清清楚楚是不可能的，但通过实验设计，应该能够在一定程度上使新闻图片的作用得以显示出来。下面将从三个层次来考察新闻图像的作用。

首先，考察在长篇网络报道中，有无图片对读者的情感和态度是否有显著影响；

其次，考察不同主题的系列图片是否对读者的情感和态度有显著影响；

最后，考察这些图片在报道中位置不同是否对读者的情感和态度有显著影响。

四、主要研究方法

（一）实验文本

以搜狐网 2010 年 9 月 1 日转载《中国青年报》的"柠檬水起义"的报道作为第一个实验文本（后面称为原报道）[1]，该报道一共有 3 页，第一

---

[1]　http://news.sohu.com/20100901/n274623483.shtml.

页最上面是标题，接着下面是4行字的摘要，然后是3张照片，分别是"茱莉和她的柠檬水海报"、"法伊夫和茱莉在迪斯尼乐园"、"波特兰市蒙特诺马郡最高地方官杰夫·科根"，然后是正文报道；报道的第2页最上面还是标题及其下面的4行摘要，其后面是2张照片，分别是"茱莉坐在自己的柠檬水摊位旁边"、"迈克尔·富兰克林和自己的小女儿在'柠檬水起义'现场"，然后是正文；第3页最上面依然是标题及其下面的4行摘要，然后是正文。整篇报道中共有5张照片。这5张照片（这里对后4张进行了压缩处理）依次如下：

　　基于搜狐网的"柠檬水起义"这篇报道，使用计算机、网络技术生成5篇网络新闻报道网页，这些网页在不联网的情况下同样可以打开，以便于实验使用。在生成的5份网络报道中，其中第1篇是与搜狐网的报道及其媒体环境完全一致（包括报道旁边的动态广告）；第2篇去掉了新闻照片，其余媒体环境与原报道几乎一致，只是由于去掉了照片，正文与旁边的广告相对位置发生了一些变化；第3篇除保留第一张照片外，更换了另外4张照片，把它们换成了4张主题"严肃、哭泣"的实验照

图 8—1　茱莉和她的柠檬水海报

图 8—2　法伊夫和茉莉在迪斯尼乐园

图 8—3 蒙特诺马郡最高地方官杰夫·科根

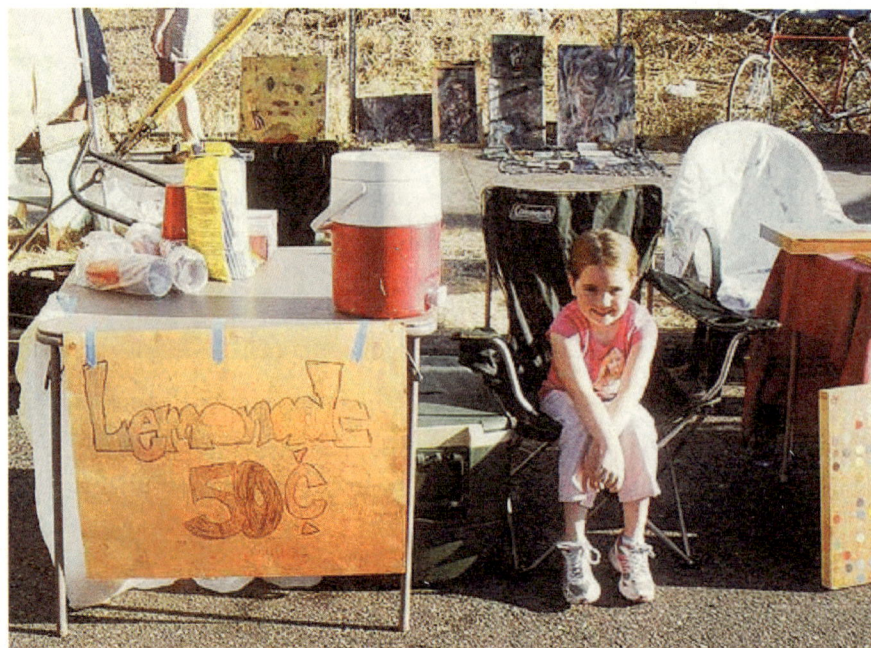

图 8—4　茉莉坐在自己的柠檬水摊位旁

片（这里进行了压缩处理），其余媒体环境与原报道完全一致，具体图片如下。

图8—5　迈克尔·富兰克林和自己的小女儿在"柠檬水起义"现场

　　第4篇将5张照片全部放到了报道的第1页的标题下，即第2页的两张照片接在了第1页3张照片的后面，正文与旁边的广告相对位置发生了一些变化，这样第2页和第3页就都没有了照片，凤凰网对于《中国青年报》这一事件报道的转载就是这样处理照片的①。第5篇是将5张照片都放在了报道的最后面，正文与旁边的广告相对位置发生了一些变化，第1页和第2页就都没有了照片，腾讯网于《中国青年报》这一事件报道的转载就是这样处理照片的②。在准备实验文本的过程中尽量保持原报道的媒体环境，使被试在观看生成的文本报道时，最大限度地不受文本的阅读环境影响，在文本上尽量确保实验的准确性。

---

① http://news.ifeng.com/society/5/detail_2010_09/01/2411639_shtml.

② http://news.qq.com/a/20100901/000489.html.

图 8—6　当地卫生检查员要求茱莉　　　图 8—7　柠檬水摊被迫关闭后，茱莉
关闭柠檬水摊①　　　　　　　　　　　　伤心地哭泣②

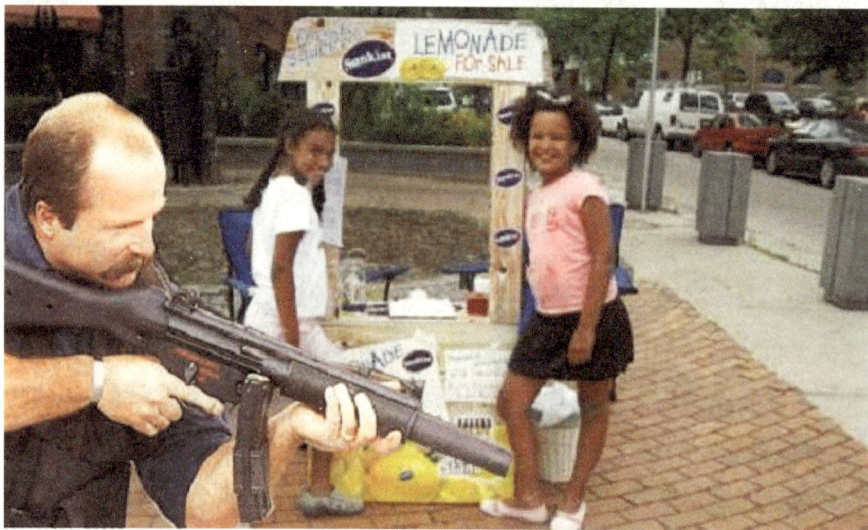

图 8—8　荷枪实弹的警察在"柠檬水起义"现场高度戒备③

---

① http://missionlocal.org/2010/07/symphony-photos-from-dolores-park.

② http://blindgossip.com/?p=23875.

③ http://www.smosh.com/smosh-pit/articles/cop-busts-lemonade-stand.

图8—9　全副武装的警察在孩子们卖柠檬水的摊位前紧张巡视 [①]

（二）实验文本与研究问题结合

下面将这5份生成的网络报道进行分组来考察上述新闻照片在3个层次上的作用，即将第1篇和第2篇结合起来对比考察"有无图片对读者的情感和态度是否有显著影响"，第1篇和第3篇结合起来对比考察"不同主题的系列图片是否对读者的情感和态度有显著影响"，第1篇、第4篇和第5篇结合起来对比考察"这些图片被放置不同位置是否对读者的情感和态度有显著影响"。

五、数据来源

本研究收集和分析的数据来自有目的的抽样，分别选取了中国计量学院、浙江理工大学、华中理工大学、浙江大学、南京大学的本科生和硕士研究生作为被试。有目的的抽样比较适合这个研究，因为他们有大致相同

[①]　http://www.smosh.com/smosh-pit/articles/cop-busts-lemonade-stand.

的文化背景、生活经验，这样可以更好地反映出实验目的。否则，即使分析得出新闻图像对受众的情感和态度有显著影响，也可能是由于年龄、教育背景以及职业等因素差别特别大造成的。

根据研究目标——考察系列新闻照片在 3 个层次上的作用，设计了相应的 3 份问卷。首先要求被试在电脑上阅读上述新闻报道，然后要求他们关掉报道网页，最后根据他们自己的意愿填答问卷。收集、整理调查问卷后，使用统计软件分析被试的选择结果以及年龄、性别、平时阅读新闻报道的时间因素来确定新闻照片作用的显著性以及与这些因素之间的相互关系，从而有可能初步得出新闻照片在网络长篇报道中对读者的情感和态度影响上所起的作用。

第二节　第一组实验：有图与无图相比

一、实验假设

假定一篇网络长篇新闻报道有无图片对读者的阅读兴趣、态度以及判断等方面会产生显著的影响。

二、实验方法

（一）实验文本

实验文本 1：如前所述，搜狐网 2010 年 9 月 1 日转载的《中国青年报》的“柠檬水起义”报道，通过计算机、网络技术生成的无需联网就可以打开的网页。

实验文本 2：去掉了实验文本 1 中的 5 张图片。

（二）问卷选项设计

通过具体问卷选项来考察有无图像对读者的阅读兴趣、态度以及判断等方面产生不同的影响。

（三）具体问卷

调查问卷表

您好：

这是一份学术研究问卷，不涉及政治、个人信仰等问题；您所选的答案无对错之分，也不需要填写个人姓名，敬请您根据自己的真实感受放心填答。

非常感谢您对本研究的支持！

第一部分：您的个人信息，请在相应选项后的（　）里打"✓"。

1.您的性别：_____。

2.您的年龄：_____。

第二部分：请您仔细阅读这篇网络新闻报道，然后在最符合您感受和看法选项后的（　）里打"✓"。

1.您觉得这篇报道：

A.非常无趣（　）　　B.很无趣（　）　　C.无趣（　）　　D.不确定（　）

E.有趣（　）　　　　F.很有趣（　）　　G.特别有趣（　）

2.您认为这篇报道：

A.非常虚假（　）　　B.很虚假（　）　　C.虚假（　）　　D.不确定（　）

E.真实（　）　　　　F.很真实（　）　　G.特别真实（　）

3.您对美国小女孩茱莉卖柠檬水的行为：

A.特别反对（　）　　B.很反对（　）　　C.反对（　）　　D.不确定（　）

E.支持（　）　　　　F.很支持（　）　　G.特别支持（　）

4.您认为美国当地郡政府最高地方官科根向小女孩和她妈妈的道歉：

A.非常虚伪（　）　　B.很虚伪（　）　　C.虚伪（　）　　D.不确定（　）

E.真诚（　）　　　　F.很真诚（　）　　G.特别真诚（　）

5.您对无政府主义者富兰克林组织"柠檬水起义"的行为：

A.特别反对（　）　　B.很反对（　）　　C.反对（　）　　D.不确定（　）

E.支持（　）　　　　F.很支持（　）　　G.特别支持（　）

6.您认为美国政府在整个事件的管理上：

A.非常教条（　）　　B.很教条（　）　　C.教条（　）　　D.不确定（　）

E.人性化（　）　　　F.很人性化（　）　　G.特别人性化（　）

三、结果

首先对读者的人口学变量情况进行统计。阅读原报道组的读者共 68 人，年龄范围是 19—25 岁，平均年龄是 21.1 岁；其中男性 8 人（11.8%），女性 60 人（88.2%）。阅读无图报道组的读者共 62 人，年龄范围是 20—22 岁，平均年龄是 20.97 岁；其中男性 26 人（41.9%），女性 36 人（58.1%）。

为了探究网络新闻报道有无图片是否对读者的阅读兴趣、态度以及判断等方面产生不同的影响，对两组的各项数据进行平均数差异检验，如果 p 值小于 0.05 则表明差异显著，结果见表 8—1。

表 8—1　两组读者对报道各方面评价的比较

	第 1 篇报道(68人)		第 2 篇报道(62人)		t	p
	平均值	标准差	平均值	标准差		
1.您觉得这篇报道有趣吗?	4.75	1.111	4.15	1.469	2.628*	0.010
2.您认为这篇报道的真实性如何?	4.99	0.906	4.32	0.971	4.012**	0.000
3.您对美国小女孩茱莉卖柠檬水的行为支持吗?	5.07	1.176	5.06	0.939	0.048	0.962
4.您认为美国当地郡政府最高地方官科根向小女孩和她妈妈的道歉真诚吗?	4.03	1.304	3.95	1.193	0.354	0.724
5.您对无政府主义者富兰克林组织"柠檬水起义"的行为支持吗?	4.07	1.083	3.90	1.155	0.867	0.387
6.您认为美国政府在整个事件的管理上人性化吗?	4.31	1.225	3.90	1.082	1.993*	0.048

注：** 表示 p < 0.01，* 表示 p < 0.05。

（一）有无图片对报道本身的影响

第 1 题想要考察图片是否会影响读者对报道吸引力的评价。从两组读者的回答分布情况来看，两组读者中都有差不多一半的人认为这篇报道是"有趣的"（选项 E）；阅读无图报道组的读者认为"很有趣（选项 F）"的人数（占 6.45%）要比阅读带图的第 1 篇报道组的读者（20.59%）少 14.14%。阅读第一篇报道的被试选择选项 E（有趣）、F（很有趣）、G（非常有趣）的总人数占 72.06%，阅读第 2 篇报道的被试选择对应这 3 项的总人数占了 54.84%。

对两组数据进行平均数差异检验，结果显示两组的差异显著（见表

8—1)。也就是说，有图、无图会影响读者对这篇报道吸引力的评价，系列图片会增加报道的吸引力，使读者认为这篇报道更有趣。

从无图报道组的读者回答中我们可以发现，这篇报道本身是"有趣的"，因为选择"很有趣（选项 F）"的人有 45.16%。而加入图片又能显著增加读者的阅读兴趣。因此，新闻报道的吸引力，除了报道本身的内容外，系列新闻图片也起到重要作用。从新闻传播视角来看，给新闻配上系列图片是可以增加新闻报道的吸引力，增加读者的阅读兴趣的。

两组关于问卷第 1 题——对这篇报道是否有兴趣的回答分布情况见表 8—2、图 8—10。

表 8—2　两组回答的分布情况

第一篇报道			第二篇报道		
选项	人数	百分比	选项	人数	百分比
A	0	0.00%	A	5	8.06%
B	4	5.88%	B	4	6.45%
C	6	8.82%	C	10	16.13%
D	9	13.24%	D	9	14.52%
E	34	50.00%	E	28	45.16%
F	14	20.59%	F	4	6.45%
G	1	1.47%	G	2	3.23%
合计	68	100%	合计	62	100%

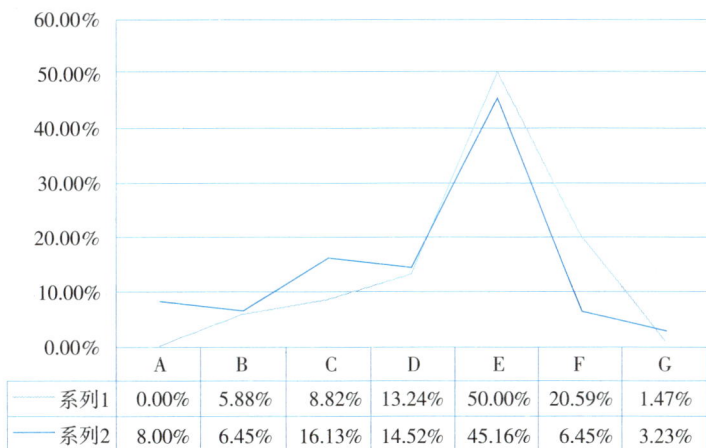

	A	B	C	D	E	F	G
系列1	0.00%	5.88%	8.82%	13.24%	50.00%	20.59%	1.47%
系列2	8.00%	6.45%	16.13%	14.52%	45.16%	6.45%	3.23%

图 8—10　两组的回答分布情况

第 2 题考察图像是否能够加强新闻的真实性。

从两组读者的回答分布情况来看，阅读无图报道组的读者认为报道的真实性"不确定（选项 D）"的人数（占 33.87%）要比阅读第一篇带图片报道组的读者（占 11.76%）多 22.11%，认为报道"不真实（选项 C）"的人数（占 19.35%）也比阅读原报道组的读者（占 5.88%）多 13.47%。阅读第一篇报道组的读者有 80.88% 认为报道是真实的（"E 真实、F 很真实、G 特别真实"），而阅读无图报道组的读者仅有 45.16% 这样认为。

对两组数据进行平均数差异检验，结果显示两组差异显著（见表 8—1），说明在报道中加入系列图片可以显著增加新闻报道的真实性。众所周知，一篇新闻报道最重要的是真实性，如果大家不相信一篇报道的真实性，那么这篇报道是没多大价值的。现在的新闻传播媒介很多，新闻报道更是鱼目混珠，真假难辨，而配上相应的系列图片可以大大增加新闻报道的真实性。

表 8—3　两组的回答分布情况

原报道			无图报道		
选项	人数	百分比	选项	人数	百分比
A	0	0.00%	A	0	0.00%
B	1	1.47%	B	1	1.61%
C	4	5.88%	C	12	19.35%
D	8	11.76%	D	21	33.87%
E	39	57.35%	E	23	37.10%
F	14	20.59%	F	4	6.45%
G	2	2.94%	G	1	1.61%
合计	68	100.00%	合计	62	100.00%

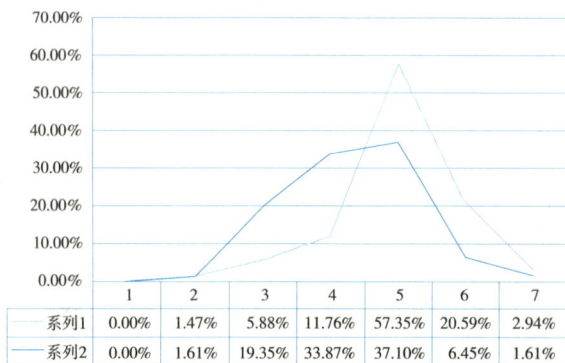

	1	2	3	4	5	6	7
系列1	0.00%	1.47%	5.88%	11.76%	57.35%	20.59%	2.94%
系列2	0.00%	1.61%	19.35%	33.87%	37.10%	6.45%	1.61%

图 8—11　两组的回答分布情况

（二）有无图片对人们理解报道内容的影响

第 3、4、5、6 题想要了解有无图片是否会影响人们对报道内容的理解、看法和态度。

分别对 4 道题进行平均数差异检验，发现两组读者在"您认为美国政府在整个事件的管理上教条 / 人性化"这道题上差异显著，在其余 3 道题上的差异均不显著（见表 8—1）。

这个结果说明图片对读者的态度有一定的影响，肯定了系列新闻图片对人们理解报道内容会产生一定的影响。但同时，我们必须注意不能忽视新闻报道本身文字内容的重要性，因为新闻图片的影响是有限度的。对那些比较主观的、感性的题目，图片的影响较大，但是对那些与社会伦理、常识、社会规范有关的题目，图片的影响要小一些。比如"您对无政府主义者富兰克林组织'柠檬水起义'的行为支持 / 反对？"这一题可能与读者对社会规范的认知有关，因而没有受到图片的影响。再比如"您认为美国政府在整个事件的管理上是教条 / 人性化"这道题两组读者的回答差异显著。这道题是一道偏重感性的题目，看到配图上各种人物微笑的样子会使人有一种友好愉悦的感觉，更容易使人觉得美国政府管理人性化。

四、结论

（一）通过对第 1、第 2 题的分析，可以得出，系列新闻图片可以显著增加新闻报道的趣味性和真实性；

（二）通过对第 3、4、5、6 题的分析，可以得出，系列图片能够对人们对报道内容的理解、看法和态度产生一定的影响，但这个影响是有限的。

第三节 第二组实验：不同主题的视觉框架对读者的影响

一、实验目的

考察同一篇网络新闻报道配以不同主题（如微笑、严肃等）的系列图片是否对读者的情绪、态度以及判断等方面产生不同的影响，同时也考察被试阅读网络新闻时间长短、人口统计变量是否对被试者情绪、态度和判断产生影响。

二、实验方法

除保留原报道——搜狐网转载的《中国青年报》（网络版）的"柠檬水起义"报道中的第一张图片外，将其配上另外4张实验图片，它们形成了一个新的视觉框架——以"哭泣"为主的严肃框架，而原报道中的5张图片是一个以"微笑"为主题的愉快的框架。让被试者先在电脑上阅读实验生成的网络报道，然后关上网页，回答问卷（一）和问卷（二）。

（一）实验文本

实验文本1：原报道，同第1组实验的实验文本1。

实验文本2：新报道，这个利用计算机、网络技术新生成的报道除了保留原报道的第1幅图片外，更换了其余4幅图片（见图8—6、8—7、8—8、8—9），图片主题由"微笑"构成的愉快框架变成了以"哭泣"、"荷枪实弹"为主的"严肃"主题框架，其余媒体环境与原报道一致。

（二）具体问卷选项设计

通过具体问卷选项来考察不同的视觉框架对读者的情绪、态度以及判断等方面产生不同的影响。由于和第一组实验考察的内容不完全一致，因此问卷具体题目设计也有所不同。

（三）具体问卷

调查问卷表（一）

您好：

这是一份学术研究问卷，不涉及政治、个人信仰等问题；您所选的答案无对错之分，也不需要填写个人姓名，敬请您根据自己的真实感受放心填答。

非常感谢您对本研究的支持！

第一部分：您的个人信息，请在相应选项后的（ ）里打"√"。

1. 您的性别：＿＿＿＿＿＿。

2. 您的年龄：＿＿＿＿＿＿。

第二部分:请您仔细阅读这篇网络新闻报道,然后在最符合您感受和看法选项后的( )里打"√"。

1.读了这篇报道后,您的心情是:

A.非常气愤 ( )　　　B.很气愤 ( )　　　C.气愤 ( )

D.不确定 ( )　　　E.愉快 ( )　　　F.很愉快 ( )　　　G.特别愉快 ( )

2.您对美国小女孩茉莉卖柠檬水的行为:

A.特别反对 ( )　　　B.很反对 ( )　　　C.反对 ( )

D.不确定 ( )　　　E.支持 ( )　　　F.很支持 ( )　　　G.特别支持 ( )

3.您认为美国当地郡政府最高地方官科根向小女孩和她妈妈的道歉:

A.非常虚伪 ( )　　　B.很虚伪 ( )　　　C.虚伪 ( )

D.不确定 ( )　　　E.真诚 ( )　　　F.很真诚 ( )　　　G.特别真诚 ( )

4.您认为在约定"起义"当天,全副武装的警察在那里的街道上森严戒备行为:

A.根本没必要 ( )　B.很没必要 ( )　C.没必要 ( )

D.不确定 ( )　　　E.必要 ( )　　　F.很必要 ( )　　　G.特别必要 ( )

5.您对无政府主义者富兰克林组织"柠檬水起义"的行为:

A.特别反对 ( )　　　B.很反对 ( )　　　C.反对 ( )

D.不确定 ( )　　　E.支持 ( )　　　F.很支持 ( )　　　G.特别支持 ( )

6.您认为美国政府在整个事件的管理上:

A.非常教条 ( )　　　B.很教条 ( )　　　C.教条 ( )

D.不确定 ( )　　　E.人性化 ( )　　　F.很人性化 ( )　　　G.特别人性化 ( )

调查问卷表(二)

1.您注意到这篇报道中的图片了吗?

A.有 ( )　　　　　　B.没有 ( )(如果选择 B 请直接从第4题往后答)

2.您记得这篇报道中有多少张图片:

A.1 张 ( )　　　　　B.2 张 ( )　　　　　C.3 张 ( )

D.4 张 ( )　　　　　E.5 张 ( )　　　　　F.6 张 ( )

G.7 张 ( )

3.您觉得这些图片对您在上一份调查问卷做选择时所起的作用:

A.非常重要 ( )　　　B.重要 ( )　　　　C.一般 ( )

D.不重要 ( )　　　　E.一点也不重要 ( )

4.您平均每天的上网（包括电脑、手机等）时间大约为（ ）小时。

A.1 小时以下（ ）　　　　B.1—3 小时（ ）　　　　C.3—5 小时（ ）

D.5—7 小时（ ）　　　　E.7—9 小时（ ）　　　　F.10 小时以上（ ）

5.您平均每天通过电脑、手机等设备浏览网络新闻的时间大约为（ ）分钟。

A.10 分钟以下（ ）　　　B.10—20 分钟（ ）　　　C.20—30 分钟（ ）

D.30—40 分钟（ ）　　　E.40—50 分钟（ ）　　　F.60—120 分钟以上（ ）

G.120 分钟以上（ ）

6.您感觉网络新闻中图像（包括视频和图片）：

A.非常多（ ）　　　　　B.多（ ）　　　　　　　C.一般（ ）

D.不太多（ ）　　　　　E.很少（ ）

7.当您阅读一篇带有文字和相关图片的网络新闻报道，对于图片：

A.基本都看（ ）　　　　B.经常看（ ）　　　　　C.有时看（ ）

D.不怎么看（ ）　　　　E.基本不看（ ）

8.当您阅读一篇带有文字和相关视频的网络新闻报道，对于视频：

A.基本都看（ ）　　　　B.经常看（ ）　　　　　C.有时看（ ）

D.不怎么看（ ）　　　　E.基本不看（ ）

9.当您由于标题的吸引而打开并开始阅读一篇带有文字、图片和视频的网络新闻报道，您的一般阅读顺序是：

A.图片——视频——文字报道（ ）　　B.图片——文字报道——视频（ ）

C.视频——图片——文字报道（ ）　　D.视频——文字报道——图片（ ）

E.文字报道——图片——视频（ ）　　F.文字报道——视频——图片（ ）

三、实验结果

（一）人口学统计学变量情况分析

首先对读者的人口学变量情况进行统计。

阅读原报道组的读者共 65 人，年龄范围是 19—25 岁，平均年龄是 20.94 岁，其中男性 12 人（18.5%），女性 53 人（81.5%）。

阅读新报道（更换了 4 张照片）组的读者是 67 人，年龄范围是 19—23 岁，平均年龄是 21.1 岁，其中男性 12 人（17.9%），女性 55 人（82.1%）。

（二）问卷调查表（一）数据分析

为了探究不同主题的系列图片形成的视觉框架对读者的情绪、态度以及判断等方面是否会产生不同的影响，对两组的各项数据进行平均数差异检验，如果 p 值小于 0.05 则表明差异显著，结果见表 8—4。

表 8—4　两组读者对报道各方面评价的比较

	原报道（65 人）		新报道（67 人）		t	p
	平均值	标准差	平均值	标准差		
1. 读了这篇报道后，您的心情气愤／愉快？	4.40	1.235	3.97	1.167	2.056*	0.042
2. 您对美国小女孩茱莉卖柠檬水的行为反对／支持？	5.46	1.119	5.22	1.152	1.202	0.232
3. 您认为美国当地郡政府最高地方官科根向小女孩和她妈妈的道歉虚伪／真诚？	4.66	1.290	4.34	1.355	1.381	0.170
4. 您认为在约定"起义"当天，全副武装的警察在那里的街道上森严戒备的行为必要／没必要？	4.43	1.380	3.85	1.617	2.214*	0.029
5. 您对无政府主义者富兰克林组织"柠檬水起义"的行为反对／支持？	3.95	1.067	4.03	1.087	−0.405	0.686
6. 您认为美国政府在整个事件的管理上教条／人性化？	4.48	1.200	3.99	1.320	2.238*	0.027

注：** 表示 p＜0.01，* 表示 p＜0.05。

第 1 题想要考察不同主题的视觉框架对读者的情绪是否有不同影响。

与阅读原报道的读者相比，阅读更换了严肃、哭泣图片报道的读者选择"气愤"的比例较多（占 38.81%，原报道是 27.70%），而选择"愉快"选项的人数比例较少（占 4.32%，原报道是 47.69%）。看起来读者的情绪有受到视觉框架影响的可能性。

对两组数据进行平均数差异检验，发现两组的差异显著（见表 8—4、表 8—5 和表 8—6），说明系列新闻图片所建构起来的不同的视觉框架对读者的情绪有显著影响。

表8—5　两组的回答分布情况

原报道			新图报道		
选项	人数	百分比	选项	人数	百分比
A	0	0.00%	A	0	0.00%
B	2	3.08%	B	6	8.96%
C	16	24.62%	C	20	29.85%
D	16	24.62%	D	18	26.87%
E	20	30.77%	E	17	25.37%
F	7	10.77%	F	5	7.46%
G	4	6.15%	G	1	1.49%
合计	65	100%	合计	67	100.00%

第2、3、4、5、6题考察不同的视觉框架对读者理解报道内容的影响。

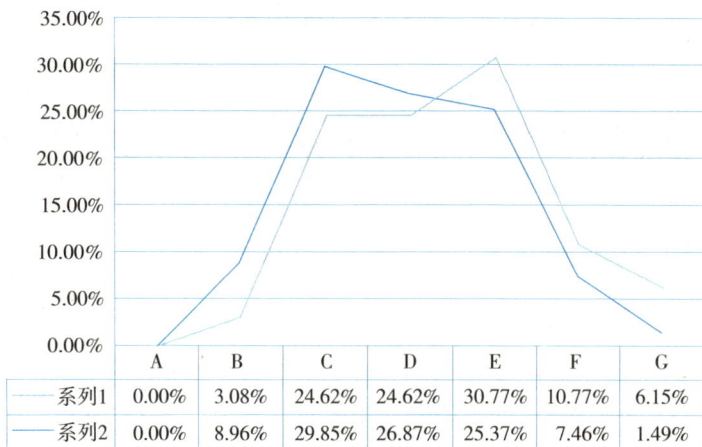

	A	B	C	D	E	F	G
—— 系列1	0.00%	3.08%	24.62%	24.62%	30.77%	10.77%	6.15%
—— 系列2	0.00%	8.96%	29.85%	26.87%	25.37%	7.46%	1.49%

图8—12　两组的回答分布情况

分别对5道题进行平均数差异检验，发现对第4题和第6题两组读者的回答差异显著，其他3道题差异不显著。

第4题"您认为在约定'起义'当天，全副武装的警察在那里的街道上森严戒备行为必要／没必要"这道题上，与阅读原报道的读者相比，阅读更换了严肃、哭泣图片的报道的读者，更倾向于认为这种戒备行为是没有必要的。

第6题"您认为美国政府在整个事件的管理上是死板/人性化"这道题，与阅读原报道的读者相比，阅读更换了严肃、哭泣图片的报道的读者，更倾向于认为政府是不人性化的、教条的。

对于第4题和第6题两组读者回答产生显著差异的原因，我们做了如下推测。因为换成了严肃、哭泣图片的报道，读者阅读时，看到柠檬水摊被迫关闭后，小女孩茉莉伤心哭泣的照片，产生了对卖柠檬水的小女孩当时不良处境的联想和同情，因此，尽管事情得到了圆满的解决，但出于对茉莉的同情等因素，对于政府大动干戈的管理行为，产生了一定的反感，觉得政府小题大做。而同时，原报道中各个人物微笑的照片，则使人们更多地关注了事情得到圆满解决这一方面，于是对政府的处理倾向于比较满意。因此，两组读者的回答就产生了差异。

第4题和第6题的差异说明了不同的新闻视觉框架在人们对报道内容的理解、看法和态度上能够产生一定的影响，但和第1组实验一样，这种影响是有限的，第2、3、5题没有显著差异也说明了这一点。

第一组实验发现有无图片会对人们对报道内容的理解、看法和态度产生一定的影响；而我们在第二组实验中发现，不同的视觉框架在人们对报道内容的理解、看法和态度上产生的影响也是不同的。可见，系列新闻图片不仅能够增强新闻报道的趣味性和真实性，传播者对图片的选择、架构也能够对受众产生一定的影响。

（三）问卷调查表（二）数据分析

通过问卷调查表（二）间接和直接考察被试者对系列新闻图片作用的认知，前两项是间接考察，后一项是直接问询。具体选项如下。

1.您注意到这篇报道中的图片了吗？

A.有（　）　B.没有（　）（如果选择B请直接从第4题往后答）

阅读原报道的只有2人没有注意到图片，阅读新报道的有3人没有注意到图片，这5个读者直接从第4题开始作答，不参与第2、3题的统计。

2.您记得这篇报道中有多少张图片：

A.1张（　）　B.2张（　）　C.3张（　）　D.4张（　）　E.5张（　）F.6张（　）　G.7张（　）

两个报道中都有5张图片，阅读原报道的有10人（14.3%）答对，阅读新报道的有 24 人（34.3%）答对。读者答对这题的比例不是很高，这表明读者在阅读报道时，可能只是粗略地浏览一下图片，而重点放在报道的内容上。

3. 您觉得这些图片对您在上一份调查问卷做选择时所起到的作用：

A. 非常重要（ ） B. 重要（ ） C. 一般（ ） D. 不重要（ ）
E. 一点也不重要（ ）

对两组数据进行平均数差异检验，发现两组的差异不显著，也就是说，两组读者对新闻报道中图片的重要性评价没有显著差异（t=0.759；p=0.081≥0.05，如表 8—6）。

表 8—6　两组读者对图片重要性评价的比较

	原报道（63 人）		新报道（64 人）		t	p
	平均值	标准差	平均值	标准差		
您觉得这些图片对您在上一份调查问卷做选择时所起到的作用	2.68	1.029	2.39	0.828	1.759	0.081

因此，可以将两组数据合并分析，可得到读者在这个问题上的回答情况。可以看出，有一半多的读者认为图片在自己做选择时起到了重要的作用，也有相当一部分读者（33.07%）认为图片的重要性一般，仅有一少部分读者（13.39%）认为图片的作用不重要。可见，读者主观上对图片还是相当重视的。

表 8—7　读者（两组数据合并）对图片重要性的评价

选项	人数	百分比
A	13	10.24%
B	55	43.31%
C	42	33.07%
D	12	9.45%
E	5	3.94%
合计	127	100.00%

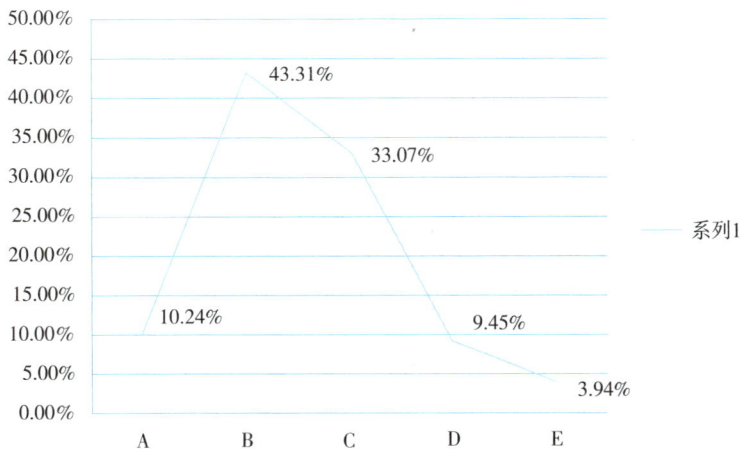

图8—13　读者（两组数据合并）对图片重要性的评价

从以上3个题中，可以看出，绝大多数读者会注意到新闻报道中存在的图片，并认为这些图片会影响自己对报道的理解。

四、结论

（一）通过对第1题的分析，发现系列图片构成不同主题的视觉框架对读者的情绪有显著的影响。

（二）通过对第2、3、4、5、6题的分析，证明了不同的视觉框架对人们对报道内容的理解、看法和态度可以产生一定的影响，但是这个影响是有限的。

（三）绝大多数读者会注意到新闻报道中存在的图片，并认为这些图片会影响自己对报道的理解。

（四）在132位被试者中，有127人说注意到图片，只有5人说没有注意到图片，共有31人、占24.4%的人准确答对了图片的数量，并且绝大多数人的回答与预设答案相近，这间接说明图片能够吸引人们的注意。

五、分析与讨论

我们的研究发现，系列新闻图片构成不同主题的视觉框架对读者的情绪、态度、判断产生一定的影响，但其影响是有限的，可能主要有以下几个原因：

第一，对新闻报道来说，文字报道本身的情感色彩对人们情绪的影响可能更大一些，这篇报道本身情感色彩非常明显，因此，在一些议题上，图片的作用并不显著。

第二，因为这篇报道较长，人们阅读文字时间较长，受到报道内容的影响较大，冲淡了图片所产生的情绪效果。就如一勺盐分别放入盛满水的一只小碗和一个大盆里，盐的浓度、作用不同一样。

第三，图片的视觉框架对人们情绪、态度、判断有一定的影响，这也符合新闻图像议程设置作用规律，即新闻图像的影响是渐进的、累积的。从问卷（二）的被试者回答来看，也证实了这样的论断。人们长期关注消极或积极的图像，会对社会的看法、情绪有较大影响。

第四，总体来看，在长篇网络新闻报道中，新闻图像框架所起到的作用受多方面的影响，比如文字报道的框架显著与否、图像与新闻内容的契合程度、新闻报道的媒体环境如何、社会的主流意识形态，以及读者自身的人口统计学特征等，都会对新闻图像框架作用的发挥的产生这样或那样的影响。因此，很难明确、泛泛地说新闻图像框架一定对读者有多大的影响，但是可以肯定的是，新闻图像框架是可以对读者产生重要影响的，只是在不同的文本中作用不同罢了。

第四节　图片位置不同对读者的影响

一、实验目的

这里考察同一篇网络新闻报道中，系列图片放在新闻报道中不同位置，即分开置放在报道中不同位置、图片都放在报道的最前面、图片都放在报道的最后面，这样是否对读者的情绪、态度以及判断等方面产生不同的影响。

二、实验方法

选取搜狐网关于"柠檬水起义"这篇报道作为"原型"（原报道），在这篇报道中，第一页提要下面放了 3 张图片，在第二页提要下面放了 2 张图片。另外利用网络和计算机技术生成另外两篇报道，对原报道中图片位置进行重新置放，其中一篇 5 张图片都按照原报道中的顺序放到报道的最前面，即都放在第一页提要下面，另一篇 5 张图片都按照顺序放在了报道的最后面，其他网页环境不变。

（一）实验文本

实验文本 1：搜狐网转载的《中国青年报》"柠檬水起义"这篇报道，同第一组实验的实验文本 1。

实验文本 2：基于上述搜狐网转载的《中国青年报》"柠檬水起义"这篇报道，使用计算机、网络技术生成 1 篇网络新闻报道网页，其中 5 张图片都按照原报道中的顺序放在第一页提要下面，其余媒体环境与原报道一致。该网页在不联网的情况下同样可以打开，以便于实验使用。

实验文本 3：基于上述搜狐网转载的《中国青年报》"柠檬水起义"这篇报道，使用计算机、网络技术生成 1 篇网络新闻报道网页，其中 5 张图片都按照原报道中的顺序放到报道的最后面，其余媒体环境与原报道一致。该网页在不联网的情况下同样可以打开，以便于实验使用。

（二）具体问卷

调查问卷表（一）

您好：

这是一份学术研究问卷，不涉及政治、个人信仰等问题；您所选的答案无对、错之分，也不需要填写个人姓名，敬请您根据自己的真实感受放心填答。

非常感谢您对本研究的支持！

第一部分：您的个人信息，请在相应选项后的（　）里打"√"。

1.您的性别：_____。

2.您的年龄：_____。

第二部分：请您仔细阅读这篇网络新闻报道，然后在最符合您感受和看法的选项后的（　）里打"√"。

1.您觉得这篇报道：

A. 非常无趣（　）　　B.很无趣（　）　　C.无趣（　）　　D.不确定（　）

E.有趣（　） 　　　　F.很有趣（　） 　　　G.特别有趣（　）

2.读了这篇报道后，您的心情是：

A.非常气愤（　） 　　B.很气愤（　） 　　C.气愤（　） 　　D.不确定（　）

E.愉快（　） 　　　　F.很愉快（　） 　　　G.特别愉快（　）

3.您认为这篇报道：

A.非常虚假（　） 　　B.很虚假（　） 　　C.虚假（　） 　　D.不确定（　）

E.真实（　） 　　　　F.很真实（　） 　　　G.特别真实（　）

4.您对美国小女孩茉莉卖柠檬水的行为：

A.特别反对（　） 　　B.很反对（　） 　　C.反对（　） 　　D.不确定（　）

E.支持（　） 　　　　F.很支持（　） 　　　G.特别支持（　）

5.您认为美国当地郡政府最高地方官科根向小女孩和她妈妈的道歉行为：

A.非常虚假（　） 　　B.很虚假（　） 　　C.虚假（　） 　　D.不确定（　）

E.真诚（　） 　　　　F.很真诚（　） 　　　G.特别真诚（　）

6.您对无政府主义者富兰克林组织"柠檬水起义"行为：

A.特别反对（　） 　　B.很反对（　） 　　C.反对（　） 　　D.不确定（　）

E.支持（　） 　　　　F.很支持（　） 　　　G.特别支持（　）

7.您认为美国政府在整个事件的管理上：

A.非常死板（　） 　　B.很死板（　） 　　C.死板（　） 　　D.不确定（　）

E.人性化（　） 　　　F.很人性化（　） 　　　G.特别人性化（　）

调查问卷表（二）

1.您注意到这篇报道中的图片了吗？

A.有（　） B.没有（　）（如果选择B请直接从第4题往后答）

2.您记得这篇报道中有多少张图片：

A.1张（　） 　　B.2张（　） 　　C.3张（　） 　　D.4张（　） 　　E.5张（　）

F.6张（　） 　　G.7张（　）

3.您觉得这些图片对您在上一份调查问卷做选择时所起的作用：

A.非常重要（　） 　　　B.重要（　） 　　　C.一般（　） 　　　D不重要（　）

E.一点也不重要（　）

4.您平均每天的上网（包括电脑、手机等）时间大约为（　）小时。

A.1小时以下（　） 　　B.1—3小时（　）

C.3—5 小时（　） 　　　D.5—7 小时（　）

E.7—9 小时（　） 　　　F.10 小时以上（　）

5.您平均每天通过电脑、手机等设备浏览网络新闻的时间大约为（　）分钟。

A.10 分钟以下（　） 　　B.10—20 分钟（　） 　　C.20—30 分钟（　）

D.30—40 分钟（　） 　　E.40—50 分钟（　） 　　F.60—120 分钟（　）

G.120 分钟以上（　）

6.您感觉网络新闻中图像（包括视频和图片）：

A.非常多（　） 　　　　B.多（　） 　　　　C.一般（　） 　　　D.不太多（　）

E.很少（　）

7.当您阅读一篇带有文字和相关图片的网络新闻报道时，对于图片：

A.基本都看（　） 　　　B.经常看（　） 　　C.有时看（　） 　　D.不怎么看（　）

E.基本不看（　）

8.当您阅读一篇带有文字和相关视频的网络新闻报道时，对于视频：

A.基本都看（　） 　　　B.经常看（　） 　　C.有时看（　） 　　D.不怎么看（　）

E.基本不看（　）

9.当您由于标题的吸引而打开并开始阅读一篇带有文字、图片和视频的网络新闻报道时，您的一般阅读顺序是：

A.图片——视频——文字报道（　） 　　　B.图片——文字报道——视频（　）

C.视频——图片——文字报道（　） 　　　D.视频——文字报道——图片（　）

E.文字报道——图片——视频（　） 　　　F.文字报道——视频——图片（　）

三、实验结果

(一) 读者的人口学变量情况

阅读分开置放图片组的共 45 人，年龄范围是 19—24 岁，平均年龄是 21.11 岁，其中男性 7 人（15.6%），女性 38 人（84.4%）。

阅读图片在最前组的共 44 人，年龄范围是 19—26 岁，平均年龄是 22.16 岁，男性 13 人（29.5%），女性 31 人（70.5%）。

阅读图片在最后一组的共 42 人，年龄范围是 19—31 岁，平均年龄是 21.05 岁，男性 19 人（45.2%），女性 23 人（54.8%）。

(二) 问卷调查表 (一) 的数据分析

为了探究系列图片放在不同位置中（分开置放、最前面、最后面）

是否对读者的情绪、态度以及判断等方面产生不同的影响，对三组各项数据进行方差分析，如果 p 值小于 0.05 则表明差异显著，结果见表8—8。

表8—8　三组读者对报道各方面评价的比较

序号		图片分开放 （45人）		图片在最前 （44人）		图片在最后 （42人）		F	p
		平均数	标准差	平均数	标准差	平均数	标准差		
1	您觉得这篇报道的吸引力	4.56	1.139	4.32	1.427	3.83	1.430	3.275	0.041*
2	读了这篇报道后，您的心情	3.96	0.74	4.11	0.97	3.71	0.83	2.388	0.096
3	您认为这篇报道的真实性	4.93	0.809	4.59	1.106	4.02	1.352	7.465	0.001**
4	您对美国小女孩茱莉卖柠檬水的行为支持吗？	5.04	0.88	4.89	1.10	4.86	1.16	0.405	0.668
5	您认为美国当地郡政府最高地方官科根向小女孩和她妈妈的道歉真诚吗？	3.87	1.36	4.48	1.09	3.52	1.21	6.696	0.002**
6	您对无政府主义者富兰克林组织"柠檬水起义"行为支持吗？	4.07	1.03	3.84	1.12	3.90	1.14	0.500	0.608
7	您认为美国政府在整个事件的管理上人性化吗？	4.38	1.21	4.52	1.25	3.76	1.10	4.930	0.009**

注：** 表示 $p < 0.01$，* 表示 $p < 0.05$。

总体来看，系列图片放在不同位置（分开置放、最前面、最后面）对被试者的影响，在第2、4、6三个题目上，三个组没有显著差异，但是在1、3、5、7四个题目上，三个组的差异显著。

（1）第1题是通过题目"您觉得这篇报道的有趣程度"考察图片位置

不同是否会影响读者对报道吸引力的评价。对第 1 题进行方差分析，可得图像位置对读者的吸引力有显著影响，进一步分析，可得图片分开置放的吸引力，显著高于图片放在报道的最前的吸引力也高于放置最后。

表 8—9　三组的回答分布情况

分开置放			最前			最后		
选项	人数	百分比	选项	人数	百分比	选项	人数	百分比
A	2	4.44%	A	1	2.30%	A	2	4.80%
B	0	0.00%	B	5	11.4%	B	5	11.90%
C	4	8.89%	C	8	18.20%	C	13	31.00%
D	10	22.22%	D	4	9.10%	D	5	11.90%
E	24	53.33%	E	18	40.90%	E	13	31.00%
F	4	8.89%	F	7	15.90%	F	3	7.10%
G	1	2.22%	G	1	2.30%	G	1	2.40%
合计	45	100.00%	合计	44	100.00%	合计	42	100.00%

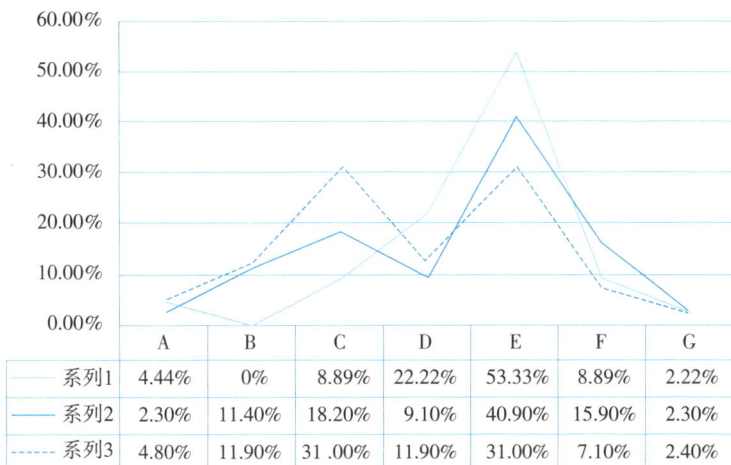

	A	B	C	D	E	F	G
系列1	4.44%	0%	8.89%	22.22%	53.33%	8.89%	2.22%
系列2	2.30%	11.40%	18.20%	9.10%	40.90%	15.90%	2.30%
系列3	4.80%	11.90%	31.00%	11.90%	31.00%	7.10%	2.40%

图 8—14　三组的回答分布情况

（2）第 2 题通过"读者读了这篇报道后的心情"考察图像位置不同是否对读者的情绪产生影响。对第 2 题进行方差分析，图像位置对读者的情绪没有显著影响。

表 8—10 三组的回答分布情况

分开置放			最前			最后		
选项	人数	百分比	选项	人数	百分比	选项	人数	百分比
A	0	0.0%	A	0	0.0%	A	0	0.0%
B	2	4.4%	B	1	2.3%	B	2	4.8%
C	7	15.6%	C	10	22.7%	C	15	35.7%
D	27	60.0%	D	20	45.5%	D	19	45.2%
E	9	20.0%	E	10	22.7%	E	5	11.9%
F	0	0.0%	F	2	4.5%	F	1	2.4%
G	0	0.0%	G	1	2.3%	G	0	0.00%
合计	45	100.0%	合计	44	100.0%	合计	42	100.0%

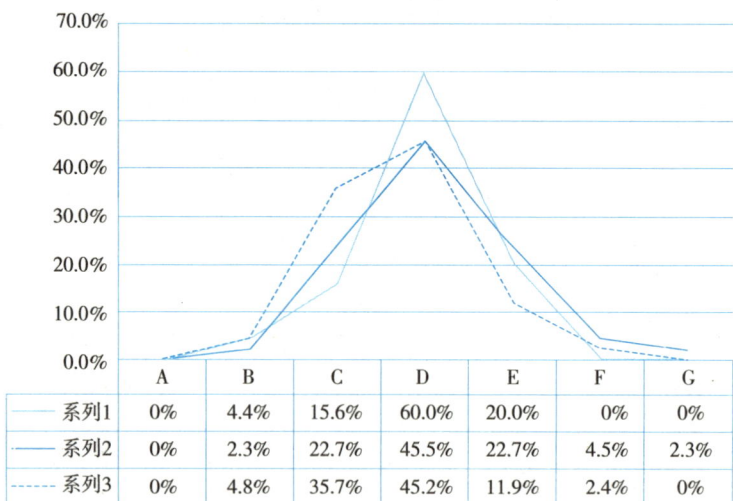

	A	B	C	D	E	F	G
系列1	0%	4.4%	15.6%	60.0%	20.0%	0%	0%
系列2	0%	2.3%	22.7%	45.5%	22.7%	4.5%	2.3%
系列3	0%	4.8%	35.7%	45.2%	11.9%	2.4%	0%

图 8—15 三组的回答分布情况

（3）第 3 题通过"读者对报道真实性的感知"考察图像位置不同是否对读者对报道真实性评价产生影响。通过对第 3 题进行方差分析，可得，图像位置对读者对报道真实性评价也有显著影响，进一步分析，可得，图片分开置放的真实性，显著高于图片放在最前和最后的位置，图片放置最前的真实性也高于放置最后的真实性。

表 8—11 三组的回答分布情况

分开置放			最前			最后		
选项	人数	百分比	选项	人数	百分比	选项	人数	百分比
A	0	0.00%	A	0	0.00%	A	3	7.10%
B	1	2.20%	B	2	4.50%	B	2	4.80%
C	2	4.40%	C	7	15.90%	C	9	21.40%
D	3	6.70%	D	6	13.60%	D	8	19.00%
E	33	73.30%	E	21	47.70%	E	18	42.90%
F	5	11.10%	F	8	18.20%	F	1	2.40%
G	1	2.20%	G	0	0.00%	G	1	2.40%
合计	45	100.00%	合计	44	100.00%	合计	42	100.00%

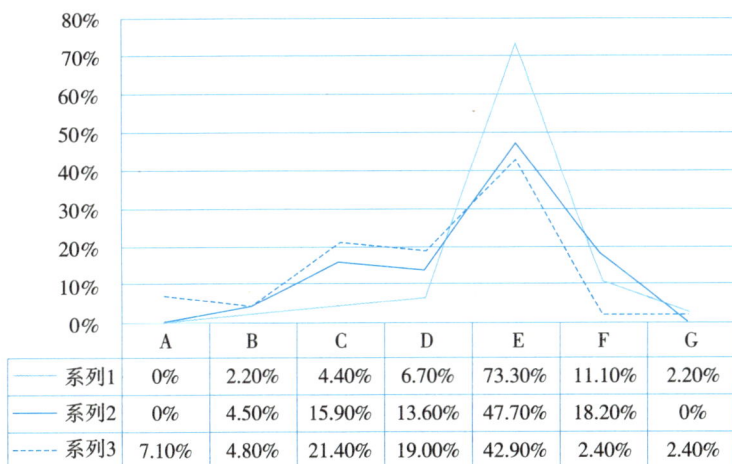

	A	B	C	D	E	F	G
系列1	0%	2.20%	4.40%	6.70%	73.30%	11.10%	2.20%
系列2	0%	4.50%	15.90%	13.60%	47.70%	18.20%	0%
系列3	7.10%	4.80%	21.40%	19.00%	42.90%	2.40%	2.40%

图 8—16 三组的回答分布情况

也就是说，如果新闻报道中有图片，那么相比把图片都放在最后而言，把图片分开置放是比较好的做法，相对来说对读者的吸引力更高，而且可以相对增加新闻报道的真实性。

（4）第 4 题通过"读者对美国小女孩茱莉卖柠檬水的行为支持与否"考察图像位置不同是否对读者的态度产生影响。通过对第 4 题进行方差分析，可得，图像位置对读者的态度没有显著影响。

表 8—12　三组的回答分布情况

分开置放			最前			最后		
选项	人数	百分比	选项	人数	百分比	选项	人数	百分比
A	0	0.0%	A	0	0.0%	A	1	2.4%
B	0	0.0%	B	1	2.3%	B	0	0.0%
C	3	6.7%	C	4	9.1%	C	5	11.9%
D	4	8.9%	D	7	15.9%	D	4	9.5%
E	29	64.4%	E	23	52.3%	E	22	52.4%
F	6	13.3%	F	5	11.4%	F	8	19.0%
G	3	6.7%	G	4	9.1%	G	2	4.8%
合计	45	100.0%	合计	44	100.0%	合计	42	100.0%

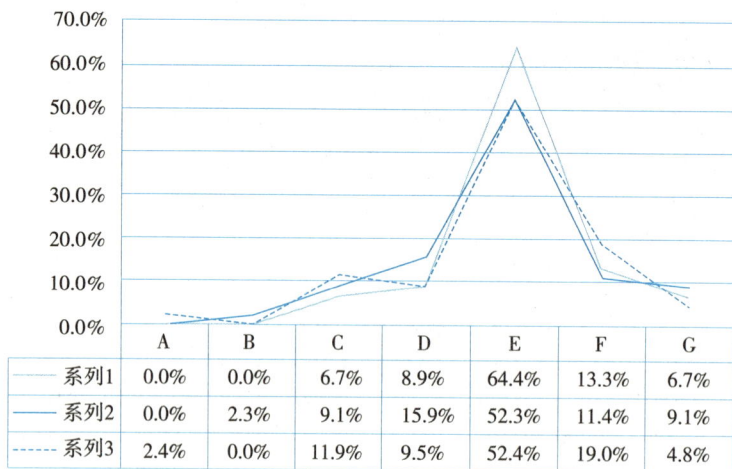

	A	B	C	D	E	F	G
系列1	0.0%	0.0%	6.7%	8.9%	64.4%	13.3%	6.7%
系列2	0.0%	2.3%	9.1%	15.9%	52.3%	11.4%	9.1%
系列3	2.4%	0.0%	11.9%	9.5%	52.4%	19.0%	4.8%

图 8—17　三组的回答分布情况

（5）第 5 题通过"读者对美国当地郡政府最高地方官科根向小女孩和她妈妈的道歉真诚与否"考察图像位置不同是否对读者的认知判断产生影响。通过对第 5 题进行方差分析，可得，图像位置对读者的认知判断有显著影响，对第 5 题进一步分析发现，相比图片放置在最后，图片放置在最前组的读者，更倾向于认为美国当地郡政府最高地方官科根向小女孩和她妈妈的道歉是真诚的。

表 8—13 三组的回答分布情况

分开置放			最前			最后		
选项	人数	百分比	选项	人数	百分比	选项	人数	百分比
A	1	2.2%	A	0	0.0%	A	3	7.1%
B	2	4.4%	B	0	0.0%	B	2	4.8%
C	22	48.9%	C	11	25.0%	C	18	42.9%
D	4	8.9%	D	8	18.2%	D	11	26.2%
E	12	26.7%	E	20	45.5%	E	5	11.9%
F	1	2.2%	F	3	6.8%	F	3	7.1%
G	3	6.7%	G	2	4.5%	G	0	0.0%
合计	45	100.0%	合计	44	100.0%	合计	42	100.0%

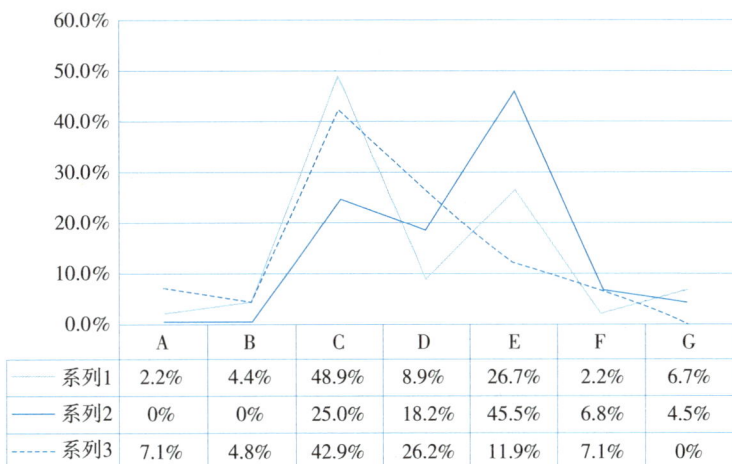

	A	B	C	D	E	F	G
系列1	2.2%	4.4%	48.9%	8.9%	26.7%	2.2%	6.7%
系列2	0%	0%	25.0%	18.2%	45.5%	6.8%	4.5%
系列3	7.1%	4.8%	42.9%	26.2%	11.9%	7.1%	0%

图 8—18 三组的回答分布情况

(6) 第 6 题通过"读者对无政府主义者富兰克林组织'柠檬水起义'行为支持与否"考察图像位置不同是否对读者的态度产生影响。通过对第 6 题进行方差分析，可得，图像位置对读者的态度没有显著影响。

表 8—14　三组的回答分布情况

分开置放			最前			最后		
选项	人数	百分比	选项	人数	百分比	选项	人数	百分比
A	0	0.0%	A	1	2.3%	A	1	2.4%
B	0	0.0%	B	2	4.5%	B	1	2.4%
C	17	37.8%	C	15	34.1%	C	16	38.1%
D	12	26.7%	D	14	31.8%	D	10	23.8%
E	13	28.9%	E	10	22.7%	E	12	28.6%
F	2	4.4%	F	1	2.3%	F	1	2.4%
G	1	2.2%	G	1	2.3%	G	1	2.4%
合计	45	100.0%	合计	44	100.0%	合计	42	100.0%

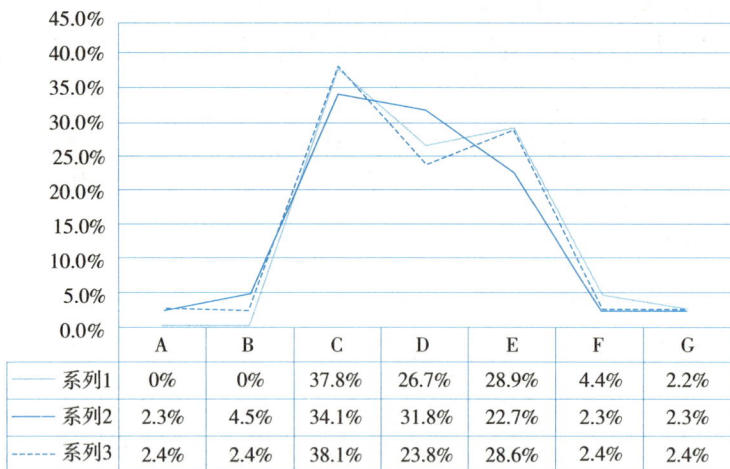

	A	B	C	D	E	F	G
系列1	0%	0%	37.8%	26.7%	28.9%	4.4%	2.2%
系列2	2.3%	4.5%	34.1%	31.8%	22.7%	2.3%	2.3%
系列3	2.4%	2.4%	38.1%	23.8%	28.6%	2.4%	2.4%

图 8—19　三组的回答分布情况

（7）第 7 题通过对"美国政府在整个事件的管理上的评价"考察图像位置不同是否对读者的认知判断产生影响。通过对第 7 题进行方差分析，可得，图像位置对读者的认知判断有显著影响，对第 7 题进一步分析发现，相比图片放置在最后，图片放置在最前组的读者，更倾向于认为美国政府在整个事件的管理上是人性化的。

表 8—15　三组的回答分布情况

分开置放			最前			最后		
选项	人数	百分比	选项	人数	百分比	选项	人数	百分比
A	1	2.2%	A	1	2.3%	A	1	2.4%
B	2	4.4%	B	3	6.8%	B	3	7.1%
C	10	22.2%	C	5	11.4%	C	15	35.7%
D	3	6.7%	D	5	11.4%	D	10	23.8%
E	24	53.3%	E	24	54.5%	E	12	28.6%
F	5	11.1%	F	5	11.4%	F	1	2.4%
G	0	0.0%	G	1	2.3%	G	0	0.0%
合计	45	100.0%	合计	44	100.0%	合计	42	100.0%

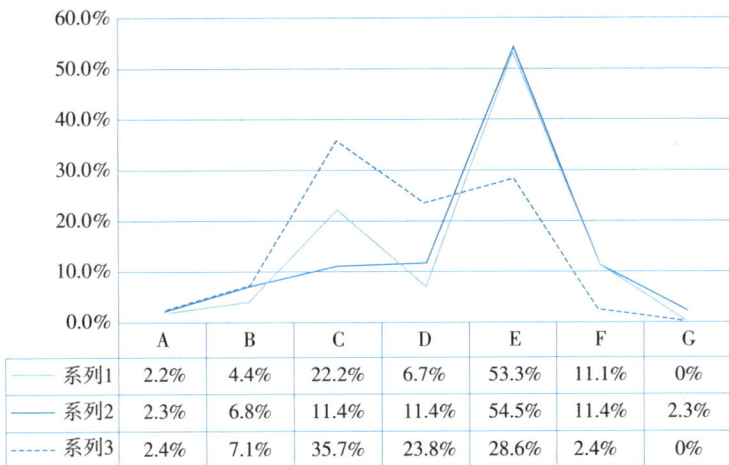

	A	B	C	D	E	F	G
系列1	2.2%	4.4%	22.2%	6.7%	53.3%	11.1%	0%
系列2	2.3%	6.8%	11.4%	11.4%	54.5%	11.4%	2.3%
系列3	2.4%	7.1%	35.7%	23.8%	28.6%	2.4%	0%

图 8—20　三组的回答分布情况

　　小结：对第 5 题和第 7 题的分析表明，先看到图片的读者，与最后才看到图片的读者，在某些问题的看法上是有显著差异的。我们发现，这两道题目都是关于对政府看法的，而图片中有一张美国当地郡政府最高地方官科根充满微笑的照片。我们可以推测，正是这张笑容可掬的照片，使得先看图片的读者，在一开始就产生了友好的感觉，进而影响了对报道中政府的整体态度的评价；而最后才看到图片的读者，此时对报道已经形成了自己的看法，图片此时已经很难影响到读者的态度了。因此，相比把图片放置在报道最后，把图片放置在报道前面更会增加图片对读者态度的影响。

（三）问卷（二）部分实验数据分析

问卷（一）主要是通过被试者对问卷设计的题目进行回答，考察图片位置不同被试者所反映出来的态度、情绪以及判断的影响；问卷（二）则是通过题目考察被试者的关注度和主观感觉新闻图片位置不同所产生的影响，它更为直接地询问被试者是否注意到图片、图片的数量以及对图片的作用的直接陈述。

（1）对图片的关注度调查

通过题目"您是否注意到这篇报道中的图片"这个问题的统计分析，来考察被试者对图片的关注度情况。通过统计，把图片分开放置，所有被试（100%）都注意到图片的存在；把图片放在前面，有82%的被试注意到了图片，而将图片放在最后时，有64%的被试注意到报道中的图片。3组中没有注意到图片的被试者一共有23人，他们不参与下面2.3题的统计分析。

表 8—16　三组的回答分布情况

	分开置放		最前		最后		合计
	人数	百分比	人数	百分比	人数	百分比	
A 有	45	100%	36	82%	27	64%	108
B 没有	0	0%	8	18%	15	36%	23
合计	45	100%	44	100%	42	100%	131

（2）题目"您记得这篇报道中有多少张图片"的统计分析

3个报道中都有5张图片，图片分开置放时19人（42.2%）答对，图片放在最前时8人（18.2%）答对，图片放在最后时18人（42.9%）答对。当图片放在最前时，答对的读者的比例最少。

（3）"您觉得这些图片对您在上一份调查问卷做选择时所起到的作用"的统计分析

先让被试者阅读问卷（一），再完成问卷（二）。对3组各项数据进行方差分析，如果 p 值小于 0.05 则表明差异显著，结果3组读者之间存在显著差异。对3组数据进一步分析，比起图片放在最前的，图片分开放置组的读者认为图片更重要；比起图片放在最后的，图片分开放置组的读者认为图片更重要。

表8—17 三组读者对图片重要性评价的比较

	图片分开放 (45人)		图片在最前 (44人)		图片在最后 (42人)		F	p
	平均数	标准差	平均数	标准差	平均数	标准差		
您觉得这些图片对您在上一份调查问卷做选择时所起到的作用	2.56	.967	2.00	1.141	1.67	1.572	5.686	.004**

注: ** 表示 p < 0.01。

从以上3个题中，可以看出，图片位置会影响人们对图片的关注程度，图片分开放置更能引起读者的关注，而且，图片分开放置会使读者更加肯定图片的重要性。可能是由于当图片分开放置时，读者在阅读每一部分报道时，都会看到新的图片，图和文可以更好地对应起来，因此，会认为图片比较重要。这告诉我们，在网络长篇报道中，如果要放置图片，应该把图片和内容结合起来，在文字内容适当的地方放置图片，这样即能引起读者的注意，又能使读者增加对报道内容的理解。

四、结论与讨论

（一）结论

综合问卷（一）和问卷（二）的数据分析，总体来看，在网络长篇报道中，系列新闻图片的放置位置不同对读者的情绪没有显著影响，而对读者的吸引力、报道的真实性、态度和判断都产生显著的影响。具体来说，在提高报道兴趣，从而提高报道吸引力方面以及提高报道真实性方面，图片分开放置效果最好；而在影响读者的态度和判断方面，图片放置在报道最前面效果最好；把图片都放置在报道的最后的做法，传播效果不好，在实际应用中应该避免。上述结论由问卷（一）和问卷（二）的数据综合分析也得到了相互印证。

（二）讨论

（1）图片分开放置更能引起读者的关注，而且图片分开放置会使读者更加肯定图片的重要性。可能是由于当图片分开放置时，读者在阅读每一部分报道时，都会看到新的图片，图和文字可以更好的对应起来，起到了"图文并茂"的影响效果，因此会认为图片比较重要。这告诉我们，在网络长篇报道中，如果要放置图片，应该把图片和内容结合起来，在文字内容适当的地方置放图片，这样即能引起读者的注意，又能使读者增加对报道内容的理解。

（2）系列图片放置在报道的最前面，使读者先看到图片，这些图片产生了类似排比句的效果，也就是我们在第四章"图像修辞"中所说的"排比"手法，读者通过系列图像已经产生了态度和判断，因此，相对于图片分开放置和放置在最后面来说，把图片放置在报道前面会增加图片对读者态度和判断的影响力。

（3）系列图片放在最后，一方面一些读者很可能没有注意到图片，或者已经了解了报道内容而感觉再去看图片意义不大；另一方面，最后才看到图片的读者，此时对报道已经形成了自己的看法，图片此时已经很难影响到读者的态度了。因此，那些图片都放在最后，其发挥作用的潜能被大大打了折扣。

第九章
短视频新闻的传播机制及其社会影响

近年来，短视频结合新闻，孕育出一种新的传播形态——短视频新闻。短视频新闻已发展成为新闻传播的一种重要形态。短视频新闻对社会舆情的影响具有突发性，易被发酵，呈现病毒式扩散特点。尤其涉及社会敏感话题的短视频新闻一经引爆就会快速发酵，引发网民围观，快速聚合成意见相对趋同的网络集群，并在线上线下传播，扩大事态，"病毒式"扩散效果就会呈现，其影响力不容小觑。

第一节　UGC短视频新闻对社会舆论产生影响的原因 [1]

UGC（User Generated Content），即用户生产内容，泛指用户以各种形式创作发表于网络的文字、图片、音频、视频等内容，是用户使用互联网的新模式。UGC短视频新闻一般是指由普通公众所拍摄、发布在互联网平台上的新闻视频短片。随着UGC短视频的强势崛起，UGC短视频新闻也横空出世，频繁引爆网络舆情，网络舆情传播的重要载体已由文字、图片转向了短视频新闻，成为新的发展趋势。我国网民数量庞大，教育水

---

[1]　本节内容主要摘自韩雪玲、宁海林：《论短视频新闻对社会舆论的影响》，《中国广播电视学刊》2019年第4期。

平参差不齐，较易形成"网络暴力"。我国正处于社会转型期，一个短视频新闻就可能引爆网络舆论轩然大波。尽管绝大多数 UGC 短视频新闻未引起显著舆情，却在一定范围内通过微博、微信、QQ、短视频 APP 等社交软件平台暗流涌动，对人们的行为、思维方式产生潜移默化的影响，尤其那些涉及城管、医患、拆迁等方面的 UGC 短视频新闻，往往产生以偏概全效应，增加社会矛盾，给政府带来不小的压力，并给社会和人民群众造成损失。揭示 UGC 短视频新闻对网络舆情影响的具体表现和作用，能够引起学界、国家有关部门、视频平台对 UGC 短视频新闻给予充分的重视。UGC 短视频新闻之所以能对社会舆论产生显著影响主要有三个方面的因素，即移动传播技术、公众民主意识觉醒以及短视频新闻自身的特点。

一、移动传播技术迅猛发展

移动通信技术迅速发展、网络环境持续优化，使得互联网和智能手机日益普及，为短视频新闻的迅猛发展提供了技术传播基础。功能强大的智能手机等产品使拍摄、制作和传播短视频新闻十分便利，技术门槛和成本也很低。加之以微信朋友圈里的小视频、新浪微博内置秒拍等为代表的社交媒体软件的支持，更使短视频新闻如鱼得水，大大便利了短视频新闻传播，也增加了用户粘性。现代传播技术催生的短视频平台逐渐发展形成规模，成为一种重要的新闻传播生态。2013 年左右，不少短视频 APP 纷纷涌现于手机和电脑上，秒拍、微视和美拍三足鼎立；2015 年起美图秀秀、腾讯、新浪微博等也涉足短视频领域；近两年，快手、抖音强势来袭，火山小视频、西瓜视频、好看视频、360 快视频等纷纷崛起，短视频领域可谓百花齐放。传统主流媒体也不甘落后，纷纷进军短视频新闻领域，"两微一端"成为商业机构分发短视频新闻的平台，各种软件和平台的出现为 UGC 短视频新闻提供了充分的发展空间。当下，媒介的深度融合对 UGC 短视频新闻的传播也起到了进一步推动作用。

二、公众民主意识增强

数量庞大的网民为短视频新闻提供了广阔的消费市场。《中国互联网发展报告 2019》报告显示，截至 2019 年 6 月，我国网民规模达 8.54 亿，较 2018 年底增长 2598 万，互联网普及率达 61.2%，较 2018 年底提升 1.6 个百分点；我国手机网民规模达 8.47 亿，较 2018 年底增长 2984 万，网民使用手机上网的比例达 99.1%，较 2018 年底提升 0.5 个百分点。我国网络视频用户规模达 7.59 亿，较 2018 年底增长 3391 万，占网民整体的 88.8%。① 更重要的是，公众民主意识增强，意见诉求和参与心理强烈，积极维护社会事务知情权和参与权。在传统媒体时代，新闻传播者与受传者之间界线明确，公众在新闻信息传播中处于弱势和被动地位。随着社会的进步和发展，公众民主意识逐渐增强，寻求更多参与舆论传播和引导的机会，积极抗争主流媒体精英霸权。形式多样的网络新闻平台为公众提供了踊跃参与短视频新闻的制作和传播的机会。近几年短视频新闻发展迅速，在新闻领域占据了一席之地，很多网络热点新闻事件都起源于公众发布在网络上的短视频，例如 2018 年 8 月轰动一时的"高铁霸座男"事件，以及 2018 年 10 月份潍坊女车主推搡辱骂执勤交警和辅警并扬言"办不了你跟你姓"的新闻，都源于现场公众拍摄并发布在网络上的短视频，进入公众视野后引发广泛关注和热议。借助网络"匿名性"特点，网民褪去自己的"面具"，在网络上侃侃而谈、各抒己见、崭露锋芒，积极参与公共性话题讨论，"看客"心理和群众心理加速了舆论的形成和传播。公众"快餐式"阅读短视频新闻时通常囫囵吞枣地接受，"看客"心理明显。由陈凯歌导演的电影《搜索》淋漓尽致的展现群体心理的特点，外表时尚靓丽的都市白领叶蓝秋因为刚刚意外查出淋巴癌晚期而情绪低落，当天在公交车上拒绝给老大爷让座，并因为一时之气说要坐坐她腿上，因此和乘务员发声争执，现场视频被在场乘客拍下发布在网络上引发热议。群众一边倒的指责叶蓝秋道德沦丧、不要脸，随之而来的是疯狂的人肉和恶意骚扰，叶蓝秋一夜之间成为众矢之的，群众不假思索的盲从和起哄让一个失意之人承受更多的责难，甚至丧失对生的渴望。诸如此类的网络暴力悲剧不仅存在于在影视作品中，现实生活中类似的悲剧并不鲜见。2018 年 8 月四

---

① 中文互联网数据咨询网：2019 年 10 月 3 日，见 http://www.199it.com/archives/930850. html。

川德阳年仅35岁的儿科医生安颖彦因为一段短视频被推上舆论的风口，因为难以承受洪水猛兽般的网络暴力服大量安眠药自杀。本来只是生活中极其普通的矛盾事件，却因为铺天盖地的网络暴力不断上升变性，最终逼人至死，正如勒庞在《乌合之众》中所言"群体永远在没有意识的范围内漫游，会时常听从于一切暗示，显露出不为理性的影响所动的、生物所特有的激情，它们丧失了一切判断能力，只剩下了极端轻信。"[①] 面对不确定信息的冲击，群体压力下公众容易盲目从众，易受暗示并轻信谣言，不假思索一边倒的舆论倾向明显，一些公众往往固守己见、专横偏执，借此减轻心理压力。群体心理驱使下的讯息往往来势汹汹、势不可挡，加速社会舆论的形成和传播。

三、短视频新闻特点

短视频新闻能够对社会舆论产生重要影响固然与移动传播技术、公众民主意识增强等因素有关，但恰恰是短视频新闻的兴起而不是其他的传播形态，那么一定是与短视频新闻自身的特点密不可分的。首先，短视频新闻时长短。在生活节奏快速的当代社会，人们更倾向于通过碎片化的时间接受讯息、休闲放松，时长短、拼接自由的短视频新闻便于公民利用碎片化的时间观看，适用于电梯、公交、用餐等碎片化的众多场景。其次，短视频新闻制作简单方便、资本投入低、自带社交属性，传播信息能力极强。一部智能手机便可完成短视频拍摄，绝大多数公民都可以成为短视频新闻的制作者、传播者。面对突发性事件报道，所有在场者都可以充当"临时记者"，及时地向外界传递新闻信息。2017年11月宁波江北区李家西路一带发生的爆炸事件新闻视频就是由现场公众在第一时间拍摄发布，使外界得以及时了解现场状况。短视频新闻也为受众提供了一个交流互动的平台，受众可以畅所欲言的表达观点态度，也有机会评论、补充甚至质疑新闻报道内容。最后，短视频新闻体现了公众关心的公共事务。短视频新闻与娱乐化视频新闻不同，尽管它有时也带点娱乐化性质，但本质是公民新闻，是对社会公共性事务进行评论、引导。比如，2018年10月网友

---

① [法] 古斯塔夫·勒庞:《乌合之众》，杨森译，民主与建设出版社2017年版，第81页。

"哈凯哥"在抖音发布了一则煮鱼的短视频，很快就被网友指出其违法烹饪国家二级保护动物湟鱼，该视频最终被下架处理，视频中主人公也因非法伤害国家二级保护动物并拍摄发布恶劣视频得到了应有的惩罚。再如，今年 6 月三名驴友在陕西太白山大爷海游泳并说"挑战大爷海，我来啦，人家不让我们游，我们悄悄地游"的短视频在朋友圈广为流传，网友纷纷表示震惊，一致声讨野泳者，并呼吁管理部门对此种破坏生态环境的行为严厉处罚。

更为翔实的短视频特点可以从短视频主题类型、视频标题、视频相关文字态度、视频发布时间、视频来源、、视频中多媒体素材使用情况、字幕添加情况、画外音设置情况等方面进行分析。

第二节 基于 SICAS 模型的短视频新闻传播机理[①]

上一节主要剖析了 UGC 短视频新闻对社会舆论产生影响的主要原因，实际上，以政府部门、媒体机构等为主导的 PGC 短视频新闻也迅速崛起，混合成短视频新闻泱泱大军。人们不禁要问，短视频新闻为什么会这么热？为什么能常常引起人们极大的关注？动辄引爆声势浩大的网络舆论？它们又到底是怎样发挥这样作用的？本节基于用户行为消费 SICAS 模型将短视频新闻置于智能互联传播消费环境中对其传播消费活动进行全景式探讨，力图对其生产消费机理进行较为系统地揭示。

SICAS 模型是中国互联网监测研究权威机构 & 数据平台 DCCI 互联网数据中心（简称"DCCI"）针对网络—数字时代用户接触、获取信息的媒介—渠道—场景—方式，用户与品牌—商家产生交互、购买行为的媒介—渠道—场景—方式，以及用户之间形成意见—产生交流—体验分享的媒介—渠道—场景—方式，都发生了全面深刻的改变而提出的一种全景式

---

① 本节内容主要摘自宁海林：《基于 SICAS 模型的短视频新闻传播机理研究》，《现代传播》2019 年第 41 期。

行为消费模型。① 该模型克服了著名 AIDMA、AISAS 模型的线性、单向传播行为消费机理，对网络—数字时代的非线性、多点双向的用户行为消费做了较为系统的阐释。智能互联时代，新闻传播消费机理也发生了显著改变，新闻传播消费不再是传统意义上的"你播我听"和"你播我看"的线性传播消费生态；而是传者需要运用各种传播手段积极响应、渗透、点燃公众蕴含在心、表达在口、呈现在指尖的新闻需求。因此，短视频新闻在智能互联时代也亟需在新的新闻生产、消费生态中，运用新的传播消费模型进行解读。

一、公众与媒介机构的交互感知

在 DCCI 提出的 SICAS 行为消费模型中首先是"品牌—用户互相感知"。对于品牌商家来讲，实时全网的感知能力变成第一要义，建立遍布全网的触点，及时感知用户需求，理解用户取向、发现去向及其动态响应，并以最恰当的方式能够被用户通过各种通路所感知。② 短视频新闻传播与此非常相似，媒体机构运用各种通路使公众感知短视频新闻。先来看看该模型"品牌—用户互相感知"与短视频新闻传播消费几个因素的对应关系。首先，"品牌商家"对应"短视频新闻传播主体"，主要包括媒体机构和公众。媒体机构主要包括：①门户网站（如腾讯公司），它们一般既生产也转载短视频新闻；②短视频平台，如北京字节跳动科技有限公司、上海幻电信息科技有限公司等，它们一般不生产新闻，只是为短视频新闻提供聚合的平台；③传统媒体公众号，如人民日报社、南方日报集团、澎湃新闻公司等，它们多为自采自编短视频新闻，有些也将新闻进行外包。公众主要包括博主、群主、拍客、普通网民等以微信朋友圈里的小视频、新浪微博的内置秒拍、各类短视频 APP 为主要通路进行短视频新闻传播活动，公众既是传播者又是接受者。其次，"品牌（商品）"对应"短视频新闻"。从生产方式来看，短视频新闻主要分为 UGC 短视频新闻、PGC

---

① DCCI 互联网数据中心：《2011 中国社会化营销蓝皮书暨评估模型研究报告》，2011 年 9 月 21 日，见 http://ishare.iask.sina.com.cn/f/19184304.html。

② DCCI 互联网数据中心：《2011 中国社会化营销蓝皮书暨评估模型研究报告》，2011 年 9 月 21 日，见 http://ishare.iask.sina.com.cn/f/19184304.html。

短视频新闻以及"UGC+PGC"短视频新闻；从内容来看，主要有国际、国内时事短视频新闻、突发事件短视频新闻以及民生短视频新闻等。最后，"用户"对应"观看短视频新闻的公众"，但是，这里的公众不再是普通的公众，是具有用户属性的公众，不仅是可识别的、有 IP 的公众，而且具有"用户即上帝"性质的公众，即公众成为媒体机构争夺、作为衣食父母的公众。媒体机构与公众的关系发生了显著的变化，任何时候媒体的影响力都没有像现在对公众的聚拢吸附能力这样依赖。

　　"公众与媒体机构交互感知"的提出对于短视频新闻传播消费机理的揭示意义在于——媒体机构与公众的互相感知是通过动态感知网络进行的全景式感知。媒体机构与公众之间的对话变成无时无刻、随时随地。公众观看短视频新闻的时候，媒体机构也在"看"公众。公众以各种媒体终端接触到短视频新闻，如微信、微博、各种视频 APP、门户网站等；媒体机构通过建立遍布全网的感知系统，能够即时感知公众观看短视频新闻的详细情况，并预测公众的感知需求，即媒体机构能够随时掌握公众的观看行为、态度。这种"相看两不厌"的结果，从公众的视角来看，就是看到了短视频新闻及其相关报道、评论；从媒体机构来看，则是对观看短视频新闻的公众进行了画像，为进一步定向传播做好了准备。媒体机构对公众的了解远远超乎了人们的想象，如封面新闻为每个 APP 用户抽取 100 个画像维度，采用分类和聚类算法抽取 100 多个内容偏好兴趣类别。动态感知对于短视频新闻传播效果来说十分重要。首先，公众感知时间早。媒体机构对用户进行动态算法推送短视频新闻，会第一时间到达公众，当然信息到达得越快越容易引起公众关注。其次，短视频新闻根据画像推送，大大提高了目标受众的到达率。最后，短视频新闻的快速推送，往往会对公众产生信息先入为主的影响。

二、基于兴趣的互动生成

　　DCCI 认为形成互动不仅仅在于触点的多寡，更在于互动的方式、话题、内容和关系。理解、跟随相应用户的兴趣和需求成为关键。此阶段的用户，正在产生或者已经形成一定程度的心理耦合、兴趣共振。对于短视频新闻传播消费来说，"基于兴趣的互动生成"有其内在的机理。首先，公众因兴趣而搜索。公众对某个短视频新闻感兴趣了，会自己主动进行搜索相关内容，获取更多的相关信息。其次，公众因兴趣而被推送。公众多次点击和观看了某类短视频，算法会推送更多同类关键词和标签的短视频。再次，公众为发声而产生进一步兴趣。短视频新闻除了具有轻松阅读、直观、生动等特点较容易使公众产生观看兴趣外，反映的事件也大都是公共事件，与公众自身利益，或者潜在的自身利益休戚相关，因此也更使公众有兴趣观看。对于一些具有争议性的短视频新闻事件，公众更希望通过自己的"亲眼目睹"来判断是非曲直，自己参与发声并左右事件的进展，所以这类的短视频新闻更容易使公众产生兴趣。短视频新闻中的一些细节往往涉及事件的根本性质，比如"昆山反杀案"的短视频新闻中，公众非常关心反杀的定性——到底是不是正当防卫？而事件的定性很大程度上取决于"宝马男"是怎样用刀砍"自行车男"的，"自行车男"是怎么反砍的？砍了"宝马男"几次？甚至哪次砍是致命的等等这些细节。最后，媒体机构之间、媒体机构与公众之间以及公众之间都会形成"兴趣—互动—兴趣—互动"的螺旋。绝大部分短视频新闻允许公众进行评论、转发，有利于使媒体机构之间、媒体机构与公众之间以及公众与公众之间的形成互动。媒体机构越关注的短视频新闻越可能被其他媒体机构以及公众关注；反之，公众越关注的短视频新闻越会受到各种媒体机构的关注。用户对短视频新闻体现出的指示性非常感兴趣，进而对这些指示意义纷纷发表意见，经过互动讨论往往对公共舆论产生影响，就会更加激发公众进行生产(拍摄上传)、观看、评判以及转发兴趣。经过多方互动最终形成"兴趣—互动"互相促进的情形。公众之间对短视频新闻的评论还会在远离短视频新闻文本的地方，由于共同观看经验的存在而继续话题的讨论。庞大的网民群体中不乏才子能人，相关讨论的信源会源源不断涌现出来，经久不息。睿智的网友还会利用热点短视频新闻的互文性，常常把当下的短视频新闻与以前发生的短视频新闻相提并论，因为大家拥有共同的观看经验，很容易引起共鸣。"AIDMA"模式中的"Memory记忆"功能依然还在起作用。当然，这些情形势必推动短视频新闻形成新的热度。

　　"基于兴趣的互动生成"是短视频新闻作为中介物，媒体机构与公众、公众与公众之间进行了深入的互动。AISAS模型也强调"兴趣—搜索"，但强调是公众对信息产生了兴趣而进行的"搜索"，而 SICAS 模型强调的是"Interactive（相互作用）"。在现代媒体技术下，公众与媒体、公众与公众互动的空间与能力是过去无法比拟的，甚至是不可想象的。随着各种视频应用软件、平台等提供的技术支持，以及网民长期使用网络提高的触网能力，公众对短视频新闻不仅能够进行多种形式分享，而且可以进行编辑、再传播，分享了过去传统媒体所垄断的权力，极大地刺激了公众的积极性。就在这种"兴趣—互动""互动—兴趣"往复循环上升中，一些短视频新闻所引发的事件被越炒越热，成了街头巷尾、全国老少网民热议的话题。公众越感兴趣，越会得到相关信息，看似这是网民之间的互动，实际是媒体机构在背后充当了推手。短视频新闻的"取之于民"属性也确保媒体机构具有充足的信源，自然也就不乏互动的对象，也就形成了短视频新闻引发网络舆论的充足内容及广大的受众基础。

三、连接与沟通的融合

DCCI 的 SICAS 模式中"连接—沟通"是指基于广告、内容、关系的数据库和业务网络，基于 Open API、Network、分享、链接，将移动互联网和 PC 互联网结合，将企业运营商务平台和 Web、App 打通，在 COW-MALS 的互联网服务框架下，建立与用户之间由弱到强的连接，而非链接。不同广告系统打通，广告系统与内容、服务系统打通。① 对于短视频新闻传播消费来说，"连接至沟通的融合"是指媒体机构间、媒体机构与公众间、公众与公众间的连接—沟通融合，主要体现在三个方面：一是传播内容的"连接—沟通融合"；二是传播渠道"连接—沟通融合"；三是传播主体"连接—沟通融合"。传播内容"连接—沟通融合"方面，短视频新闻同时容纳文字、图片、音频、视频，集中了语言与听觉、视觉符号，能够触动公众不同的感官体验。传播渠道"连接—沟通融合"方面，一些媒体机构或完全不生产内容的第三方运营商会为短视频新闻搭建了传播平台。如爱奇艺、西瓜视频、抖音等。很多社交软件都具有视频制作、传播

---

① DCCI 互联网数据中心：《2011 中国社会化营销蓝皮书暨评估模型研究报告》，2011 年 9 月 21 日，见 http://ishare.iask.sina.com.cn/f/19184304.html。

功能，比如微信小视频、微博内嵌的秒拍等能及时通过短视频新闻与公众进行连接、沟通。传播主体"连接—沟通融合"方面，媒体机构越发认识到交互的重要性，利用各自的优势实现共赢。各种媒体机构常常使用公众、拍客拍摄的短视频新闻，很多门户网站、视频平台的短视频新闻就是直接来自公众、拍客，或者经过视频专业生产者对那些来自公众、拍客的作品加工而成。因此，公众直接参与到短视频新闻内容的原生产过程，媒体机构不再是"自产自销"，而是和公众一起完成短视频新闻的生产，这种"协同作战"使得短视频新闻传播形成一种基于自身主动性的聚合式交互，因此也容易产生轰动效应。如百度协助人民日报社搭建的网络平台"人民号"已经吸引超过5000家主流媒体、党政机关、自媒体入驻。媒体与媒体之间的融合，极大地拓展了短视频新闻传播空间。媒体之间的沟通，带来公众之间的沟通。"连接至沟通的融合"不仅提高传播的量，而且还提高了传播的质。内容的充分利用、主体跨界融合、渠道共享等都使短视频新闻产生了连接与沟通的融合。

四、生产及分享的驱动力

SICAS 模型作为一种商业行为消费模型，"行动—购买"一定不可或缺。这是品牌商家积极进行营销传播最根本的驱动力。对于短视频新闻来说，"行动—购买"一般意味着公众的最终消费——观看。但是，短视频新闻消费也的的确确存在着购买行为，这对理解短视频新闻传播消费机理至关重要。因为它在一定程度上成为推动短视频新闻传播消费的一种驱动力。短视频新闻的购买行为主要有两种情况。第一，短视频新闻是有版权的，拍客把短视频新闻交给媒体机构是一种有偿交易行为；媒体机构之间也会存在购买短视频新闻版权行为。第二，由于短视频新闻，尤其引起热点事件的短视频新闻具有广泛的关注度，自然吸引了广告主的注意。形形色色的广告主——无论是堂而皇之地广告所有者，还是软文广告的广告主，大都会对蹭热点比较感兴趣。商业广告的介入，对短视频新闻传播起到了推波助澜作用，使公众更容易暴露在短视频新闻下。数量庞大的短视频新闻受众就成了媒体机构卖给广告主的商品，因为短视频新闻在传播过程中，可以使广告通过各种途径暴露，从而能使媒体机构通过广告盈利。

另外，各种公众号、博主等蹭热点短视频新闻而吸粉，本质上也是一种粉丝购买行为，因为粉丝多了，自然就能产生广告等经济效益。不仅如此，各种广告主不仅买到了公众的注意力资源，而且广告主还可以进行观念营销，即通过对有争议但争议不大的短视频新闻，对公众进行符合大多数人的观点进行评论营销，势必会获得公众的认同。比如某些企业家、博主对"昆山反杀案"在微信朋友圈表态、对"高铁霸座男"的谴责，都会获得公众的好感，就会产生相应的广告效应，增加了企业品牌好感度。从更大的范围来说，社会商业资本的强势注入也推动了整个短视频新闻产业的发展。这都是短视频新闻传播的经济利益驱动力。从公众自身来说，公众对短视频新闻点赞、评论、转发等行为，都可能使广告主的广告随之进行传播。这么多销售行为的发生，其本质原因是"自己被卖给了广告主"，是自己作为流量的资本购买了短视频的观看权利，这也成为短视频新闻一大文化奇观。

如果说分享是一种天性，那么短视频新闻分享还是公众对自己身份的一种确认，可以称之为短视频新闻传播消费的公民身份驱动力。短视频培养了用户用社交媒体体验分享短视频的习惯。这种习惯自然延伸到短视频新闻上。短视频新闻转发便捷，且众多的社交平台为其提供了分享便利。一些社交软件如微博、微信和各种新闻客户端都为短视频提供了上传、转发渠道，各种直播平台如映客、抖音等常常采用"短视频＋直播"的呈现形式，非常方便用户观看、转发分享。极大地实现了短视频新闻的到达率，尤其是目标用户的到达率，因为"人以群分，物以类聚"。用户的免费转发与媒体机构一起协作"自发"形成了"自动分发和动态聚合"效应。短视频新闻生产、转发的公众能够通过高数量的点击量、点赞量上，得到极大的满足，另外广告商也凭借互动网民的数量来取决是否投放广告，给短视频新闻生产、转发的公众带来巨大的经济效益。短视频新闻的分享，往往也带有精英文化属性。一般来说，短视频新闻的转发、分享与转发娱乐性质的短视频有所不同，短视频新闻分享带有某种政治、文化属性，如理性、知性、爱国、正义等。转发、分享往往带有某种意见、情绪，如果转发的同时再加上几句"编者按"其作用就更为明显。另外，转发一般会在熟人、亲友、有共同的职业、兴趣爱好等这样有一定社会关系的人群中转发，所引发的传播效果更容易获得认同，从而提高了传播效果。转发人如果有一定的社会名望，也会对公众意见产生显著影响，即意见领袖的作用。而且，公众常常会从好几处通路得到某个信息，比如从不同的微信群，不同的朋友圈，从不同的微博、不同的门户网站等等，无疑增加了短视频新闻的诉求机会与转发率。短视频新闻传播还会引申出来一些新的深层社会话题。比如"昆山反杀宝马男"事件，该短视频新闻在网上疯转，众多网友、律师在网上围绕自行车男是不是正当防卫产生了激烈辩论，并引申出"人口流动性隐患""新型黑社会""对社会正义的渴望与焦虑"一系列社会深层问题，这有利于社会秩序的建构以及进行公共话语空间构建。

SICAS 模型适合探讨短视频新闻传播机理，能够揭示短视频新闻传播消费的经济、文化、政治方面的驱动力、错综复杂的多方交互机理及其对公众、社会的影响作用。尽管这个模型确实不如 AIDMA、AISAS 模型简洁、好理解，但是在当下智能互联时代的短视频新闻传播消费就是这样的立体式、全景式传播活动，这也正是 SICAS 模型优势所在。

第三节　短视频新闻对社会舆论的影响作用 ①

短视频新闻是一把双刃剑，即能发挥正向作用，也常常产生负面影响。一方面，短视频新闻作为一种重要的媒体力量，发挥着去"中心化"的作用，构建着我国公共话语空间，推动规范社会秩序、社会公德、民主化建设进程。另一方面，短视频新闻能够使网络舆情传播迅速、互动性强，敏感新闻事件容易迅速发酵并"病毒式"扩散成为舆论焦点。各种网络互动平台的出现和发展赋予网民在网络环境自由表达感受和观点的权力，帮助形成自由意见市场。

---

① 本节内容主要摘自宁海林：《基于 SICAS 模型的短视频新闻传播机理研究》，《现代传播》2019 年第 41 期。

一、正向影响

（一）舆论监督

短视频新闻继承和延伸了传统新闻媒体的监督作用，监测社会环境，充当社会瞭望者。开放、交互式的短视频新闻传播系统，为公众提供了一个自由意见平台，具有跨时空监督的优势，较传统的舆论监督而言，监督范围更广泛，监督更为及时，监督力度也更大。2013年8月一段流传在网络上的短视频新闻曝光了上海法官集体嫖娼事件，相关涉案官员纷纷落马，充分展现了短视频新闻监督舆论的作用。正是因为流传在网络上的短视频新闻才使得这批知法犯法、侮辱法律的官员得到了应有的惩罚。

（二）舆论引导

短视频新闻开放交互的特点，便于各层次信息交流和整合，丰富信息来源，加速了信息更新，促进了意见的聚合，对网络舆论起到显著的引导作用。建立在客观、真实、实事求是基础上的短视频新闻有利于发挥舆论引导作用，建设社会主义和谐社会。真实反映事件现场的短视频新闻，能够增加新闻报道的真实度和严谨性，使受众快速直观的了解事件真相，防止网络谣言的产生。

（三）社会规范

短视频新闻经过发酵，引起社会极大关注，能够起到显著的规范社会行为作用。短视频新闻开放交互的特点，便于各层次信息交流和整合，一些模棱两可的社会行为，常常快速形成具有一定倾向性的意见。尤其一些性质明显的公共事件，更是常常形成一边倒的排山倒海式的舆论，对公众心理产生强烈震撼作用。比如，一系列高铁"高铁霸座男""高铁霸座女""高铁霸座大妈"等，由于社会舆论的压力以及有关部门事后对事件的处理，给公众上了一次次生动公共关系课，知道在公共场所什么该做什么不该做，从而对社会秩序起到了显著的规范作用。

（四）主流媒体的补充

短视频新闻打破了传统媒体独占新闻传播的垄断，凸显了公众的知情权；它为主流新闻媒介提供了更丰富新闻素材和第一手资讯；它能够在一定程度上补充或监督主流媒体报道，引导正确的舆论方向。非专业记者常常在第一时间发布现场情况、报道突发事件，2017 年 8 月 8 日四川阿坝州九寨沟县发生了 7.0 级地震，灾区人民用短视频的方式第一时间向外界传递信息，寻求帮助，也为媒体提供了现场情况材料，随后主流媒体也积极采取短视频新闻的方式更快更准确地记录并向外界传递灾区情况，短视频新闻在此次灾情报道中发挥了重要作用。公众的广泛参与，积极互动能在一定程度上补充主流媒体视觉盲点，揭露真相，加速主流媒体发展革新与进步。短视频新闻内容也能成为主流新闻媒体素材，有利于节约新闻生产成本，提高媒体工作效率。短视频新闻丰富的报道方式也促进了媒体融合发展。作为主流媒体新闻报道补充和完善的短视频新闻在扩大新闻媒体影响力的同时，也推动社会民主和谐发展，使新闻报道真正做到听取民声、反映民意。新媒体技术日新月异的当代，公众寻求参与新闻信息制作与传播的意愿强烈，不再满足于过去被动式的接受新闻信息。人们可以在网络媒体上分享对公共事件的看法，记录并发布突发事件，补充和评论主流媒体的某些报道。

二、负面影响

（一）真实性有待考量

有时公众过于迷信短视频新闻，认为"眼见为实"，视频即真知。短视频新闻所呈现的内容不等于全面事实，内外因素的限制也会导致舆情误判和舆论反转，新闻不仅有表面事实，更重要的是本质真实。2013 年 12 月，"老人摔倒扶不扶"浪潮未散之际，又一起"有图有真相"的"扶起摔倒中年大妈，外国小伙疑遭讹诈"的网络新闻红遍网络，引起网友广泛评论和转发，诸如"国内没生意了，做海外营生了"等言论被扣在老人头上，然而真相并非如此，监控录像和其他目击者所拍摄视频均显示该外籍男子无证驾驶无号牌摩托车，违章逆向行驶且的确撞到老人。真相澄清后该新闻发布者称自己仅看到大妈躺在地上之后又起身和厮打，便想当然的以为大妈碰瓷老外，于是把他眼中的"事实"发布在网络上。短视频新闻制作门槛低，其生产和传播者可以是任意阶层和群体。作为参与或目睹某些新闻事件第一现场非专业记者，尽管有机会接触第一手新闻资料，但大都为经过专业的新闻学习或培训，新闻素养欠缺，他们所掌握的"事实"

不等于全部事实。60 秒到 300 秒不等选择性拍摄或发布部分片段的短视频新闻，并不能展示全局，容易产生误会，不能排除有些人动机不纯的进行新闻炒作或夸大某些确实存在的新闻现象，甚至哗众取宠地制造假新闻，误导受众，造成新闻失实，错误引导舆情。因此，关注新闻传播现场感同时，深入挖掘新闻本质和新闻背景以确保新闻的真实性、避免产生和传播错误舆情。

（二）容易产生误导

短视频新闻大都由非专业记者随手拍摄和发布，现存的多数短视频新闻要么只是简单的全程拍摄，要么是片段性拍取部分，粗糙地呈现新闻现场。传播内容质量得不到保障，存在诸如画质模糊，声音嘈杂等问题，缺乏新闻专业性和价值性。应该结合短视频新闻平台的特点和新闻事件重点，对拍摄内容进行合理选择，提高短视频新闻质量。内容偏颇的短视频新闻内容对年轻受众，不良的诱导行为可能将价值观尚未完全成型的年轻受众引入歧途，影响其形成健康价值观。

（三）监管难度大，监管与自律缺失会导致无序化

短视频新闻重视个人好恶的传递目的明显。互联网时代短视频新闻制作和发布低成本、低门槛、传播速度快，但管理难度大成本高，监管与自律一旦缺失就会导致无序化。短视频新闻抢先传播的往往只是新闻事实的浅显表层，缺乏背景支撑和本质探索，难免混杂虚假新闻。有的人借助网络传播的公开性和社交性宣泄情绪或者发布不当言论或传播不良讯息，导致谣言滋生，污染网络环境。成都小甜甜因为在街采视频中被问"觉得男人一个月多少工资可以养活你"时回答"我觉得能带我吃饭就好了"戳中了一大票男人的心，蹿红抖音，随后却被爆出各种黑料，她本人直言火了之后困扰不断，被无故抹黑、骚扰、谩骂，影响了其正常生活，她删除自己网上走红的视频并求放过。

监管和自律的缺失给短视频新闻的存在形态和价值形态带来了新的问题，信息轰炸和信息欺骗现象更是层出不穷。稍有不慎就会引发以群体无意识起哄和伪愤怒为主的网络围观和声讨，群众理性走失、客观立场泯灭，通过谩骂和围观等手段将事件推向极端，引发媒介审判和网络暴力，威胁社会舆情的健康发展，监管难度大。这对广大受众，尤其是处于意识

形态的形成时期初高中学生带来了不好的影响，不良的诱导行为可能将受众引入歧途。

三、规范短视频新闻的建议

(一) 完善法律监管机制，放管结合

在及时监督和控制网络不良行为的发生、建立健全网络监督机制、积极完善相关法律法规、放管结合、合理引导等大背景下，必须对短视频新闻进行规范引导，在不扼杀公众民主权利的前提下监督管理。法律是社会舆论监管的最后一道防线，也是最强有力的措施。在法律允许范围内监管和引导短视频新闻，维护社会秩序，净化网络新闻环境。

(二) 加强思想道德教育引导，增强生产者和传播者素养

短视频新闻生产者对于促进网络新闻传播的进一步发展有着关键性的作用，可以训练提高公众记者新闻素养，提高其专业知识和技能水平，借此提升短视频新闻品质。普及对短视频新闻生产者和传播者的思想道德教育以及网络管理认识，加强思想道德宣传教育，增强公众社会责任感和辨识能力，使受众养成较好的网络传播行为，优化社会舆论环境，更好地维护短视频新闻的生产和传播。

(三) 主流媒体打造专业短视频新闻平台引导舆论

面对热点舆情事件，具有权威性、客观性的主流媒体应该抢先登录短视频新闻领域，严格把关、积极引导公众理性看待舆情，优化短视频新闻风气。主流媒体必须主动接纳短视频新闻，探索新的新闻传播模式，增强自身开放度，激发传播活力，获得更好的传播效果。主流媒体也需要充分借助新媒体、新技术打造开放的短视频新闻意见交流、反馈平台。开放公共评论，引导受众参与新闻传播活动，了解受众态度，补充丰富新闻信息，及时纠错，加速传统主流媒体发展革新。

第十章
新闻图像的道德规范

　　新闻的伦理道德一直是新闻界，甚至整个社会关注、探讨的问题。随着新闻图像的广泛传播以及现代数字技术的发展，新闻图像本身所具有的结构不确定性以及人为等原因，都使新闻图像容易出现失范现象。在新闻图像频频遭到误用，其真实性愈发遭到质疑的今天，新闻图像的伦理道德问题亟待规范，因此本书最后一部分将对其进行探讨。

第一节　新闻图像的道德失范表现

　　西方对新闻图像的伦理、道德的探讨主要始于 20 世纪七八十年代。1978 年，Horold Evans 提出了图片伦理学的四个值得关注的领域：暴力、对隐私权的侵犯、性与公共道德和图片造假。1980 年，在 Cliff Edom 主编的《图片新闻学》一书中，John Merril 撰文探讨了获取新闻图片时的伦理问题，并提出在编辑新闻图片时应遵循真实性原则，操纵图片将会引发信任危机。1983 年，Eugene Goodwin 的专著《探索伦理》一书系统地探讨了诸多图片伦理的问题。例如摆拍、令人震惊的恐怖图片、带有性别歧视的图片、图片对隐私权的侵犯以及究竟是该拿起相机还是该放下相机去救人等伦理抉择问题。1984 年，Hulteng 在他的书中专章探讨图片伦理问题，并提出摄影者在拍摄新闻图片时应注意灾难或者暴力受害者的遗体及其亲属的尊严问题。1986 年 Frank Hoy 在其著述《图片新闻学：一种视觉视角》中提出，摄影记者在拍摄图片时应该先拍下再考虑，因为若没有拍下，那么也无从考虑。虽然这一结论令人沮丧，但 Frank Hoy 对我们思考图片伦理提出了一个有价值的思路。此外，值得重视的，媒介伦理研究领域最知名的期刊 Journal of Mass Media Ethics 在创刊一年后的 1987 年的春夏季号上开辟专论，探讨图片伦理问题。学界对此持续的关注与努力，推动了 NPPA（National Press Photographers Association）的伦理准则的出台。该伦理准则对图片伦理问题提出了一系列规范。

我国学界对图片伦理问题的关注主要体现在教材中。但我国早期的新闻摄影学教材中并未明确提出图片伦理这一概念，而是将其放在"新闻记者的修养"中进行探讨。李培林先生在《当代新闻摄影教程》中有一个小节"新闻摄影记者的道德修养"，其中探讨了虚假照片、暴力图片传播的道德问题以及"拍照"与"救人"这一道德抉择的两难境地的道德考量，并对帕帕拉齐的新闻道德进行评价。曾璜、任悦编著的《图片编辑手册》中也有一节探讨报道摄影的伦理道德，其中就"大连 5·7 空难"等案例分析了图片伦理的界定及其权力，并编译了 Poynter 在线杂志上部分关于如何处理有争议图片的内容，也即如何处理内容过于刺激，带有凶杀、暴力等色彩的影像，提出这些照片的发表不但要考虑到读者的感受，同时还要尊重遇难者和他们的家人，又要兼顾信息的传达。我国学界对图片伦理问题的研究，近年也逐渐增多，主要集中在对灾难摄影的伦理问题研究。比如潘元金的《探析灾难新闻摄影中人文关怀的缺失》一文，提出当前的灾难新闻摄影中出现大量缺乏人文关怀的图片和报道，根源在于受众对媒体的需求与影响[1]。当然，新闻图像问题也不只是关涉图片，正如保罗·莱斯特教授指出的那样："道德问题并不只限于静止的照片。这一问题关系到所有令新闻事件公众化的媒介——电视新闻节目、报纸及杂志。三个主要道德问题与媒介形象有关：对暴力受害者的表现、对隐私权的侵犯以及照片作假。"[2]从整体来看，新闻图像的伦理道德失范主要表现为以下几个方面。

---

① 杨雅琼：《对中西方新闻图片伦理问题研究的比较》，《中国出版》2010 年第 7 期（下）。

② ［美］保罗·莱斯特：《视觉传播：形象载动意义》，霍文利等译，中国传媒大学出版社 2003 年版，第 290 页。

一、新闻图像直接造假

新闻图像直接造假在中外都曾有过。学界一般认为世界上第一张新闻假照片是 1929 年纽约《傍晚画报》刊登的一位白人富翁因为自己的妻子是半个黑人而提出离婚的报道。由于法庭不让拍照，画报编者请了专业演员进行了补拍并发表[①]。这是一个彻头彻尾的假照片。不过也许第一张假照片的历史还要往前推几年。据台湾《联合报》报道，过去台湾课本经常出现的孙中山与蒋介石合照，是 1924 年 6 月 16 日黄埔军校成立时，孙中山坐在学校走廊，蒋介石站在正后方。台湾前"立委"李敖指出，原本图中还有何应钦与王柏龄，却修成只剩孙中山、蒋介石两人。2011 年台湾防务部门出版的《精锐劲旅》一书，使用了 4 人版照片[②]。把本来 4 个人的合影剪辑成只剩孙中山、蒋介石 2 人，这无疑凸显了蒋介石"独一无二"的地位（见图 10—1）。这是一个比较典型的图像裁剪造假。

另外还有移花接木式的假拍。前面所论述过的 1936 年供职于美国南达科塔州就业安置局的摄影师阿瑟·罗斯泰茵把一个牛头骨放到一片干涸

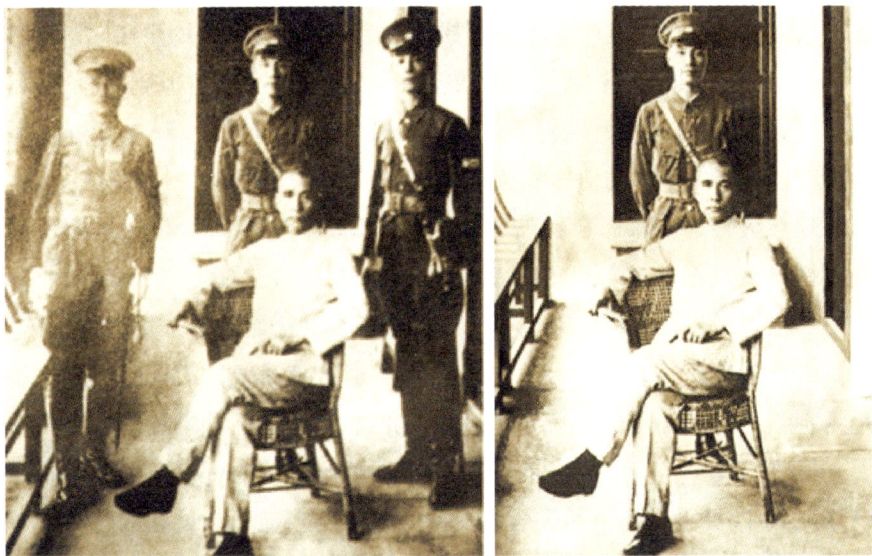

图 10—1　还原孙中山、蒋介石 2 人照（右图）的原版四人照片（左图）

---

① 许必华：《新闻摄影纵横谈》，新华出版社 1997 年版，第 44 页。

② http://www.chinanews.com/tw/2011/10-23/3407713.shtml.

的土地上拍摄了那张照片——"漫步的牛头骨",就是这种手法的典型之作。这张图片,我们可以称之为"摆拍"。随着现代图像技术的发展,人工合成一张照片,甚至是合成动态图像也早已不是什么难事。"从周正龙华南虎造假案件,到'华赛'金奖《中国农村城市化改革第一爆》,再到'影响2006·CCTV图片年度评选'获铜奖的照片《青藏铁路为野生动物开辟生命通道》,还有'华赛'获奖照片《广场鸽接种禽流感疫苗》等新闻照片的PS事件"①,可谓造假层出不穷。有些摄影师抱着新闻图像PS造假不是普通人所能识别的侥幸心理,或者认为只要新闻事件是真实的,图像做点处理问题不大。《广场鸽接种禽流感疫苗》的摄影师在接受人民日报记者采访时说:"看到画面左侧天空比较空,为了让照片看上去更完美,就用photoshop软件把右侧那只鸽子复制到左边来了。我觉得新闻事件是100%真实的,照片90%是真实的,一只鸽子并不会影响新闻真实性,所以心存侥幸死扛着。"② 出于同样的心理,一些摄影师为了使图像"美观",凭空移花接木复制一些飞鸟、彩旗、烟花等元素,或把图片中的电线、电线杆、烟囱等抹去,认为"这种修饰无伤大雅"。他们在追求所谓"艺术性"的同时,却丧失了新闻图像本身所具有的、受众最想看到的真实性。千百年来,人们一直固守"眼见为实"的朴素哲学观,他们一旦知道自己被骗,以后对真实的图像也会怀疑,不仅新闻图像传播的效果将会大打折扣,而且会对社会产生严重的信任危机。

现在很多官员唯恐自己的相关图像出现在网上。因为无论一些负面新闻图像是真是假,都可能作为"引子"——引起网民、媒体、政府部门的关注,虽然这些图像"引子"往往与官员的违纪行为并不直接相关,但这并不影响图像作为"引子"的作用。当然,图像发挥网络反腐作用值得提倡,但图像涉嫌造假,不仅是不道德行为,还可能犯法。"去年8月,网上流传'庐江县委书记王民生'不雅照,后经证实,这一不雅照片属PS,该县委书记王民生表示,裸照事件与当地正在处理的腐败案件有关。"③

---

① 杜莹、石红霞:《新闻图片中的伦理问题》,《河北省社会主义学院学报》2011年第10期。

② http://news.xinhuanet.com/politics/2008-04/07/content_7930981.htm.

③ http://news.sohu.com/20130620/n379306938.shtml.

二、新闻图像断章取义

新闻图像断章取义，指不顾全篇文章或谈话的内容，孤立地取其中的一段或一句的意思。对于图像来讲，广义断章取义就是指截取新闻事件的部分内容的图片或动态图像。严格地说，几乎任何报道，新闻图像都不可能展示事件的全貌，即使是会议的全程录像，也存在拍摄角度、焦距等问题。这里所说的新闻图像断章取义，指的是其狭义，即摄影师有意或无意误导受众，使人们对新闻图像所蕴含的意义产生误解。1936 年，摄影师阿瑟·罗斯泰茵发表的另一张新闻照片（图 10—2），表现了在美国俄克拉荷马州西马伦河县（Cimarron County）有一处废弃的房屋，一位农民和他的两个儿子在沙尘暴中在房屋前行走，但却使人感觉他们要走进这所破旧的房屋——回到自己的家，从而表现了美国萧条年代农民的悲惨生活。实际上他们只是从这处废弃的房屋前经过，或者他们只是对房屋好奇走过去看看而已。但是，摄影师的图片说明是："一位农民和他的两个儿子在俄克拉荷马州锡马龙县的沙尘暴中"，[①]这条模棱两可的说明并不能消除人们的误解。从格式塔心理学来看，这是视觉对整体图像进行视觉加工的结果，读者自然会把这两种元素联系起来。总之，图像这种不确定性产生了指示作用。所以说，尽管图像在新闻传播中具有指示作用，有时具有文字无法比拟的优越性，但是它绝不是万能的。当新闻图像的指示性模糊不清的时候，应该用文字将事实阐释清楚。

在第二章提到的罗德尼·金事件，洛杉矶之所以发生暴乱，在很大程度上是图像断章取义造成的。本来业余摄影师好莱迪没有录下："（金）扭动屁股并对女警官梅拉尼作出侮辱性动作"以及"结果警察们反而被金扔飞了出来"等事件经过，在其将 81 秒录像带交给洛杉矶当地电视台 KTLA 后，这条录像带又被剪辑成 68 秒的版本出现在电视新闻里。剪掉的部分包括最初 3 秒金扑向警察的部分和之后 10 秒镜头的摇晃。最后CNN 得到了 68 秒录像拷贝并在新闻中播出。随后同样的画面就出现在了全国各大电视台的新闻节目中。由 10 名白人，1 名西班牙裔和 1 名菲律宾裔组成的大陪审团观看的是完整的录像带，他们于 1992 年 4 月 29 日作

---

① http://en.wikipedia.org/wiki/Dust_Bowl.

图 10—2　一位农民和他的两个儿子在俄克拉荷马州锡马龙县的沙尘暴中

出 4 名警官无罪的决定。而在此之前的调查显示，92%的美国民众认为电视画面上的警察有罪①。在这一新闻图像报道中，如果说业余摄影师好莱迪没有记录下前一段发生的事情，尽管图像并没有完全真实再现这个事件，也具有断章取义的嫌疑，但还是可以理解的话，那么洛杉矶当地电视台 KTLA 裁减掉了最初 3 秒金扑向警察的部分则是赤裸裸的断章取义，几乎不是新闻报道了，而是宣传黑人被虐待的宣传片了，违反了新闻的真实性，产生了严重的社会后果。

三、新闻图像的滥用

新闻图像不仅被各种大小媒体用来吸引受众的注意力，被一些名人用

---

①　http://zh.wikipedia.org/wiki/% E7% BD% 97% E5% BE% B7% E5% B0% BC% C2% B7% E9% 87% 91.

来招揽受众的目光，免费发布自己的广告，还常常被一些人用来作为成名或炫富的工具。这可以从下面的这篇报道管窥一斑。

近日，一个网名叫"叨叨"的初中生，不断在微博上晒兰博基尼、法拉利等跑车及各种名牌包，网友评价，他炫耀的资本简直让郭美美"羞愧地低下头"。

"叨叨"微博显示，他是武汉市四中初三学生，2009年入校。记者7日致电该校，学校表示正在核查。看了"叨叨"的微博，有网友直呼："这才是真正的炫富啊，郭美美算啥。"

2月7日，记者登录"叨叨"的微博发现，他的微博文字很少，主要以照片为主，将坐豪车、喝洋酒、住洋房的奢侈生活表露无遗。如2月6日晚7时33分到8时07分，他连发15条微博，其中有7张照片是关于豪车的，包括玛莎拉蒂、法拉利、路虎、奔驰、宝马等。在一条微博中，"叨叨"说："坐在法拉利车里，后面那辆是哥哥的。"

一张照片显示，14本护照整齐地排成3排；另一张照片显示，一条狗趴在一个包前，"叨叨"说："在饭店，狗狗的爱马仕包包。你们这些穷B有么！你们连我家狗都不如！"

2月1日从18时16分到21时58分，他连发13条微博，11张照片，除了不厌其烦地展示他喝的名酒、开的名车，还特别展示了只有VIP用户才能买到的巴萨罗拉队训练背包、限量版的法拉利的iphone4s手机套等，对那个手机套，他特别强调："外面没有卖的，只有买车子才送！"

刚刚过去的春节，"叨叨"也不时发微博。他展示的春节礼物，更让很多网友惊呼。

比如1月30日，他晒出自己收到的过年礼物是4部iphone4。因为收到的iphone4太多，他还准备把这些包装好的iphone4当枕头。他还发了多张照片，显示自己收到的红包，"过年的钱就是好赚啊！一晚上在钻石打牌赚了2万，包间酒水就花了1万2。昨天在钻石嗨了一晚上，舒服舒服！"

1月30日晚上7时，他贴出照片，是3瓶洋酒，"晚上再嗨最后一夜！明天上学！这是买的三瓶XO，不醉不归！"当晚8时许，他回家了，"坐法拉利回家咯！"随微博配发了法拉利的尾灯样子。随后，"叨叨"又发了多张自己居室的照片，显示豪华装修，一张照片显示浴缸超大，"到家了，放水洗澡睡觉。放满浴缸又得一个小时！"

1月31日晚10时21分，他发出一张照片：4块名牌手表一字排开，"明天戴哪款手表呢？"①

这样长篇引用这篇报道，目的在于说明图像在网络传播的易传性、频繁性、广泛性，也在一定程度上描述了新闻图像在微博上的使用情况。像这样滥用新闻图像，会造成极坏的社会影响，如为大家所熟知的"郭美美"、"张美美"、浙江药监局局长儿媳等人在网上的炫富事件。

第二节　新闻图像的社会责任

一、新闻图像的人文关怀

新闻图像在展现事实真实性一面的同时，还应该展现人文关怀的一面。这里的人文关怀主要是指人性的根本关怀。灾难新闻摄影报道，作为一种视觉图像形式的大众传播，不仅体现了媒体监视社会环境、传递信息的社会功能，而且也满足了人们关注灾难的信息欲望。但是，但在媒体商业味愈来愈浓的今天，再加之媒体素养缺失，很多媒体为了追求新闻图像的视觉冲击力及其吸引力，而不顾其人文关怀的一面。人文关怀的含义比较丰富，最核心的意义就是以人为本，关注人的尊严、人的独立人格、人的个性、人的生存等，而且不管是什么人，哪怕是穷凶极恶的罪人。

在一些罪犯被击毙的报道中，我们经常能够见到罪犯倒在血泊之中，

---

① http://www.taizhou.com.cn/jiaoju/2012-02/10/content_522461.htm.

面部不做任何处理。这样的照片除了血腥外，至少对死者（罪犯）的家属、朋友也是一种伤害。在一些照片的选用上，也应该注意当事人的感受。搜狐网曾刊登了一篇新闻报道，标题是"男子勒死妻子岳母：我想不通她们为什么不带小孩"，"（犯罪嫌疑人）张祖凉被控故意杀人罪在广州中院过堂受审。庭上，张祖凉称案发前已与妻子分居，痛下杀手的原因是妻子和岳母不愿带小孩这令自幼失去母爱的他很是'想不通'"[①]。这篇报道配发了两张图片——"法院大门前，张祖凉的亲属怀抱着失去母亲和外婆的孩子"及"张祖凉的母亲，在他三四岁时已出家"。图片展现了孩子稚嫩的脸与犯罪嫌疑人母亲悲痛欲绝的表情。也许这两张图片能够对世人有一定的警醒作用，但是，犯罪嫌疑人的孩子与母亲是无辜的，不应该将他们的照片毫不处理地暴露在受众面前，对于他们来说，这毕竟不是什么光彩的事情，使他们蒙了羞。在某些人看来，一人得道，鸡犬升天是合理的，一人受损，全家遭殃是应该应分的。时代在发展，文化在改变，中国媒体更应该表现出一个大国应有的风范，维护当事人及其家属的自尊。

根据民法通则，"使用在特定场合出席特定活动的人物的肖像。如参加各种集会、游行、仪式、庆典等活动的人的肖像。这类活动往往具有新闻报道价值，参加者身处其中，已说明其在一定程度上放弃了其肖像权，任何人参加此类活动均不得主张其肖像权。对利用这些特定场合形成的肖像，应不属于构成侵害肖像权，而属于对肖像的合理利用。"可见，媒体在新闻图像的使用上拥有很大的权限，尤其对于一些突发事件的新闻图像报道，往往不视媒体侵权，但是媒体的新闻图像报道也应该遵守道德的底线。美国有一起以自己的隐私被暴露而状告媒体的事件。1983 年，佛罗里达的一位妇女被她分居的丈夫劫持，她的丈夫强迫她脱掉所有衣服，他认为妻子不会裸体逃跑。当她被警察救出来的时候，只用一块擦碗碟的干毛巾部分遮盖着身体，由一位警官陪同她从屋子里奔跑出来。摄影师拍下了这一幕，并刊发在《今日佛罗里达》报上。编辑认为这幅图像"最好地涵盖了这个戏剧性的、悲惨的事件"。但是，这位妇女以报社侵犯了她的隐私权为由将报社告上法庭，她和许多读者认为这幅照片给当事人本人造

---

① 　http://news.sohu.com/20120407/n339962880.shtml.

成了更多的痛苦，报纸在头版刊发这样一张照片，只是为了增加发行量。为此，她要求报社赔偿她上千万美元。她打赢了第一场官司，但只获得10000美元的赔付。该案上诉后，这一判决却被宣布无效，因为法官认为这张照片"只比海滩上的一些泳装多露了一点"①。在这幅照片中，这位女士确实显得特别狼狈，那块小毛巾只勉强遮住了其敏感部位，并惊恐、痛苦地哭泣着。尽管她在法律上没有打赢这场官司，但在道德上却赢了——获得了人们的同情以及对报社的谴责。

新闻图像具有很强的视觉冲击力，为了提升新闻价值，适当发挥图像的视觉冲击力本来也无可厚非，但是同时也要注意道德伦理问题。2010年7月7日新浪网有一篇报道——"女特警连开4枪击毙劫持人质歹徒"。②该报道附了两张图片和一段视频。视频真实记录了歹徒挥舞剪刀，绑架了一位少女和最后歹徒被击毙的过程。这段图像绝不亚于警匪片，场面非常血腥，看了之后使人惊心动魄。"剪刀连续扎向女孩的手部、腿部。女人质眼光呆滞，鲜血浸透右半身衣服。"并且女特警持枪击毙歹徒的枪声、动作，再加上视频配了紧张音乐，以及特写两个看客对情况的介绍，其中一个看客津津乐道，这一切仿佛不是一个悲剧，倒像是一场视觉盛宴。另外两张图片，其中一幅是歹徒将剪刀架在女人质的脖子上，女人质眼光呆滞，右手捂着脸，左手抓着右胳膊，右胳膊及右半身鲜血淋漓。另一幅照片是脸部打了马赛克的女特警和一位男警员快步离开现场的画面。应该说，这篇报道真实地再现了事件的经过，极具现场感，很好地实现了新闻价值。但是，新闻图像却没有考虑其伦理问题。首先，无论照片还是视频，都充满了血腥；其次，年轻的女人质面部并没有被打上马赛克，明显缺失人文关怀；再次，看客的津津乐道，看了让人心里很不舒服，比当年鲁迅先生笔下《药》中那些伸长脖子的看客还要木然、冷血；最后，从技术角度讲，这段视频真实再现了女特警击毙歹徒的时机、过程，这会使犯罪分子具备反侦察能力，为以后警方处理类似刑事案件增加难度。

搜狐网也对这一事件进行了报道，除了也采用了那两张照片外，并没

①　[美] 保罗·莱斯特：《视觉传播：形象载动信息》，霍文利等译，中国传媒大学出版社2003年版，第292页。

②　http://news.sina.com.cn/s/p/2010-07-07/024520624061.shtml.

有采用那个视频，取而代之的是用了一张示意图（图10—3）。它不仅清晰地再现了事情发生的经过，还在一定程度上减轻了现场的血腥味。但令人遗憾的是，凤凰网却非常清晰地报道了女特警击毙歹徒的全过程，非常暴力，非常血腥，就像警匪片一样，甚至还给女特警一个面部特写镜头①。这不仅违反了新闻图像的道德伦理，也会因暴露了采取行动的警察真容以及警察采取的方法而对以后警方处理这样的案件非常不利。尊重新闻真实的前提下应该最大限度地恪守新闻伦理，新闻图像应该最大限度地减轻对受害人的不利影响，保护其切身利益不受二次伤害，这已是媒体有识之士的共识。

　　总体来说，媒体在报道一些灾难、突发性事件的时候，不应将图像当作是灾难的展览，用来刺激受众的感官，增加媒体的收视率，而应当是通过自己创作的灾难图像，感化受众，促使他们对灾难进行反思，进而强化其社会责任感。因此，进行灾难报道时，摄影记者所充当的角色绝非苦难的制造者或传播者，而是用图像展现人性，批判灾难的制造者，怀着悲天

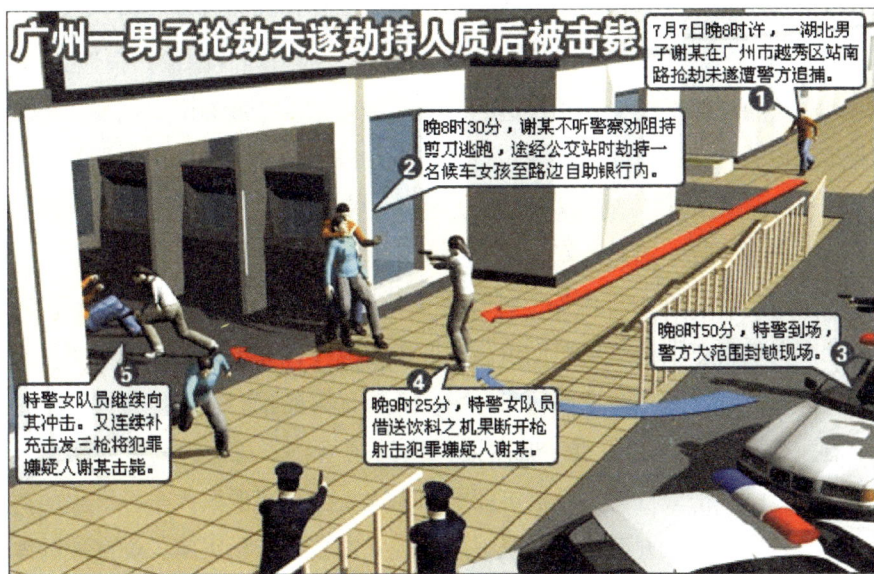

图10—3　广州一男子抢劫未遂劫持人质后被击毙示意图

① http://v.ifeng.com/society/201007/4f5f7fcb-9cbc-4710-af27-c34d3d9531f4.shtml.

悯人的人文情怀报道灾难新闻。

二、负面新闻图像的真实性与社会教化

负面新闻图像是指那些凶杀、各种"艳照门"、"炫富门"等反映社会阴暗面的图像。即使这些图像都是真实的，也存在该不该拍摄、该不该刊发以及刊发的比例问题。按照新闻真实性原则，或者从满足人民的知情权，或者从更大范围的新闻传播自由这个角度来讲，这些图像似乎都是可以刊发的。但是，新闻传播自由不是绝对的，而是相对的自由。它需要受到制约与控制，它的自由不能危害社会。"社会是一个系统、一个整体。在社会生活中，各种行为主体及其行为过程，都处于这个整体及其系统之中，都要受其制约。各个子系统之间也是相互依存和制约的。新闻传播自由处在这个大系统之内，必须符合社会规范，在其中合理运行，而不能影响和危害社会这个系统的整体性、关联性和有序性，不能影响和危害其他子系统。"① 尽管一定量的负面新闻（图像）能够起到认知作用、警示作用、平衡正面新闻等作用，但是，如果大量报道负面新闻（图像），会产生暴力、色情刺激、政治盲动等负面社会作用，会使民众对国家、对社会失去信心。当然，这里并不是提倡"报喜不报忧"的新闻（图像）报道方式，只是说负面新闻（图像）所报道的数量应该合适。负面新闻（图像）不能和具有积极意义的新闻（图像）数量持平，因为负面新闻（图像）具有更强的视觉冲击力、传播力和影响力。人们常说"好事不出门，坏事传千里"、"一条鱼腥一锅汤"就是这个道理。

新闻图像传播本身作为一种社会文化，同时也作为文化传播的载体，对社会文化具有建构的重大作用。因此，新闻图像在传播信息的同时，也应该担负起一定的社会良性教化作用。有些优秀的记者很好地协调了这种矛盾。英国摄影记者迈克·威尔斯拍摄的《手——乌干达旱灾的恶果》，运用长焦镜头拍摄特写，通过丰润的白人大手与枯瘦的黑人小手产生的对比性形象语言，一方面给读者以强烈的视觉冲击，将旱灾给人类造成的恶果展现得淋漓尽致；同时也进一步揭示了向身处困境的人们伸出援助之手

① 彭菊华：《新闻学原理》，中国传媒大学出版社 2006 年版，第 243 页。

的深刻主题，使照片获得了超出记录与传递图像本身的意义。西方许多关于灾难性事件的摄影杰作都在巧妙运用拍摄手法与摄影语言的背后，体现了摄影师对饱受灾难的人们的同情与关怀的真挚情感①。

第三节 新闻图像伦理道德规范途径

一、媒体把关

媒体机构不应该只基于新闻图像的传播优势而置社会责任与不顾，应该严格把握传播的源头。媒体作为信息传播的载体，同时也具有把关职能，应当承担起社会教育的责任。有些媒体为了吸引部分受众的注意力，毫不辨别地刊载、转载一些毫无意义的新闻图像。一些小报或者博客等的影响力本不大，但一旦它们发布的信息被大报、门户网站转载，马上就能起到轰动效应，如果说"郭美美事件""张美美事件""炫富弟""副县长女儿"等一系列炫富事件的新闻图像报道还有一定的社会意义，那么诸如"芙蓉姐姐""凤姐""贞操女神"等闹剧，除了博取人们的一片骂声，使国人蒙羞，给媒体增加点"收视率"外，没有一点积极意义。

大众传媒的传播内容和受众的审美趣味是相互影响的。一方面，大众传媒为了迎合一些受众对低级趣味图像的需要而进行传播；另一方面，大众的审美趣味和文化素养受到这些低级趣味图像的影响而进一步平庸化，甚至会要求更为低级趣味的图像。因此，大众媒体应该积极地给大众传播健康、优秀的新闻视觉文化，自觉摒除消极、不健康的文化，弘扬高尚文化，造福人民，造福社会。

在媒体这一因素中，摄影师是最为重要的一环，因为他们掌控新闻图像的源头，因此，也常常涉及一些新闻图像拍还是不拍的问题。凭借《枪

---

① 吕梅：《从普利策摄影奖透析美国新闻摄影的伦理道德观》，《语文学刊》（外语教育与教学）2009 年第 4 期。

毙越共》获得1969年荷赛和普利策奖的美国著名摄影记者艾迪·亚当斯曾谈起他在越南战争中一幅没有拍下的照片:"在一次随军采访中,子弹在头顶飞舞,炮弹在不远处爆炸,周围都是死伤的士兵。我看到离我5英尺远一位年仅18岁的海军陆战队队员的娃娃脸上充满了我从未见过的恐惧。我拿起相机试图拍摄,我至少试了三次,但最终也未能按下快门。后来,我意识到自己也像那个孩子一样对死亡充满了恐惧。我们的脸都形象地表达了战争的恐怖,但我一直认为没有拍下那张照片是对的。"①但是很多摄影师却不这样想,他们认为他们有拍摄新闻的权力。美国传媒评论家吉夫·格林菲德描述道:"在新闻媒介看来,对每一个处在公共事业下的人来说,他的隐私,他的嗜好,他的尊严也都随之不存在了。"②拍与不拍,很多时候确实存在悖论。美国新闻摄影师协会前会长约翰·朗提出的原则也许能给我们提供一些参考:"这一件事对社区有着普遍意义吗?此事牵扯到重要的社会利益吗?这张照片是否能提高我们对社区中某方面的认识?他们能帮助我们这个社区作出有利的选择吗?"③

二、个人自我约束

随着传播技术的发展,一直被看作是接受者的普通百姓逐渐成为大众传播的新生力量。人们可以通过博客、微博、FACEBOOK等使一个真实的事件或虚假的事件一夜走红,其中利用图像进行传播是一个很重要的传播方式。由于个人的信誉度较低,想让别人相信,图像就是一个很好的选择;而且图像传播不需要多高的文化程度,操作也不复杂,本来上述传播渠道为人们分享信息提供了便捷,但是有少部分人却利用它传播虚假信息,危害社会。有时也许是不明真相而进行传播,但也对社会产生了不良的影响。其中,名人的微博影响更大。2012年4月6日,刘晓庆网易微博发布了"刚刚看到的一幕让我这个自认为见过大世面的人震惊了!两个和尚背着名牌包(其中一个LV)带着两个女孩(搂着)在北京某五星级

---

① 转引自吕梅:《从普利策摄影奖透析美国新闻摄影的伦理道德观》,《语文学刊》(外语教育与教学)2009年第4期。

② 同上。

③ 同上。

酒店开房"①，并配发了四幅截图。搜狐门户网站将其列在其首页的"微博推荐""大家谈"栏中。同时，国内众多媒体相继报道了"网曝和尚怀搂女子逛商场开房"，并配发了相关图片。后来因搂女人逛街而在微博上迅速蹿红的这两名和尚，被证明是假和尚，在法源寺拍照时被寺内僧众认出并报警，将"和尚兄弟"交由警方处理。众多媒体又对这一事件进行了广泛报道②。原微博的作者及转载者并没有造假，至少不是主观造假，但这一事件的报道对社会产生了一定的不良影响，尤其是对佛教人士。在个人传播方面，一些公众人物还是谨慎一些为好，因为他们具有很高的注意力资源，有一定的公信力，产生的社会影响也往往比较大。因此，他们更应该自律、自觉。

三、政府监管和社会监督

媒体、个人发布新闻（图像）都需要自律、自觉，但这只是理想状态，在实际新闻传播中，还需要政府、法律的监管和社会的监督。新中国成立后，我国第一个成文的新闻职业道德规范条例是 1981 年制定的《记者守则》（试行草案）。1991 年，中华全国新闻工作者协会通过了我国新闻发展史上第一个系统的新闻职业道德规范条例——《中国新闻工作者职业道德准则》。这个条例在 1994 年和 1997 年分别进行了两次修订。现在，它已经成为我国新闻媒体和新闻工作者加强职业道德建设的重要自律性行为规范③。

近年来，我国高度重视并不断完善关于互联网建设管理方面的法律法规。2005 年 9 月 25 日，国务院新闻办公室、信息产业部联合发布了《互联网新闻信息服务管理规定》；2009 年 9 月 20 日，国务院第 31 次常务会议通过了《互联网信息服务管理办法》；同年 12 月 28 日，第九届全国人民代表大会常务委员会第十九次会议通过了《全国人民代表大会常务委员会关于维护互联网安全的决定》。这些法律法规的颁布，为加强和改进对互联网的科学管理提供了法律依据。比如，任何组织或者个人不得违法利

---

① http://t.163.com/liuxiaoqingweibo.

② http://news.sohu.com/20120408/n340019680.shtml.

③ http://www.sdxwcb.gov.cn/wxzl/20041211165309.htm.

用微博客制作、复制、发布、传播含有下列内容的信息：违反宪法确定的基本原则的；危害国家安全，泄露国家秘密，颠覆国家政权，破坏国家统一的；损害国家荣誉和利益的；煽动民族仇恨、民族歧视，破坏民族团结的；破坏国家宗教政策，宣扬邪教和封建迷信的；散布谣言，扰乱社会秩序，破坏社会稳定的；散布淫秽、色情、赌博、暴力、恐怖或者教唆犯罪的；侮辱或者诽谤他人，侵害他人合法权益的；煽动非法集会、结社、游行、示威、聚众扰乱社会秩序的；以非法民间组织名义活动的；含有法律、行政法规禁止的其他内容的①。

2011 年 12 月 16 日，北京市人民政府新闻办公室（微博）、北京市公安局（微博）、北京市通信管理局、北京市互联网信息办公室制定推出了《北京市微博客发展管理若干规定》（以下简称《规定》），《规定》提出"后台实名，前台自愿"。微博用户在注册时必须使用真实身份信息，但用户昵称可自愿选择。新浪、搜狐、网易等各大网站微博都在 2012 年 3 月 16 日全部实行实名制，采取的都是前台自愿，后台实名的方式。3 月 16 日成为北京微博老用户真实身份信息注册的时间节点，之后未进行实名认证的微博老用户，将不能发言、转发，只能浏览②。

2012 年 3 月 19 日晚，网上疯传"军车进京、北京出事"等谣言，造成社会不良影响。事后北京公安机关拘留了 6 个造谣者，电信管理部门也关闭了 16 家"造谣、传谣，疏于管理"的网站。可以说，政府的这些行动对谣言是一次重创。但是，由于新闻图像的结构不确定性，产生意义的模糊性，使依法对其管理也带来一定的难度。另外，关于新闻图像传播的详细法律、法规尚未出台，这一切都表明依法对新闻图像传播的有效管理还任重道远。从根本上说，新闻图像传播业的健康发展需要新闻图像传播者自律、广大人民群众积极监督和自觉抵制不良新闻图像的影响。

---

① http://www.gov.cn/flfg/2005-09/29/content_73270.htm.

② http://baike.baidu.com/view/7099303.htm.

参考文献

一、著作部分

戴元光：《大众传播学的定量研究方法》，上海大学出版社 2003 年版。

范志忠：《百年中国影视的历史影像》，浙江大学出版社 2006 年版。

方汉奇：《中国新闻事业通史》第 1 卷，中国人民大学出版社 1992 年版。

甘险峰：《中国新闻摄影史》，中国摄影出版社 2008 年版。

韩丛耀等：《图像：一种后符号学的再发现》，南京大学出版社 2008 年版。

黄旦：《传者图像：新闻专业主义的建构与消解》，复旦大学出版社 2005 年版。

蒋齐生、舒中侨、顾棣：《中国摄影史 1937—1949》，中国摄影出版社 1998 年版。

李培林：《新闻摄影：博弈图像时代》，南京师范大学出版社 2006 年版。

李思屈：《传媒产业化时代的审美心理》，浙江大学出版社 2008 年版。

李岩：《媒介批评：立场范畴命题方式》，浙江大学出版社 2005 年版。

刘海贵、尹德刚：《新闻采访写新编》，复旦大学出版社 1997 年版。

刘源：《图片报道》，浙江大学出版社 2009 年版。

马运增等：《中国摄影史——1840—1937》，中国摄影出版社 1987 年版。

孟建等：《图像时代：视觉文化传播的理论诠释》，复旦大学出版社 2005 年版。

任悦：《视觉传播概论》，中国人民大学出版社 2008 年版。

邵培仁：《媒介舆论学：通向和谐社会的舆论传播研究》，中国传媒大学出版社 2009 年版。

盛希贵等：《新闻摄影理论与实务》，中南大学出版社 2005 年版。

吴飞：《新闻编辑学教程》，高等教育出版社 2007 年版。

吴群：《中国摄影发展历程》，新华出版社 1986 年版。

许必华：《新闻摄影纵横谈》，新华出版社 1997 年版。

于德山、金元浦：《中国图像叙述传播》，山东文艺出版 2008 年版。

周宪、童庆炳：《视觉文化的转向》，北京大学出版社 2008 年版。

[美]鲁道夫·阿恩海姆：《艺术与视知觉》，滕守尧等译，四川人民出版社 1998 年版。

[美] 鲁道夫·阿恩海姆：《视觉思维——审美直觉心理学》，滕守尧译，四川人民出版社 1998 年版。

[斯]阿莱斯·艾尔雅维茨：《图像时代》，胡菊兰等译，吉林人民出版社 2003 年版。

[法]罗兰·巴尔特等：《形象的修辞》，吴琼等译，中国人民大学出版社 2005 年版。

[英] 约翰·伯格：《观看之道》，戴行钺译，广西师范大学出版社 2005 年版。

[美]托伊恩·A.梵迪克：《作为话语的新闻》，曾庆香译，华夏出版社 2003 年版。

[英] 斯图亚特·霍尔编著：《表征——文化表象与意指实践》，徐亮、陆兴华译，商务印书馆 2003 年版。

[美] 苏珊·朗格：《情感与形式》，刘大基等译，中国社会科学出版社 1986 年版。

[美] 沃尔特·李普曼：《公众舆论》，阎克文等译，上海人民出版社 2011 年版。

[美] 皮尔斯：《皮尔斯文选》，涂纪亮编，涂纪亮、周兆平译，社会科学文献出版社 2006 年版。

[美] 理查德·韦斯特等：《传播理论导引：分析与应用》，刘海龙译，中国人民大学出版社 2007 年版。

[古希腊] 亚里士多德：《修辞术·亚历山大修辞学·论诗》，严一等译，中国人民大学出版社 2003 年版。

[法] 勒内·于勒：《图像的威力》，钱凤根译，四川美术出版社 1988 年版。

Paul Martin Lester.Visual Communication Images with Messages, 5ᵗʰEd. Wadsworth:Cengage Learning, 2010.

Eduardo Nieva. Methologies of Vision: Images, Culture and Visuality, New York: Peter Lang Publishing, 1999.

Rudolf Arnheim.Art and Visual Perception:A Psychology of the Creative Eye（the New Version）, Berkeley and Los Angeles: University of California Press, 1974.

Entman, R. M. Projections of power: Framing news public opinion, and U.S. foreign Policy,Chicago: University of Chicago Press. 2004.

Hertog, J. K., & McLeod, D. M. A multiperspectival approach to framing analysis: A field guide. New York: Lawrence Erlbaum Associates, 2003.

James B. Stiff and Paul A. Mongeau.Persuasive Communication. New Jork:Guilford Press, 2002.

Perlmutter, D. Photojournalism and foreign policy: Framing icons of outrage in international crisis. Westport: Greenwood, 1998.

Susan B. Barnes. Visual Impact: The Power of Visual Persuasion. New York: Hampton Press, 2008.

Gillian Rose.Visual Methodologies: Anintroduction to the Interpretation of Visual Materials. London: SAGE Publication Ltd. 2001.

Tony Schirato and Jen Webb. Understanding the Visual London: SAGE Publication Ltd. 2004.

Linda M. Scott and Rajeev Batra. Persuasive Imagery: A Consumer Response perspective. London: Lawrence Erlbaum Associates Publishers, 2003.

Roy E.Fox. Images in Mind, Media and Mind, Fort Leavenworth: Library of Congress Cataloging-in-Publication Data, 1994.

Mathhew Rampley. Exploring Visual culture: Definitions, Concepts, Context. Edinburgh:Edinburgh University Press Ltd.,2005.

Marita Sturken & Lisa Cartwright. Practices of Looking: an introduction to Visual Culture. London: Oxford University Press, 2009.

Perlmutter, D. Photojournalism and foreign policy: Framing icons of outrage in international crisis. Westport: Greenwood, 1998.

二、论文部分

蔡雯、戴佳：《议程设置研究的历史、现状与未来》，《国际新闻界》2006 年第 2 期。

陈阳：《框架分析：一个亟待澄清的理论概念》，《国际新闻界》2007 年第 4 期。

杜莹、石红霞：《新闻图片中的伦理问题》，《河北省社会主义学院学报》2011 年第 10 期。

范文霈、周洁：《图像修辞略论》，《新闻界》2010 年第 5 期。

韩耀丛：《论新闻图片的修辞》，《新闻记者》2010 年第 3 期。

李巧兰：《皮尔斯与索绪尔符号观比较》，《福建师范大学学报》（哲学社会科学版）2004 年第 1 期。

吕梅：《从普利策摄影奖透析美国新闻摄影的伦理道德观》，《语文学刊》（外语教育与教学）2009 年第 4 期。

邵斌：《略论新闻图片的图像修辞》，《新闻界》2007 年第 2 期。

汤劲：《论电视公益广告中的视觉修辞》，《中国广播电视学刊》，2007 年第 8 期。

杨雅琼：《对中西方新闻图片伦理问题研究的比较》，《中国出版》2010 年第 7 期（下）。

张楠：《从媒介现实到受众现实》，《安徽广播电视大学学报》2004 年第 1 期。

朱一：《聚合还是分流——多元视角下框架理论和第二层议程设置》，《消费导刊》2009 年第 7 期。

[美] M. 麦考姆斯、T. 贝尔：《大众传播的议程设置作用》，郭镇之译，《新闻大学》1999 年第 2 期。

Andrea Miller and Shearon Roberts.Visual Agenda-Setting Proximity after Hurricane Katrina: A Study of Those Closest to the Event. Visual Communication Quarterly, 2010, 17 (3): 32–36.

Arpan, L.M., Baker, K., & Lee, Y.et al.New coverages of social protests and effects of photographs and prior attitudes. Mass Communication & Society. 2006 (3): 1–20.

Aust, C. F., & Zillmann, D. Effects of victim exemplification in television news on viewer perception of social issues. Journalism & Mass Communication Quarterly, 1996 (73): 787–803.

Barrett, A. W., & Barrington, L. W. Is a picture worth a thousand words? Newspaper photographs and voter evaluations of political candidates. Harvard International Journal of Press/Politics, 2003 (10): 98–113.

Berry, C.Learning from television news: A critique of the research, Journal of Broadcasting, 1983 (2): 27–35.

Domke, D., Perlmutter, D., & Spratt, M. The primes of our times: An examination of the "power" of visual images. Journalism. 1997 (2): 131–159.

Fahmy, S, Cho, S., Wanta, W.et al.Visual agenda setting after 9/11: Individual emotion, recall and concern about terrorism. Visual Communication Quarterly, 2011 (3): 13–21.

Fazio, R. H., Powell, M. C., & Herr, P. M.Toward a process model of the attitude behavior relation: Accessing one's attitude upon mere observation of the attitude object. Journal of Personality and Social Psychology, 1983 (44): 723–735.

Fujioka, Y. Black media images as a perceived threat to African American ethnic identity: Coping responses, perceived public perception, and attitudes towards affirmative action. Journal of Broadcasting & Electronic Media, 2005 (49): 450–467.

Graber, D. A. Seeing is remembering: How visuals contribute to learning from television news. Journal of Communication.1990 (3): 134–155.

Gross, K., & Aday, S.The scary world in your living room and neighborhood: Using local broadcast news, neighborhood crime rates, and personal experience to test agenda setting and cultivation. Journal of Communication, 2003 (53): 411–426.

Gunter, B.Remembering news effects of picture content. The Journal of General Psychology, 1980 (102): 127–133.

Hazard, W. R.On the impact of television's pictured news. Journal of Broadcasting, 1962 (7): 43–52.

Lang, A.: Defining audio/video redundancy from a limited-capacity information processing perspective. Communication Research, 1995 (1): 86–115.

Lang, A. Emotion, formal features and memory for televised political advertisements. Television and political advertising. Psychological processes. 1991 (1): 221–224.

Lang, A., Dhillon, K., & Dong, Q. The effects of emotional arousal and valence of television viewers' cognitive capacity and memory. Journal of Broadcasting & Electronic Media, 1995 (9): 313–327.

Mandler, J.M., & Johnson, N.S. Some of the thousand words a picture is worth.

Journal of Experimental Psychology: Human Learning and Memory, 1976 (2): 529–540.

McCombs, M., & Shaw, D.The agenda setting function of the mass media. Public Opinion Quarterly, 1972 (4): 45–52.

Mendelson, A. Effects of novelty in news photographs on attention and memory. Media Psychology. 2001 (3): 119–157.

Newhagen, J. E., & Reeves, B.:The evening's bad news: Effects of compelling negative television news images on memory. Journal of Communication, 1992 (2): 25–41.

Newhagen, J. E. TV news images that induce anger, fear and disgust:Effects on approach-avoidance and memory. Journal of Broadcasting & Electronic Media, 1998 (42): 265–277.

Reeves, B., Lang, A., &Kim, E. Y.et al.The effects of screen size and message content on attention and arousal. Media Psychology, 1999 (1): 49–67.

Wayne Wanta.The Effects of Dominant Photographs:An Agenda-Setting Experiment. Journalism Quarterly, 1986 (4): 23–38.

后　记

2011 年，作者以《新闻图像在现代传播中的作用研究》为题申请国家社科基金一般项目，幸运立项。历时两年多研究，在鉴定结项后付梓之际，看着书稿，油然而生一种舐犊之情，情不自禁诸多场景浮现眼前。

不知从什么时候开始，我每天打开电脑的第一件事情就是登陆搜狐网站浏览新闻，而且还比较高频次刷新网页，也常跟帖，大有"秀才不出门，便知天下闻"之势。妻说我这样太浪费时间，还影响情绪，还有点责备的意思。我却依然我行我素，心想总有一天会看出点东西来。这个课题得以立项，总算在妻子面前赚足了面子。现在想想，这可能就是所谓的"功夫在诗外"吧。

这个课题的选题也是偶然中的必然。我博士读的是美学专业，论文做的是阿恩海姆视知觉艺术理论，毕业后却教了十来门传播学课程。现实驱使我一直思索如何将两个学科结合起来进行跨学科研究。2009 年初夏，我师从邵培仁先生在浙江大学中国语言文学博士后流动站从事传播学研究。我在学习中逐渐发现图像可以成为两个学科的纽带：美学研究图像，且我博士论文做的是视知觉形式理论；图像也是新闻学和广告学的重点研究内容，尤其在我们社会进入了图像时代大背景下。于是我逐渐把自己的研究方向定位为视觉传播原理及应用上，陆续发表了几篇这方面的文章。2009 年仲夏，我获得国家留学基金委访学资助，开始按照视觉传播方向寻找合作导师。我有幸与《视觉传播：形象载动意义》这本书的作者——

也就是我后来访学的合作导师 Paul Lester 取得了联系，并得到了他的热情邀请。2010 年 8 月，我以国家公派访问学者身份到加州州立大学(富勒顿)进行访学。Paul 在美国称得上是视觉传播领域的领军人物之一。我在出国前就研读了他这本书好几遍，发现他在"视觉说服"这一章写的略显薄弱，而我切身感觉新闻图像对自己产生了很大影响，加之那段时间新闻图像引发了几起社会重大舆论事件。我隐约感觉新闻图像的视觉说服作用是一个很值得研究的问题，于是我向 Paul 征求意见，他很赞成我的想法，并鼓励我，说我一定会拓展视觉说服理论，能在视觉传播研究方面有一定的建树。我又征求邵老师意见，也得到先生的充分肯定。两位传播学巨匠都认为有研究价值，也就更加坚定了我研究下去的信心。

　　2011 年元旦过后，加州州立大学放寒假了，于是我有大把时间可以进行国家社科基金课题的论证了。从元旦到年后一个多月的时间，除了偶尔去加州海滨看看潮起潮落、看看红彤彤的落日、晒晒和煦的阳光，以及漫步在海滨花丛中遥望大洋彼岸家乡外，几乎每天都是一个人在公寓里研究课题论证。那时黑天和白昼对我已经没有了意义，自己几乎完全沉浸在课题论证之中。不过从网上、与亲朋好友的联系中、从年迈父母的牵挂中，还是能感觉到国内浓浓的年味。我孑然一人远在异国他乡，不免时常心底涌起一种悲怆感来。那时只有全身心地投入到课题论证中，才能使我心情平静。所以这个课题得以立项，不仅是经费、荣誉，更重要的是她在我最孤独的时候陪着我，我真切地感到自己的情感沁浸其中。因此在我看来这个课题是有生命的，我也越发感觉她弥足珍贵！由于自己字斟句酌、有感而发，感觉自己在撰写课题论证书时，像魔术师把弄自己手中的牌一样流畅地捋着文字。夜深人静时，似乎都能看见文字在跃动、听见字与字的清脆撞击声。总之论证完后自己感觉很满意，大有一种"谋事在人，成事在天"的豪情。

　　2011 年 6 月，我得知课题立项。请了几位访问学者豪吃一顿加州大龙虾后，开始着手进一步搜集资料、谋划课题。7 月，Paul 夫妇带我开了两天车参加了在新墨西哥州 Taos 艺术小镇举行的第 25 届国际视觉传播会议。我在会上做了题为《视觉传播机制 ACTS 模式——以新闻图像为例》的报告（后来成为我课题的一部分内容），得到与会专家的认同。回答完专家提出的问题后，Paul 和他爱人非常高兴，竟在会场与我相拥，并告诉我，我是这个会议有史以来站到这个讲台上的第一位中国人。同年 8 月中旬回国后，正式开始撰写课题。由于自己有视觉美学、传播学授课知识以及长年累月浏览新闻（图像）的积累，所以做起来也比较顺利。不过两年多来，我几乎每天都思考这个课题、每天都坚持敲上几行文字。当然其中也不乏艰辛，一边忙于上课，一边潜心课题，人到中年琐事还多。做点学术是艰辛的，但未尝不是一种难得的心路历程，亦能在其中体验别样的愉悦！

课题最终得以完成，还有很多人需要感谢。首先要感谢我的博士后导师邵培仁先生，先生不仅在我撰写课题过程给予指导，而且还在我的书稿初步完成后，竟在百忙之中抽出时间全部通读一遍，给我提出许多宝贵的具体修改意见，令我非常感动！感叹先生的无私与伟大！

感谢 Paul 和他同在一校任教的妻子 Xtine Burrough 教授、加州州立大学 Mark Wu 教授，他们对我的课题设计给予了指导。

感谢阿拉巴马大学新闻传播学博士生导师 Eduardo Neiva 教授，他亲自把我课题的一部分阶段性研究成果翻译成葡萄牙语，并推荐到巴西里约热内卢天主教大学《传媒·文化与政治》期刊发表，还非常热情地给本书写了英文《序》及一段书评。

感谢秦芳、施超、窦晓妮、郑晨醒、杨梦超、董瑞颖、潘茜、陆晓红、班元元、谢齐齐等同学为本课题的案例研究做了大量扎实、繁琐的调查。

感谢国家社科基金办！感谢课题匿名评审专家、结项鉴定专家的公正无私与偏爱！

感谢新闻出版总署的柯尊全老师、人民出版社陈佳冉老师，在我书稿出版过程中给予的巨大支持！

宁海林

2014 年春

责任编辑：陈佳冉
封面设计：文渺堂
版式设计：庞亚如

图书在版编目（CIP）数据

新闻图像在现代传播中的作用研究（第二版）/宁海林 著 .–北京：
　人民出版社，2014.6（2019.10 重印）
ISBN 978－7－01－013445－1

I.①新⋯　II.①宁⋯　III.①新闻–图象–作用–研究　IV.① G210

中国版本图书馆 CIP 数据核字（2014）第 071884 号

新闻图像在现代传播中的作用研究（第二版）
XINWEN TUXIANG ZAI XIANDAI CHUANBO ZHONG DE ZUOYONG YANJIU

宁海林　著

人 民 出 版 社 出版发行
（100706　北京市东城区隆福寺街 99 号）

北京中科印刷有限公司印刷　新华书店经销

2014 年 6 月第 1 版　2019 年 10 月北京第 2 次印刷
开本：710 毫米 ×1000 毫米 1/16　印张：15.25
字数：300 千字

ISBN 978－7－01－013445－1　定价：70.00 元

邮购地址 100706　北京市东城区隆福寺街 99 号
人民东方图书销售中心　电话（010）65250042　65289539